湖南省哲学社会科学规划基金办课题（课题编号：1718ZDBM12）

U0855130

实施乡村振兴战略的理论与实践研究

——以湖南实施乡村振兴战略的调研为实证分析

周作武◎著

湘潭大学出版社

版权所有 侵权必究

图书在版编目（CIP）数据

实施乡村振兴战略的理论与实践研究 ：以湖南实施乡村振兴战略的调研为实证分析 / 周作武著. -- 湘潭 ：湘潭大学出版社，2021.5

ISBN 978-7-5687-0554-7

Ⅰ. ①实… Ⅱ. ①周… Ⅲ. ①农村—社会主义建设—发展战略—研究—湖南 Ⅳ. ①F327.64

中国版本图书馆 CIP 数据核字（2021）第 097910 号

实施乡村振兴战略的理论与实践研究：
以湖南实施乡村振兴战略的调研为实证分析

SHISHI XIANGCUN ZHENXING ZHANLÜE DE LILUN YU SHIJIAN YANJIU:
YI HUNAN SHISHI XIANGCUN ZHENXING ZHANLÜE DE DIAOYAN WEI SHIZHENG FENXI

周作武 著

责任编辑：吕 花
封面设计：于小虹
出版发行：湘潭大学出版社
社 址：湖南省湘潭大学工程训练大楼
电 话：0731-58298960 0731-58298966（传真）
邮 编：411105
网 址：http://press.xtu.edu.cn/
印 刷：广东虎彩云印刷有限公司
经 销：湖南省新华书店
开 本：880 mm×1230 mm 1/32
印 张：10.75
字 数：280 千字
版 次：2021 年 5 月第 1 版
印 次：2022 年 3 月第 1 次印刷
书 号：ISBN 978-7-5687-0554-7
定 价：40.00 元

序 言

2017 年 10 月，习近平总书记在党的十九大报告中第一次提出“实施乡村振兴战略”。新时代实施乡村振兴战略，是振奋人心的重大社会课题，是实现全体人民共同富裕的重要战略步骤，是实现社会主义现代化强国的重大战略方针，是实现中华民族伟大复兴中国梦的必经之路，是顺民心、得民意，造福广大人民群众的关键之举，充分体现了中国共产党立党为公、执政为民，始终以人民为中心、始终为人民谋福祉，践行全心全意为人民服务的根本宗旨，把人民对美好生活的向往作为奋斗目标的治国理念。

诚然，实施乡村振兴战略还只是起步阶段，经验不足，加上农村各地多样的自然条件、复杂的社会历史原因、不同的民族传统习惯，在具体实践过程中会出现很多困难，这是在所难免的，但只要广大人民群众坚定信心、齐心协力，就一定会在不远的将来实现中国特色的乡村振兴。

全书共八章，可分为两部分：第一部分为第一章至第三章，主要是对实施乡村振兴战略的理论进行概括性阐述，内容包括实施乡村振兴战略的缘起、总体构想、重大意义、形成过程、理论依据和实践依据等。第二部分为第四章至第八章，主要对湖南实施乡村振兴战略进行问题剖析和对策研究，内容包括湖南实施乡村振兴战略在产业振兴、生态环境、乡村文化、乡村治理、社会民生五个方面的问题和解决途径。

实施乡村振兴战略的理论与实践研究

——以湖南实施乡村振兴战略的调研为实证分析

本书以乡村振兴战略为主线，以构建“产业兴旺、生态宜居、乡风文明、治理有效、生活富裕”五大要求为价值目标，采用从理论到实践、从抽象到具体的逻辑思路，既简明扼要地回顾了马克思恩格斯关于乡村问题的有关理论，又梳理了我国乡村发展思想，然后重点阐述了新时代实施乡村振兴战略的基本观点、主要问题和具体举措等。体现了逻辑与历史统一、理论与实践结合的基本方法。

本书具有以下特色：一是探索性。该书探索构建实施乡村振兴战略的整体理论与实践框架、基本理论思想和基本要求，是一项难度很大的开拓性工作。党的十九大以来，实施乡村振兴战略虽然时间短，但内容丰富，深入挖掘马克思主义经典作家和我们党的乡村发展思想脉络以及实践路径，搜寻乡村振兴战略思想的形成过程和依据等，都需要花费大量的时间和精力，查阅原著、历史文献、学术论文、网络资料，尽力做到准确且客观地反映科学理论的内在联系和基本规律，这项工作具有一定的探索性。二是系统性。本书力图以系统的研究视角和方法分析、研究和解决问题，系统阐述了新时代实施乡村振兴战略的时代背景、历史发展、社会环境、主要内容、基本要求、科学体系，系统论述了湖南乡村振兴在经济建设、政治建设、文化建设、社会建设和生态建设方面取得的成效、面临的困境和走出困境的途径。层次清晰、逻辑严谨，体现了理论体系的整体性和层次性。三是实践性。本书坚持理论与实践相结合的原则，既紧扣党的十九大以来实施乡村振兴战略的新思想、新观点、新方法，又把握这一战略的社会生动实践，深入农村、深入实际、深入群众、深入生活，运用问卷调查、群众访谈、领导采访、家庭走访等方法，用农村社会生活第一线的调研，获取第一手资料，努力使研究工作不失真、不失实、有实效，体现应用性、可操作性和实践性。

衷心期待这部专著的出版将有益于我国乡村振兴战略的大力推进，有益于高校大学生思想政治教育和立志报效国家的乡村振兴事业，相信这部专著的出版对广大理论工作者、高校思想政治教育工作者和青年大学生，都不失为一部有价值的理论读物，并期盼得到广大读者的关爱、批评和指教，不吝感激之情！

周作武

2020 年 12 月于湖南衡阳

目　录

第一章　实施乡村振兴战略概述

2017 年 10 月，习近平总书记在党的十九大报告中第一次提出“实施乡村振兴战略”，从此，“乡村振兴”的春风吹遍神州大地。这是继“三农”问题、统筹城乡发展、社会主义新农村建设、打赢脱贫攻坚战之后顺理成章的国家战略谋划，是党决心彻底改变农村落后面貌、促进农业生产大发展、促成农村建设大飞跃、促使农民生活大改善的大举措；是得民心、知民情、顺民意的大方略；是决胜全面建成小康社会，进而实现中华民族伟大复兴中国梦的大决策。

一、实施乡村振兴战略的缘起

战略，本来是一个军事术语，是对战争行动前的宏观谋略，是对即将进行的战争实施布局谋篇。所谓“运筹帷幄之中，决胜千里之外”，要想取得各个战场的战役的胜利，必须在战略上深谋远虑，有远见卓识，不出任何差错。战略具有全局性、方向性、预见性。毛泽东同志曾经要求我们军队的指战员“在战略上要藐视敌人，在战术上要重视敌人”。现在也多将这一术语运用于经济、政治、文化、社会、生态等方面的国家宏观规划、指导方针、决策部署，作为一定时期内国家的发展重心。不同时期有不同的发展战略，改革开放以来，党和国家先后实施了“科教兴国战略”“人才强国战略”“可持续发展战略”“区域协调发展战略”“创新驱动发展战略”等，有些战略还在实施当中。这些战略的实施，都对解决国家当时面临的重大问题，起了极其重要的作用，意义非常重大。

为什么现在党和国家要实施乡村振兴战略呢?

第一，从辩证唯物主义来分析，实施乡村振兴战略是实现国民经济协调发展的基本要求。马克思主义唯物辩证法告诉我们，事物都是普遍联系的，任何事物都是相互联系、相互促进、相互制约的，孤立的事物是不存在的。事物的相互作用促进事物的运动、变化、发展。由此我们不难理解，当我国的工业、城市经济快速向前发展的时候，农业、农村经济的滞后会有什么影响?它会拖工业、城市经济的后腿，它会制约工业、城市经济的进一步发展，最终会影响整个经济的发展，而失去协调性、平衡性的发展不会是持续的发展。本来工业经济、农业经济、服务业经济都是相互联系、相互促进、相互制约的，任何一方的健康发展都以对方的健康发展为前提条件，譬如说，农村为工业生产提供各种资源和原材料，同时农村也为工业品提供消费市场。如果农业萎缩、农村落后，还会有后劲为工业生产提供各种资源和原材料、为工业品提供消费市场吗?“拉美陷阱”就是我们的前车之鉴，那种片面追求工业经济的繁荣，忽视农业的协调发展，最终会导致经济结构失衡、资源紧张、环境恶化、两极分化、社会分裂，这是我们社会主义中国所不允许的。我们的工业经济和城市经济发展上了一个很好的台阶了，其产值已经稳居世界第二位，应该到了让我们的农业经济上一个很好的台阶的时候了。实现国民经济协调发展，这是实施乡村振兴战略的客观依据。

第二，从历史唯物主义来分析，实施乡村振兴战略是实现农民群众根本利益的根本途径。马克思主义唯物史观告诉我们，人民群众在创造历史的过程中起决定作用，人民群众是历史的创造者。在解决社会基本矛盾时，人民群众是顺应生产力发展要求的社会力量，其总体意愿和要求代表了历史发展的方向，其社会实践最终决定历史发展的结局。我国的农民群众占人口的绝大多数，有七亿多，在城市化的进程中，差不多有半数的农民亦农亦工，这些在城市务工的农民由于户籍制度和城市的高物价、高消费以及社会保障等问题，他们在城市打工，漂泊在城乡之间，还是难以融到城市当中去，农村依然是他们真正的家、他们的根。不管是这些城市务工农民还是坚守在农村土地上的完完全全的农民，他们的总体意愿和要求无一不是争取农民的权益，盼望农村得到振兴，农业得到发展，既能够轻轻松松干农活，又能够在家门口找到合适的工作，有较高的收入，享受到和城市居民一样的社会福利。实现农民群众对美好生活的向往，这是实施乡村振兴战略的内在需要。

第三，从马克思主义政治经济学分析，实施乡村振兴战略是实现社会总供给与总需求综合平衡的重要举措。社会总产品的再生产和流通，构成了社会生产两大部类，生产生产资料的部类为第一部类，生产消费资料的部类是第二部类，两大部类不仅同时并存，而且两大部类的生产、积累和交换都必须保持适当的比例，总体上要保持平衡关系。近年来，随着我国工业化和城镇化进程的大力推进，我国第一部类迅速发展，而这一部类主要偏向于重工业以及工业基建投资，由此拉动了我国工业快速增长，从而导致我国社会生产两大部类比例失衡，进而影响我国国民经济比例失衡，农业投资比例严重下降，农业生产受到很大影响，农民的消费水平和生活水平发生波动甚至下降。从长远看，农业不景气，农村的萎缩，农民的困顿，其连锁效应必然影响工业。所以要保持国民经济综合平衡，必须是工业、农业、服务业三大产业齐头并进，这是实施乡村振兴战略的经济学要求。

第四，从科学社会主义角度来分析，实施乡村振兴战略是实现社会主义优越性的必由之路。马克思恩格斯创立了科学社会主义，科学社会主义能够做到从空想到科学，从理论到实践，从一国到多国，又从低潮到中国特色，体现了旺盛和强大的生命力，之所以会如此，主要原因是这一理论体现了人类社会的发展规律，揭示了人类社会发展的前进方向。社会主义是迄今为止最优越的社会，社会主义制度消灭剥削、消除贫穷、消除两极分化，实现人的解放，实现人与人之间的平等，最终实现人的自由全面的发展，达到共产主义。我国自 1956 年确立社会主义制度以来，经过六十多年发展，国家的经济建设取得了巨大成就，人民的生活水平得到了巨大提高，政治民主、经济发展、文化繁荣、社会和谐、生态良好的局面已经形成，但农业的发展还是一块短板，农业得不到发展，农村得不到振兴，农民的生活得不到极大改善，就体现不了社会主义的优越性，就背离了社会主义的本质。所以实施乡村振兴战略是由社会主义性质所决定的。

第五，从中国共产党的性质与奋斗目标来分析，实施乡村振兴战略是实现中国共产党的性质和奋斗目标的正确选择。中国共产党是全心全意为中国人民谋福祉的政党，她除了人民的利益之外，没有自己的特殊利益，她是为人民的解放和自由幸福而奋斗的政党，她是中国工人阶级的先锋队，同时是中国人民和中华民族的先锋队，是中国特色社会主义事业的领导核心，始终代表中国先进生产力的发展要求、中国先进文化的前进方向、中国最广大人民的根本利益。所以，实现国家的工业振兴、农业振兴以及教育、科技、文化、国防等各方面的振兴，是中国共产党应尽的职责，这就不难理解，实施乡村振兴战略是由党的性质与奋斗目标所决定的。党还要求在全面建成小康社会的基础上，到 2035 年，我们要基本实现现代化；到 21 世纪中叶，我们要建成社会主义现代化强国，实现中华民族伟大复兴。这就要求农业、农村、农民要紧跟时代的步伐，紧跟党的目标和要求前进。所以实施乡村振兴战略是由中国共产党的性质和奋斗目标所决定的。

二、实施乡村振兴战略的总体构想

实施乡村振兴战略是一个宏大的系统工程，内涵非常丰富和深刻。2017 年 10 月，习近平总书记在党的十九大报告中指出，实施乡村振兴战略的总要求是“产业兴旺、生态宜居、乡风文明、治理有效、生活富裕”；2017 年 12 月，习近平总书记在中央农村工作会议上首次提出走中国特色社会主义乡村振兴道路，并深刻阐释了其内涵，即“七个之路”①。

2018 年 3 月，习近平总书记参加十三届全国人大一次会议山东代表团审议时提出“五个振兴”的科学论断②；同年 9 月，习近平总书记在主持中共中央政治局第八次集体学习时进一步系统地阐述了实施乡村振兴战略的总目标、总方针、总要求和制度保障，指出实施乡村振兴战略的总目标是农业农村现代化，总方针是坚持农业农村优先发展，总要求是产业兴旺、生态宜居、乡风文明、治理有效、生活富裕，制度保障是建立健全城乡融合发展体制机制和政策体系。③ 因此，深刻内涵、总目标、总方针、总要求和制度保障构成了实施乡村振兴战略的思想体系。

（一）实施乡村振兴战略的深刻内涵

2017 年 12 月，习近平总书记在中央农村工作会议上首次提

---

① 《中央农村工作会议在北京举行 习近平作重要讲话》，新华网，http：//www.xinhuanet.com//politics/2017－12/29/c_ 1122187923.htm，2017－12－29。

② 《人民日报：乡村振兴 五个方面都要强》，新华网，http：//www.xinhuanet.com/2018－03/25/c_ 1122586566.htm，2018－03－25。

③ 《习近平主持中共中央政治局第八次集体学习》，新华网，http：//www.xinhuanet.com/politics/leaders/2018－09/22/c_ 1123470956.htm，2018－09－22。

出走中国特色社会主义乡村振兴道路，并深刻阐释了其内涵，即“七个之路”：一是必须重塑城乡关系，走城乡融合发展之路；二是必须巩固和完善农村基本经营制度，走共同富裕之路；三是必须深化农业供给侧结构性改革，走质量兴农之路；四是必须坚持人与自然和谐共生，走乡村绿色发展之路；五是必须传承发展提升农耕文化，走乡村文化兴盛之路；六是必须创新乡村治理体系，走乡村善治之路；七是必须打好精准脱贫攻坚战，走中国特色减贫之路。[①] 他还指出，要实施乡村振兴战略，必须做好“八个方面”的工作：一是坚持加强和改善党对农村工作的领导，为“三农”发展提供坚强政治保障；二是坚持重中之重战略地位，切实把农业农村优先发展落到实处；三是坚持把推进农业供给侧结构性改革作为主线，加快推进农业农村现代化；四是坚持立足国内保障自给的方针，牢牢把握国家粮食安全主动权；五是坚持不断深化农村改革，激发农村发展新活力；六是坚持绿色生态导向，推动农业农村可持续发展；七是坚持保障和改善民生，让广大农民有更多的获得感；八是坚持遵循乡村发展规律，扎实推进美丽宜居乡村建设。

2018 年 1 月 30 日，习近平总书记在主持中共中央政治局第三次集体学习时强调：“乡村振兴是一盘大棋，要把这盘大棋走好。”同年 3 月 8 日，在参加十三届全国人大一次会议山东代表团审议时，他提出了“五个振兴”的科学论断，即：推动乡村产业振兴、人才振兴、文化振兴、生态振兴、组织振兴五个方面，系统阐述了乡村振兴的目标任务和实现路径。

2018 年 9 月 21 日，在主持中共中央政治局第八次集体学习

① 《习近平主持中共中央政治局第八次集体学习》，新华网，http://www.xinhuanet.com/politics/leaders/2018-09/22/c_1123470956.htm，2018-09-22。

时，习近平总书记进一步系统地阐述了实施乡村振兴战略的总目标、总方针、总要求和制度保障，指出农业农村现代化是实施乡村振兴战略的总目标，坚持农业农村优先发展是实施乡村振兴战略的总方针，产业兴旺、生态宜居、乡风文明、治理有效、生活富裕是实施乡村振兴战略的总要求，建立健全城乡融合发展体制机制和政策体系是制度保障。同时他指出实施乡村振兴战略要处理好“四个关系”：第一，长期目标和短期目标的关系；第二，顶层设计与基层探索的关系；第三，充分发挥市场决定性作用和更好地发挥政府作用的关系；第四，增强群众获得感和适应发展阶段的关系。

1. “七个之路”

第一，必须重塑城乡关系，走城乡融合发展之路。城乡关系处理不好，直接影响“三农”问题的解决，走城乡融合发展之路是实施乡村振兴战略、实现两个一百年奋斗目标的必要途径。习近平总书记指出，要坚持以工补农、以城带乡，把公共基础设施建设的重点放在农村，推动农村基础设施建设提档升级，优先发展农村教育事业，促进农村劳动力转移就业和农民增收，加强农村社会保障体系建设，推进健康乡村建设，持续改善农村人居环境，逐步建立健全全民覆盖、普惠共享、城乡一体的基本公共服务体系，让符合条件的农业转移人口在城市落户定居，推动新型工业化、信息化、城镇化、农业现代化同步发展，加快形成工农互促、城乡互补、全面融合、共同繁荣的新型工农城乡关系。

第二，必须巩固和完善农村基本经营制度，走共同富裕之路。农村基本经营制度是中国特色社会主义制度在农村农业领域的具体体现，是经过党领导广大农民群众艰苦摸索并被实践证明了行之有效的正确制度。习近平总书记强调，要坚持农村土地集体所有，坚持家庭经营基础性地位，坚持稳定土地承包关系，壮大集体经济，建立符合市场经济要求的集体经济运行机制，确保集体资产保值增值，确保农民受益。

第三，必须深化农业供给侧结构性改革，走质量兴农之路。深化农业供给侧结构性改革，是农业调整产业结构，进一步促进农业农村经济发展的新要求，质量兴农是增强农业竞争力，增加农民收益的新举措。习近平总书记要求，要坚持质量兴农、绿色兴农，实施质量兴农战略，加快推进农业由增产导向转向提质导向，夯实农业生产能力基础，确保国家粮食安全，构建农村一、二、三产业融合发展体系，积极培育新型农业经营主体，促进小农户和现代农业发展有机衔接，推进“互联网＋现代农业”，加快构建现代农业产业体系、生产体系、经营体系，不断提高农业创新力、竞争力和全要素生产率，加快实现由农业大国向农业强国的转变。

第四，必须坚持人与自然和谐共生，走乡村绿色发展之路。人与自然和谐共生是生态文明建设的核心内容，走乡村绿色发展之路是建设美丽乡村必由之路。习近平总书记强调，以绿色发展引领生态振兴，统筹山水林田湖草系统治理，加强农村突出环境问题综合治理，建立市场化多元化生态补偿机制，增加农业生态产品和服务供给，实现百姓富、生态美的统一。

第五，必须传承发展提升农耕文化，走乡村文化兴盛之路。农耕文化具有深刻的意蕴和历史传承，提升农村优秀传统文化，使之与社会主义先进文化相互促进、相互融合，能够繁荣乡村文化，促进精神力量的激发。习近平总书记要求，坚持物质文明和精神文明一齐抓，弘扬和践行社会主义核心价值观，加强农村思想道德建设，传承发展提升农村优秀传统文化，加强农村公共文化建设，开展移风易俗行动，提升农民精神风貌，培育文明乡风、良好家风、淳朴民风，不断提高乡村社会文明程度。

第六，必须创新乡村治理体系，走乡村善治之路。乡村治理体系是推进国家治理体系和治理能力现代化的重要组成部分，创新乡村治理体系，走乡村善治之路是乡村和谐社会建设的内在要求。习近平总书记强调，要建立健全党委领导、政府负责、社会协同、公众参与、法治保障的现代乡村社会治理体制，健全自治、法治、德治相结合的乡村治理体系，加强农村基层基础工作，加强农村基层党组织建设，深化村民自治实践，严肃查处侵犯农民利益的“微腐败”，建设平安乡村，确保乡村社会充满活力、和谐有序。

第七，必须打好精准脱贫攻坚战，走中国特色减贫之路。精准脱贫是解决农村扶贫、脱贫问题的重要经验，打好精准脱贫攻坚战，走中国特色减贫之路是全面建成小康社会的重大举措。习近平总书记指出，要坚持精准扶贫、精准脱贫，把提高脱贫质量放在首位，注重扶贫同扶志、扶智相结合，瞄准贫困人口精准帮扶，聚焦深度贫困地区集中发力，激发贫困人口内生动力，强化脱贫攻坚责任和监督，开展扶贫领域腐败和作风问题专项治理，采取更加有力的举措、更加集中的支持、更加精细的工作，坚决打好精准脱贫这场对全面建成小康社会具有决定意义的攻坚战。

2. “五个振兴”

第一，产业振兴。乡村产业是促进乡村振兴的物质基础和关键所在。习近平总书记指出，要推动乡村产业振兴，紧紧围绕发展现代农业、围绕农村一、二、三产业融合发展，构建乡村产业体系，实现产业兴旺，把产业发展落到促进农民增收上来，全力以赴消除农村贫困，推动乡村生活富裕。

第二，人才振兴。农业人才是制约乡村振兴的重要因素，习近平总书记强调，要激励各类人才在农村广阔天地大施所能、大展才华、大显身手，打造一支强大的乡村振兴人才队伍，在乡村形成人才、土地、资金、产业汇聚的良性循环。

第三，文化振兴。乡村文化是激发乡村振兴的精神动力。习近平总书记指出，要推动乡村文化振兴，加强农村思想道德建设和公共文化建设，以社会主义核心价值观为引领，深入挖掘优秀传统农耕文化蕴含的思想观念、人文精神、道德规范，培育挖掘乡土文化人才，弘扬主旋律和社会正气，培育文明乡风、良好家风、淳朴民风，改善农民精神风貌，提高乡村社会文明程度，焕发乡村文明新气象。

第四，生态振兴。乡村生态是实施乡村振兴的环境条件。习近平总书记强调，要推动乡村生态振兴，坚持绿色发展，加强农村突出环境问题综合治理，扎实实施农村人居环境整治三年行动计划，推进农村“厕所革命”，完善农村生活设施，打造农民安居乐业的美丽家园，让良好生态成为乡村振兴支撑点。

第五，组织振兴。乡村基层组织建设是实现乡村振兴的组织保证。习近平总书记指出，要推动乡村组织振兴，打造千千万万个坚强的农村基层党组织，培养千千万万名优秀的农村基层党组织书记，深化村民自治实践，发展农民合作经济组织，建立健全党委领导、政府负责、社会协同、公众参与、法治保障的现代乡村社会治理体制，确保乡村社会充满活力、安定有序。

3. “四个关系”

第一，长期目标和短期目标的关系。实施乡村振兴战略既是当前的紧迫任务，又是一个长远目标，是长期目标和短期目标的辩证统一。习近平总书记指出，实施乡村振兴战略是一项长期而艰巨的任务，要遵循乡村建设规律，着眼长远谋定而后动，坚持科学规划、注重质量、从容建设，聚焦阶段任务，找准突破口，排出优先序，一件事情接着一件事情办，一年接着一年干，久久为功，积小胜为大成。要有足够的历史耐心，把可能出现的各种问题想在前面，切忌贪大求快、刮风搞运动，防止走弯路、翻烧饼。

第二，顶层设计与基层探索的关系。实施乡村振兴战略既有顶层设计，要认真贯彻落实，又需要基层结合具体实际不断探索，创新方式方法，要将顶层设计与基层探索有机结合起来。习近平总书记强调，党中央已经明确了乡村振兴的顶层设计，各地要解决好落地问题，制定出符合自身实际的实施方案。编制村庄规划不能简单照搬城镇规划，更不能搞一个模子套到底。要科学把握乡村的差异性，因村制宜，精准施策，打造各具特色的现代版“富春山居图”。要发挥亿万农民的主体作用和首创精神，调动他们的积极性、针对性、创造性，并善于总结基层的实践创造，不断完善顶层设计。

第三，充分发挥市场决定性作用和更好发挥政府作用的关系。实施乡村振兴战略既要充分发挥市场决定性作用，按市场规律和市场原则要求生产经营，掌握市场风险因素，趋利避害，又要更好发挥政府帮扶作用以及各地自主性、积极性、创造性，将二者结合起来。习近平总书记指出，要进一步解放思想，推进新一轮农村改革，从农业农村发展深层次矛盾出发，聚焦农民和土地的关系、农民和集体的关系、农民和市民的关系，推进农村产权明晰化、农村要素市场化、农业支持高效化、乡村治理现代化，提高组织化程度，激活乡村振兴内生动力。要以市场需求为导向，深化农业供给侧结构性改革，不断提高农业综合效益和竞争力。要优化农村创新创业环境，放开搞活农村经济，培育乡村发展新动能。要发挥政府在规划引导、政策支持、市场监管、法治保障等方面的积极作用。

第四，增强群众获得感和适应发展阶段的关系。实施乡村振兴战略既要让广大农民群众有获得感，享受改革红利，共享改革成果，又要使他们适应发展的阶段目标和任务，将二者统一起来。习近平总书记强调，围绕农民群众最关心最直接最现实的利益问题，加快补齐农村发展和民生短板，让亿万农民有更多实实在在的获得感、幸福感、安全感。要科学评估财政收支状况、集体经济实力和群众承受能力，合理确定投资规模、筹资渠道、负债水平，合理设定阶段性目标任务和工作重点，形成可持续发展的长效机制。

（二）实施乡村振兴战略的总目标

习近平总书记指出，实施乡村振兴战略的总目标是农业农村现代化。他在党的十九大报告中提出分两个阶段建设社会主义现代化，即从 2020 年到 2035 年基本实现社会主义现代化；再从 2035 年到 2050 年，把我国建设成为富强民主文明和谐美丽的社会主义现代化强国。很显然，没有农业的现代化，两个阶段的战略安排就难以实现。

1. 农业现代化对实现社会主义现代化具有重大意义

首先，实现农业现代化是实现社会主义现代化的重要基础工程，是全面建成小康社会、实现第一个百年奋斗目标的迫切需要。2014 年，习近平总书记在江苏调研时就指出，没有农业现代化，没有农村繁荣富强，没有农民安居乐业，国家现代化是不完整、不全面、不牢固的。他还进一步指出，全面建成小康社会，重点是“三农”，关键在“三农”，成效看“三农”。农业强不强、农村美不美、农民富不富，决定着亿万农民的获得感和幸福感，决定着我国全面小康社会的成色和社会主义现代化的质量。

其次，实现农业现代化是实现“四化”同步的内在要求。习近平新时代中国特色社会主义十四个基本方略之一，就有着“坚持新发展理念”方略，该方略要求，推动新型工业化、信息化、城镇化、农业现代化同步发展。习近平总书记强调，工业化、城镇化、信息化、农业现代化应该齐头并进、相辅相成，千万不要让农业现代化和新农村建设掉了队。

最后，实现农业现代化可以带动其他附加产业的发展。习近平总书记指出，发展农业首先要树立“大农业”的思想，“重农轻商”的思想应该冷却，许多人觉得发展农业没有经济效益，其实经济效益的高低在于我们懂不懂挖掘，有些人发展无公害农业，有些人搞农业旅游，有些人做农产品深加工等，都取得了良好的经济效益，农业其实可以带动其他附加产业的发展。

2. 农业现代化是实现社会主义现代化的薄弱环节，存在诸多短板

首先，在我国的经济发展过程中，农业发展一直就是弱项。长期以来农业投入不足导致农产品供给的不平衡和不充分问题越来越突出，农业基础设施的不完善使得农业机械化水平、科技水平不发达，农产品的多样化、优质化、保健化、营养化、个性化得不到有效保证，有些重要农产品生产不足，库存供应紧缺，如大豆供需缺口持续拉大，而有些农产品供过于求，库存过多，如玉米产量增速超过了需求增速，确保供给总量和结构平衡难度很大。

其次，粗放的农业发展方式导致的问题也日益严重。抛荒以及城市生活垃圾向农村扩散，导致耕地数量减少和质量下降，农药、化肥的过量使用、地下水污染和过量开采导致水源缺乏、土壤板结、肥力下降和污染，农产品质量安全风险增多，因此推动农业向绿色发展和农业资源永续利用的任务十分迫切。农产品市场竞争力不强，而劳动力和土地、农资产品等生产成本持续攀升，中国农业大而不强、多而不优的问题更加突出。

最后，农民持续增收途径变窄以及增收难度加大的问题也日益凸显。农产品价格提升空间有限，其总体价格已经触及“天花板”，农业生产成本却“地板式”刚性抬升，而政府的农业补贴和价格补贴也逼近约束“黄线”，依靠劳动力转移就业促进农民收入增长的空间变窄，家庭经营性收入和工资性收入增速放缓，加快缩小城乡居民收入差距的任务依然艰巨。

3. 实现农业现代化必须做到准确定位

首先，把握好发展原则和发展路子。习近平总书记对农业现代化的发展思路是清晰的、一贯的。他强调要给农业插上科技的翅膀，按照增产增收并重、良种良法配套、农机农艺结合、生产生态协调的原则，促进农业技术集成化、劳动过程机械化、生产经营信息化、安全环保法制化，加快构建适应高产、优质、高效、生态、安全农业发展要求的技术体系，走一条“产出高效、产品安全、资源节约、环境友好”的现代农业发展道路。

其次，要以增进农民利益和福祉为出发点和落脚点。农业现代化既是让广大农民积极参与的现代化，又是让广大农民不断分享其成果的现代化。党的十八届三中全会指出，必须健全体制机制，形成以工促农、以城带乡、工农互惠、城乡一体的新型工农城乡关系，让广大农民平等参与现代化进程、共同分享现代化成果。所以要加大农业投入，统筹城乡关系，破解城乡二元经济结构，推进城乡要素平等交换和公共资源均等化，厚植农业农村发展优势，给农业发展注入新动力，让强农惠农富农政策落到实处。

最后，要明确农业现代化的重点任务。习近平总书记在2015年“两会”期间和2016年到安徽小岗村考察时都明确强调，推进农业现代化，要突出抓好构建农业产业体系、现代农业生产体系、现代农业经营体系三个重点。农业产业体系就是要优化农业产业结构，促进种养加一体、一二三产业融合发展，延长产业链、提升价值链，提高农业的经济效益、生态效益和社会效益，促使农业产业转型升级；现代农业生产体系就是要用现代物质技术装配武装农业，用现代科技服务农业，用现代生产方式改造农业，通过基础设施、农田水利建设和耕地治理等措施，提高农业资源利用率、土地产出率和劳动生产率，增强农业综合生产能力和抗风险能力；现代农业经营体系就是要加大体制机制创新力度，培育规模化经营主体和服务主体，形成一支高素质农业生产经营队伍，发展多种形式的适度规模经营，实现小农户和现代农业发展的有机衔接，提高农业集约化、组织化、规模化、社会化、产业化水平。

（三）实施乡村振兴战略的总方针

实施乡村振兴战略的总方针是坚持农业农村优先发展。习近平总书记在党的十九大报告中指出：“农业农村农民问题是关系国计民生的根本问题，必须始终把解决好‘三农’问题作为全党工作重中之重。要坚持农业农村优先发展。”任何时候，都不能忽视农业、忘记农民、淡漠农村。

1. 坚持农业农村优先发展的重要意义

首先，坚持农业农村优先发展是实施乡村振兴战略的总抓手。实施乡村振兴战略是保证两个一百年奋斗目标顺利实现的重大措施。我国是农业大国，重农固本是安民之基、治国之要。我国社会主义现代化建设，最艰巨最繁重的任务在农村，最广泛最深厚的基础在农村，最大的潜力和后劲也在农村。只有坚持农业农村优先发展总方针，以实施乡村振兴战略为总抓手，让乡村尽快跟上国家发展步伐，促进农业全面升级、农村全面进步、农民全面发展，才能实现乡村全面振兴。

其次，坚持农业农村优先发展是实现城乡融合发展的“牛鼻子”。任何一个国家和地区在发展过程中，都需要处理工农关系、城乡关系。一般来说，在工业化、城镇化、现代化进程中，农村的衰退和农业的滞后，是一个普遍现象。城镇化就是一个乡村人口逐步向城市转移、城镇不断扩张、边界不断扩展、乡村不断缩小的过程。但是在我国拥有 14 亿人口的国情下，不管工业化、城镇化进展到哪一步，农业都要发展，乡村都不会消亡，城乡将长期共生并存，这也是客观规律。即便我国城镇化率达到 70%，农村仍将有 4 亿多人口。如果在现代化进程中把农村 4 亿多人落下，到头来“一边是繁荣的城市、一边是凋敝的农村”，这不符合我们党的执政宗旨，也不符合社会主义的本质要求。城镇化与农业现代化是一对矛盾，这个矛盾处理得好，国家总体就发展，否则就会落入“中等收入陷阱”。我国目前依然有 6 亿左右人口居住在农村，农村地区占国土面积 94% 以上，基于此，我们要合理处理，同步发展，做到齐头并进，实现城乡融合。但是制约城乡融合发展的因素还有很多，如城乡居民收入依然很大、推进城乡基本公共服务任务艰巨、城乡人口流动的制度障碍还存在、农村基础设施还未得到很好改善等问题。因此，坚持农业农村优先发展，就是缩小城乡差距的有效途径，就是抓住了城乡融合发展的“牛鼻子”，只要农业农村优先发展落实落地，这个关键问题就能够解决。

最后，坚持农业农村优先发展是解决城乡发展不平衡、农业发展不充分社会主要矛盾的“金钥匙”。从生产力看，农业存在大量传统的、相对落后甚至原始的生产力；从生产方式看，农村许多地方的农业生产方式与现代化要求不相适应，科技得不到广泛应用；从生产关系看，阻碍城乡融合发展的体制机制还存在，如户籍制度、社保制度等；从生活水平看，农村居民的收入分配还没有得到质的提升；从农村人居环境看，还需要花大力气加以改善。只有坚持农业农村优先发展，才能逐步解决城乡发展不平衡、农业发展不充分这个社会主要矛盾，以实现人民日益增长的美好生活需要得到完全的充分的满足。

以上这些因素决定了坚持农业农村优先发展具有重大的战略意义。

2. 农业农村优先发展的认识还没有完全到位

首先，扭转长期以来“重工轻农、重城轻乡”的思维定势，还要花大力气。在认知上，不少地方领导干部以前一直是心里装着城市，眼睛盯住工业，政绩想着产值，因为城市发展最显眼，工业产出最划算，企业产值最有利，而农村农业则相反。所以深化对农业多重功能、农民多重属性、农村多重价值的认知是农业农村优先发展最迫切的任务。在做法上，有些地方干部仍然受传统的思维定势和工作惯性的影响，对“三农”工作还是应付了事，出现“说起来重要，做起来次要，忙起来不要”的现象；一些地方的主要领导在工作中常常是“说起工业大半天，说起农业一根烟”，并没有真正把“三农”工作“攥在手上，扛在肩上，放在心上”。

其次，形成“工农互促、城乡互补、全面融合、共同繁荣”的新型工农城乡关系还需要不断努力。城乡二元经济结构是制约城乡一体化的主要障碍，而且形成的时间很长久，突出表现是城乡资源要素的不平等交换，乡村资源要素向城市单向流动，所以要建立起向农村倾斜的城乡融合发展体制机制还很艰难。目前，有些地方妨碍城乡要素自由流动、平等交换的壁垒依然没有被打破；改变农村要素单向流出格局、推动资源要素向农村流动的体制机制没有得到完善；促进城乡土地、劳动力、资本、技术等各项要素资源自由流动、平等交换的政策措施有待深化；鼓励引导工商资本、社会资本参与乡村振兴的途径有待拓展。

最后，要深化农村改革，创新体制机制还需要不断探索。包括完善农村基本经营制度、深化农村土地制度改革、深入推进农村集体产权制度改革，等等，都要审慎为之。又如适度放活宅基地和农民房屋使用权还有一定风险，实现土地三权分置，一定规模的土地流转也存在难度，完善农业支持保护和耕地保护制度还未能完全到位，全面建立职业农民制度还要深入尝试，建立市场化多元化生态补偿机制、自治法治德治相结合的乡村治理体系、乡村人才培育引进使用机制等都需要进一步摸索。

这些问题都需要以坚持农业农村优先发展为前提条件。

3. 实现农业农村优先发展必须努力做到“抓重点、补短板、强基础”，以落实“四个优先”为途径

坚持农业农村优先发展就是要“抓重点、补短板、强基础”；就是要把“三农”工作放到国民经济发展的突出位置优先考虑、优先安排；就是要按照2018年中央一号文件精神，“把实现乡村振兴作为全党的共同意志、共同行动，做到认识统一、步调一致，在干部配备上优先考虑，在要素配置上优先满足，在资金投入上优先保障，在公共服务上优先安排，加快补齐农业农村短板”。

（1）在干部配备上优先考虑。干部起着行动引领作用、示范作用、标杆作用，有了好的干部来领导，事业就兴旺。而农业农村往往是缺少干部的领域。习近平总书记指出，致富不致富，关键看干部，要打造一支留得住、能战斗、带不走的干部队伍；向农村选派干部和专业人才，要优先考虑，缺少什么干部就要补什么干部，要增加教育、医疗、科技、文化等方面干部和人才比例。要抓好以村党组织为核心的村级组织配套建设，选好配强村级领导班子，抓实建强农村基层党组织，真正把农村基层党组织建成坚强战斗堡垒。鼓励和选派思想好、作风正、能力强、愿意为群众服务的优秀年轻干部、退伍军人、高校毕业生到贫困村工作，落实好向贫困地区村党组织选派第一书记举措；要把到农村一线锻炼作为培养干部的重要途径，将优秀干部充实到“三农”战线和基层一线；要认真落实五级书记抓乡村振兴的要求，建立市县党政领导班子和领导干部实绩考核制度，压实市县两级的责任，特别是推动县委书记把主要精力和工作重心放在农村工作上。

（2）在要素配置上优先满足。要在全社会形成把劳动力、资本、土地等生产要素优先配置到农业生产、农村发展上来的经济社会发展格局。习近平总书记指出，要打破阻碍劳动力流动的不合理壁垒，促进人力资源优化配置；要加快补齐农业农村发展短板；要推动人才、土地、资本等要素在城乡间双向流动。因此，要改变以往农村人才、资金和土地大量流入城市，导致农业农村“失血”的严重问题。比如，搞城市建设主要征占农村土地，但全国土地出让收益支出中用于农业农村的比重还不到30%，“取之于农、用之于城”问题突出；每年新增1600万农村劳动力进城，大量有文化的年轻人持续外流，老一辈农民逐渐退出，“谁来种地、谁来兴村”的问题越来越突出；农村金融主体供给不足，产品供给单一，农民特别是新型经营主体融资难、融资贵问题依然没有得到很好解决。必须进行制度设计和政策安排，改变资源要素向城市单向流动的格局，要构建土地出让资金流入农村补贴农业的机制，要改革农村金融体制机制，促使社会资本、工业商业资本流入农业生产发展，激发各类技术人才、涉农科技和促进农业生产力发展的现代机器设备等各类发展要素流向农业农村。

（3）在资金投入上优先保障。各级政府财政预算要优先保障“三农”资金投入，公共财政要更大力度向“三农”倾斜。习近平总书记强调，各级财政要支持“三农”，要加大农业投入力度，财政再困难也要优先保证农业支出，开支再压缩也不能减少“三农”投入。他特别强调各级财政要帮助扶贫开发。他指出，各级财政要加大对扶贫开发的支持力度，国家大型项目、重点工程、新兴产业在符合条件的情况下优先向贫困地区安排，引导密集型产业向贫困地区转移；要优化转移支付和对口支援的体制机制。农业农村建设面广量大，很多项目都是公益性的，社会效益明显高于经济效益，少数有回报的也是投入大、周期长、回本慢，必须发挥公共财政资金的主渠道作用。据粗略测算，农村人居环境整治三年行动，完成农村厕所、生活垃圾和污水专项整治“三大革命”，需要建设资金超过 3 万亿元。我国大多数县乡财政都是“吃饭”财政，村集体经济家底普遍较薄，甚至还有不少零收入的空壳村。所以说到要坚持把农业农村作为财政优先保障领域，加大公共财政倾斜力度，更多要依靠省市级财政和社会资本统筹，充分发挥金融机构的杠杆作用。

（4）在公共服务上优先安排。基础设施、教育、卫生医疗、文化事业、养老、社保等公共服务之事，既是靠农民自身难以解决之事，又是利益攸关之事，关乎群众的获得感、幸福感和安全感。习近平总书记指出，要不断完善公共服务体系，不断促进社会公平正义，推动公共资源向基层延伸、向农村覆盖、向困难群体倾斜，着力解决人民群众关心的现实利益问题；要增加对农业农村基础设施建设投入；要建立健全城乡基本公共服务均等化的体制机制，推动公共服务向农村延伸、社会事业向农村覆盖。坚持农业农村优先发展，就必须在公共服务上优先安排，构建起城乡一体的公共服务体系。近年来，我国农村基础设施、社会事业明显改善，但与城镇相比，仍有很大差距。据有关部门统计，全国约1/3的行政村村内道路没有硬化，近1/3的村生活垃圾没有集中收集处理，超过80%的村生活污水未得到集中处理，使用无害化卫生厕所的农户比例不到一半，不少村庄还没有连上4G网络和宽带光纤，农民看病、子女入托上学还有不少难处，因病致贫现象仍大量存在。所以，坚持农业农村优先发展，还有很长的路要走。要在制度上促使各级政府财政公共预算将公共基础设施建设的重点放在农村，推动公共服务资源更多地向农村倾斜；要健全督查体制机制，充分发挥社会和各级人大、政协等机构的民主监督职能，切实保障政府财政在公共服务上向农业农村优先安排，并在全程中履行保障和监督职责。

（四）实施乡村振兴战略的总要求

实施乡村振兴战略的总要求是“产业兴旺、生态宜居、乡风文明、治理有效、生活富裕”，这二十字的总要求体现了五个方面的内容，① 相互联系、相互促进、相互统一，反映了乡村振兴战略丰富的内涵。产业兴旺是解决农村一切问题的关键因素，反映了农业农村经济适应市场需求变化、加快优化升级、促进产业

① 《习近平：决胜全面建成小康社会 夺取新时代中国特色社会主义伟大胜利——在中国共产党第十九次全国代表大会上的报告》，新华网，http://www.xinhuanet.com/2017-10/27/c_1121867529.htm，2017-10-27。

融合的新要求；生态宜居是乡村振兴的前提条件，反映了农村生态文明建设质的提升，体现了广大人民群众对建设美丽家园的追求；乡风文明是乡村振兴的思想保证，重点是弘扬社会主义核心价值观，保护和传承农村优秀传统文化，加强农村公共文化建设，开展移风易俗，改善农民精神面貌，提高乡村社会文明程度；治理有效是乡村振兴的政治保障，是要推进乡村治理能力和治理水平现代化，让农村既充满活力又和谐有序；生活富裕是乡村振兴的主要目的，反映了人民群众日益增长的美好生活需要。乡村振兴是包括产业振兴、人才振兴、文化振兴、生态振兴、组织振兴的全面振兴。

1. **产业兴旺**

考察时，进一步强调要构建现代农业产业体系。习近平总书记关于产业发展的思想体现在三个方面。

首先，壮大优势产业，实现主导产业与一般产业的有机结合。早在2007年，习近平总书记就强调，要做大做强有比较优势的农业主导产业。他指出，做大做强高附加值的农业主导产业，要根据资源禀赋、产业基础和市场需求，选准若干拳头产品，按照区域化布局的农业块状经济和贸工农一体化的龙型经济要求，积极培育具有明显比较优势的主导产业，着力打造一批有区域知名品牌、有相当市场知名度和市场份额、在当地农业产业中占有较大比重、拥有连片镇村基地的特色农业强县。积极拓展农业的多种功能，大力发展健康养殖业、农家乐休闲观光农业和农产品精深加工业。也就是说，既要因地制宜，从自身的资源禀赋出发，又要科学规划和合理布局，根据市场需求，选准若干拳头产品作为优势主导产业，做到主导产业与一般产业的有机结合。这种做法在全国各地都是切实可行的，既不搞一刀切，也不停留在过去的生产模式上，敢于大胆闯新路。选准了具有明显比较优势的主导产业，持之以恒抓下去，一定可以大有可为。

2018 年 9 月，党中央和国务院制定的《乡村振兴战略规划（2018—2022 年）》（以下简称《规划》）中，对壮大农业优势产业，也作出了具体安排：以各地资源禀赋和独特的历史文化为基础，有序开发优势特色资源，做大做强优势特色产业。创建特色鲜明、优势集聚、市场竞争力强的特色农产品优势区，支持特色农产品优势区建设标准化生产基地、加工基地、仓储物流基地，完善科技支撑体系、品牌与市场营销体系、质量控制体系，建立利益联结紧密的建设运行机制，形成特色农业产业集群。按照与国际标准接轨的目标，支持建立生产精细化管理与产品品质控制体系，采用国际通行的良好农业规范，塑造现代顶级农产品品牌。实施产业兴村强县行动，培育农业产业强镇，打造一乡一业、一村一品的发展格局。一乡一业、一村一品就是要求因地制宜，从自身的资源禀赋出发，科学规划和布局，突出了要选准具有明显比较优势的主导产业。

其次，创新特色产业，实现特色产业基地与农产品加工功能区的深度结合。习近平总书记在视察生态脆弱区时强调，要发展特色产业；大力推进标准化、产业化的特色产业基地和特色农产品加工功能区建设。生态脆弱区重点发展特色优质农牧产品，同时又要重点发展以特色农牧产品加工及生物资源利用型产业。这意味着，在发展特色产业的同时，要做到把发展特色产业基地与农产品加工功能区的建设深度结合，不搞单打一，只有这样才能增加农产品的附加值。所以各地都要根据自身资源特点和禀赋条件，大胆创新特色产业，并与特色农产品加工结合起来。

《规划》对发展农业特色产业也作出了相应要求：顺应城乡居民消费拓展升级趋势，结合各地资源禀赋，深入发掘农业农村的生态涵养、休闲观光、文化体验、健康养老等多种功能和多重价值。遵循市场规律，推动乡村资源全域化整合、多元化增值，增强地方特色产品时代感和竞争力，形成新的消费热点，增加乡村生态产品和服务供给。实施农产品加工业提升行动，支持开展农产品生产加工、综合利用关键技术研究与示范，推动初加工、精深加工、综合利用加工和主食加工协调发展，实现农产品多层次、多环节转化增值。

最后，发展融合产业，实现都市型产业与农业产业的有机融合。习近平总书记在天津考察时提出，大城市要发挥独特优势，加快发展现代都市型农业；现代都市型农业将三次产业有机融合，是统筹城乡一体化发展、提高城镇化质量、扩大内需、改善民生的重要抓手。都市农业近距离接受城市发展辐射带动，同时推动农村土地、劳动力等要素自由流动，促进城市资金、技术、人才等流向农村、投向农业，也有利于农业产业转型、功能拓展、效益提升，实现都市型产业与农业产业的有机融合。

《规划》对发展融合产业也作出了相应安排：依托现代农业产业园、农业科技园区、农产品加工园、农村产业融合发展示范园等，打造农村产业融合发展的平台载体，促进农业内部融合、延伸农业产业链、拓展农业多种功能、发展农业新型业态等多模式融合发展。加快培育农商产业联盟、农业产业化联合体等新型产业链主体，打造一批产加销一体的全产业链企业集群。推进农业循环经济试点示范和田园综合体试点建设。加快培育一批“农字号”特色小镇，在有条件的地区建设培育特色商贸小镇，推动农村产业发展与新型城镇化相结合。

2. 生态宜居

生态宜居是乡村振兴的内在要求，体现了广大人民群众对建设美丽家园的追求。2013 年 12 月，习近平总书记在中央农村工作会议上指出，要推进农村人居环境整治，继续推进社会主义新农村建设，为农民建设幸福家园和美丽乡村。

首先，更新理念，促进农业绿色发展。农业绿色发展是可持续发展理念的具体体现，其核心是水土资源的保护。习近平总书记指出，生态环境是经济社会发展的基础；山水林田湖草是一个生命共同体。人的命脉在田，田的命脉在山，山的命脉在土，土的命脉在树。如果种树的只管种树、治水的只管治水、护田的只管护田，很容易顾此失彼，最终造成生态的系统性破坏。要树立绿水青山就是金山银山的理念，做到生产、生活、生态的和谐发展。所以农业生产必须走绿色发展之路，要改变粗放式农业生产方式，注意节约用地用水，防止大气、水、土壤的污染，尽量减少农药、化肥、除草剂等化学物质的用量，提倡有机物的综合利用。鼓励植树造林，恢复被破坏的生态，实现天蓝、地绿、水净。

《规划》对推进农业绿色发展有明确安排：加强农业投入品规范化管理，健全投入品追溯系统，推进化肥农药减量施用，完善农药风险评估技术标准体系，严格饲料质量安全管理。加快推进种养循环一体化，建立农村有机废弃物收集、转化、利用网络体系，推进农林产品加工剩余物资源化利用，深入实施秸秆禁烧制度和综合利用，开展整县推进畜禽粪污资源化利用试点。推进废旧地膜和包装废弃物等回收处理。深入实施土壤污染防治行动计划，开展土壤污染状况详查，积极推进重金属污染耕地等受污染耕地分类管理和安全利用，有序推进治理与修复。加强重有色金属矿区污染综合整治。加强农业面源污染综合防治。实施国家农业节水行动，建设节水型乡村。深入推进农业灌溉用水总量控制和定额管理，建立健全农业节水长效机制和政策体系。逐步明晰农业水权，推进农业水价综合改革，建立精准补贴和节水奖励机制。

其次，因地制宜，推进美丽乡村建设。习近平总书记指出，中国要美，农村必须美。2013 年中央一号文件提出努力建设美丽乡村。2015 年，习近平总书记在云南考察时强调，新农村建设一定要走符合农村实际的路子，要留得住青山绿水，记得住乡愁。党的十九大报告和 2018 年中央农村工作会议明确指出要坚持人与自然和谐共生。开展美丽乡村建设的首要目标就是要保护好我们的生态环境，在保护中持续改善乡村的人居环境。要规划好村庄建筑布局，改善入村入户道路交通，改善村民住房条件，不但要有好“面子”，还要有好“里子”。要推进农村生活垃圾治理，实行“厕所革命”。

《规划》对持续改善乡村的人居环境有具体要求：推进农村生活垃圾治理，建立健全符合农村实际、方式多样的生活垃圾收运处置体系，有条件的地区推行垃圾就地分类和资源化利用。开展非正规垃圾堆放点排查整治。实施“厕所革命”，结合各地实际普及不同类型的卫生厕所，推进厕所粪污无害化处理和资源化利用。梯次推进农村生活污水治理，有条件的地区推动城镇污水管网向周边村庄延伸覆盖。逐步消除农村黑臭水体，加强农村饮用水水源地保护。科学规划村庄建筑布局，大力提升农房设计水平，突出乡土特色和地域民族特点。加快推进通村组道路、入户道路建设，基本解决村内道路泥泞、村民出行不便等问题。全面推进乡村绿化，建设具有乡村特色的绿化景观。完善村庄公共照明设施。整治公共空间和庭院环境，消除私搭乱建、乱堆乱放现象。继续推进城乡环境卫生整洁行动，加大卫生乡镇创建工作力度。鼓励具备条件的地区集中连片建设生态宜居的美丽乡村，综合提升田水路林村风貌，促进村庄形态与自然环境相得益彰。

最后，高度重视，加强农村生态保护。习近平总书记指出，小康全面不全面，生态环境质量是关键；环境就是民生，青山就是美丽，蓝天也是幸福。要像保护眼睛一样保护生态环境，像对待生命一样对待生态环境，把不损害生态环境作为发展的底线。保护生态环境，功在当代，利在千秋。生态环境保护是一个长期任务，要久久为功。在生态环境保护上一定要算大账、算长远账、算整体账、算综合账，不能因小失大、顾此失彼、寅吃卯粮、急功近利。

《规划》对加强农村生态保护有如此安排：统筹山水林田湖草系统治理，优化生态安全屏障体系。完善天然林和公益林保护制度，进一步细化各类森林和林地的管控措施或经营制度。完善草原生态监管和定期调查制度，严格实施草原禁牧和草畜平衡制度，全面落实草原经营者生态保护主体责任。加大重点生态功能区转移支付力度，建立省以下生态保护补偿资金投入机制。发挥自然资源多重效益，大力发展生态旅游、生态种养等产业，打造乡村生态产业链。

3. 乡风文明

乡风文明是乡村振兴的紧迫任务，重点是弘扬社会主义核心价值观。2018 年 3 月 8 日，习近平总书记在参加山东代表团审议时强调："要推动乡村文化振兴，加强农村思想道德建设和公共文化建设，以社会主义核心价值观为引领，深入挖掘优秀传统农耕文化蕴含的思想观念、人文精神、道德规范，培育挖掘乡土文化人才，弘扬主旋律和社会正气，培育文明乡风、良好家风、淳朴民风，改善农民精神风貌，提高乡村社会文明程度，焕发乡村文明新气象。”①

《规划》对繁荣和发展乡村文化有如此要求：把社会主义核心价值观融入法治建设，推动公正文明执法司法，彰显社会主流价值，推动基层党组织、基层单位、农村社区有针对性地加强农村群众性思想政治工作。深入实施公民道德建设工程，推进社会公德、职业道德、家庭美德、个人品德建设。划定乡村建设的历史文化保护线，保护好文物古迹、传统村落、民族村寨、传统建筑、农业遗迹、灌溉工程遗产。紧密结合特色小镇、美丽乡村建设，深入挖掘乡村特色文化符号，盘活地方和民族特色文化资源，走特色化、差异化发展之路。紧密结合特色小镇、美丽乡村建设，深入挖掘乡村特色文化符号，盘活地方和民族特色文化资源，走特色化、差异化发展之路。加强基层综合性文化服务中心建设，实现乡村两级公共文化服务全覆盖，提升服务效能。

4. **治理有效**

治理有效是乡村振兴的重要保障，是要推进乡村治理能力和治理水平现代化，让农村既充满活力又和谐有序。习近平总书记指出，农村稳定是广大农民的切身利益。农村社会管理要加强和创新，加强和创新则要以保障和改善民生为优先方向。他强调，加强社会治理制度建设，完善党委领导、政府负责、社会协同、公众参与、法制保障的社会治理体制，提高社会治理社会化、法治化、智能化、专业化水平。要加强农村社会治理，体现的是系统治理、依法治理、源头治理、综合施策。推进平安乡镇、平安村庄建设，开展突出治安问题专项整治，引导广大农民自觉守法

① 《习近平在山东代表团参加审议时强调实施乡村振兴战略是一篇大文章 要统筹谋划科学推进》，https：//difang. gmw. cn/cq/2018 – 03/09/content_ 27935745. htm，2018 – 03 – 09。

用法。

《规划》对健全现代乡村治理体系有如此安排：坚持农村基层党组织领导核心地位，大力推进村党组织书记通过法定程序担任村民委员会主任和集体经济组织、农民合作组织负责人，推行村“两委”班子成员交叉任职。加大从本村致富能手、外出务工经商人员、本乡本土大学毕业生、复员退伍军人中培养选拔村干部的力度。加强农村流动党员管理，注重发挥无职党员作用。开展扶贫领域腐败和作风问题专项治理，严厉打击农村基层黑恶势力和涉黑涉恶腐败现象及“保护伞”，严肃查处发生在惠农资金、征地拆迁、生态环保和农村“三资”管理领域的违纪违法问题，坚决纠正损害农民利益的行为，严厉整治群众身边腐败问题。规范村民委员会等自治组织选举办法，健全民主决策程序。创新村民议事形式，完善议事决策主体和程序，落实群众知情权和决策权。深入开展“法律进乡村”宣传教育活动，提高农民法治素养，引导干部群众尊法学法守法用法。深入推进移风易俗，开展专项文明行动，遏制大操大办、相互攀比、“天价彩礼”、厚葬薄养等陈规陋习。加强无神论宣传教育，抵制封建迷信活动。深入开展扫黑除恶专项斗争。依法加大对农村非法宗教、邪教活动打击力度。在村庄普遍建立网上服务站点，逐步形成完善的乡村便民服务体系。

5. 生活富裕

生活富裕是乡村振兴的主要目的，反映了人民群众日益增长的美好生活需要。习近平总书记指出，要形成农村社会事业发展合力，努力让广大农民学有所教、病有所医、老有所养、住有所居。他强调，绝不能出现“富者累巨万，而贫者食糟糠”的现象。他还指出，让人民过上好日子，是我们一切工作的出发点和落脚点。我们将坚持在发展中保障和改善民生，不断满足人民日益增长的美好生活需要，不断促进社会公平正义，使人民获得感、幸福感、安全感更加完善、更有保障、更可持续。我们将持续推进精准扶贫、精准脱贫，实现2020年我国现行标准下农村贫困人口脱贫的目标。全面建成小康社会，十四亿多中国人一个都不能少。2017年12月，习近平总书记对“四好农村路”建设作出的指示中指出：从实施乡村振兴战略、打赢脱贫攻坚战的高度，进一步深化对建设农村公路重要意义的认识，聚焦突出问题，完善政策机制，既要把农村公路建好，更要管好、护好、运营好，为广大农民致富奔小康、为加快推进农业农村现代化提供更好保障。①

《规划》对保障和改善乡村民生有如此具体要求：继续把基础设施建设重点放在农村，以示范县为载体全面推进“四好农村路”建设，深化农村公路管理养护体制改革。鼓励商贸、邮政、快递、供销、运输等企业加大在农村地区的网络设施布局。构建大中小微结合、骨干和田间衔接、长期发挥效益的农村水利基础设施网络，着力提高节水供水和防洪减灾能力。优化农村能源供给结构，大力发展太阳能、浅层地热能、生物质能等，因地制宜开发利用水能和风能。完善农村能源基础设施网络，加快新一轮农村电网升级改造，推动供气设施向农村延伸。深化电信普遍服务，加快农村地区宽带网络和第四代移动通信网络覆盖步伐。增强经济发展创造就业岗位能力，拓宽农村劳动力转移就业渠道，引导农村劳动力外出就业，更加积极地支持就地就近就业。统筹规划布局农村基础教育学校，保障学生就近享有有质量的教育。加强慢性病、地方病综合防控，大力推进农村地区精神卫生、职

① 《习近平谈治国理政》（第三卷），外文出版社2020年版，第342页。

业病和重大传染病防治。按照兜底线、织密网、建机制的要求，全面建成覆盖全民、城乡统筹、权责清晰、保障适度、可持续的多层次社会保障体系，加快建立城乡居民基本养老保险待遇确定和基础养老金标准正常调整机制。完善统一的城乡居民基本医疗保险制度和大病保险制度，做好农民重特大疾病救助工作。适应农村人口老龄化加剧形势，加快建立以居家为基础、社区为依托、机构为补充的多层次农村养老服务体系。加强防灾减灾工程建设，推进实施自然灾害高风险区农村困难群众危房改造。

（五）实施乡村振兴战略的制度保障

建立健全城乡融合发展体制机制和政策体系是实施乡村振兴战略的制度保障。没有全面的、健全的、系统的体制机制作保障，乡村振兴战略的实施就有可能流于形式，甚至导致最终目标难以实现。

1. 当前完善制度保障对实施乡村振兴战略具有重要意义

首先，制度更带根本性、全局性、长期性、稳定性。实施乡村振兴战略是前无古人的事业，为保障这一事业不因为领导人的变化而变化以及领导人注意力的变化而变化，使之总是保持全党工作的重中之重，使各级领导干部始终保持定力，使之连续不断地实施下去，而不是一阵风刮过，就必须使兴农的各项措施制度化，从而使我们一茬接着一茬办，一年接着一年干，久久为功。也不是把乡村振兴理解为花样文章、样板工程、政绩工程。只有在制度上保障乡村振兴的政策实施，才能够实现两个一百年的奋斗目标。

其次，良好的制度能够激发农村内部发展活力。良好的制度能够激发农民的积极性、主动性和创造性，促使农业内部结构的重新调整，农村各种要素不断分化、组合，激发各个群体的创新活力。就农民个体而言，好的制度也能够激发农民个体的奋发有为，就像扶贫必须扶志和扶智一样，乡村振兴也要振作农民的意志和志向，激发他们的智慧和内生动力。事物变化的根据是内因，而农村内部的动力与活力才是振兴的基础与根据。中国农村的联产承包责任制就是始于安徽小岗村，始于农民的首创精神。这一良好政策在全国推广后，就激发了农民的积极性，解决了多年难以解决的温饱问题。由此可以相信，完善的乡村振兴制度机制，也将逐步实现农业农村的现代化。

最后，良好的制度能够优化农村外部发展环境。良好的制度能够保障乡村振兴的有利外部环境，促使工业城市等外部的资金、人才、科技等生产要素流向农业农村内部，实现以工促农、以城促乡、工农互促、城乡融合。外因是事物变化的条件，没有工业反哺农业、城市反哺乡村，乡村振兴战略也难以实施。但这种工业和城市的反哺与促进，不能是一时一事的，而是长期的持续的。只有从制度机制上加以保证，才能使这种反哺与促进持续不断，真正实现城乡的良性互动与实质性的融合发展。

2. 努力完善和落实乡村振兴战略的各项制度和机制

一要向改革要动力，加快建立健全城乡融合发展体制机制和政策体系。因为我国“一条腿长，一条腿短”的问题比较突出，农业农村“贫血”的时间也不短了，“工业反哺农业、城市支持乡村”是势在必行，所以，尽快建立健全各项城乡融合发展体制机制和政策体系刻不容缓。具体有哪些体制机制须要建立健全呢？习近平总书记强调，要建立健全城乡基本公共服务均等化的体制机制，推动公共服务向农村延伸、社会事业向农村覆盖。[①]要深化户籍制度改革，强化常住人口基本公共服务，维护进城落户农民的土地承包权、宅基地使用权、集体收益分配权，加快农业转移人口市民化。健全多元投入保障机制，增加对农业农村基础设施建设投入，加快城乡基础设施互联互通，推动人才、土地、资本等要素在城乡间双向流动。

二要坚持农村基本经营制度，完善承包地“三权”分置制度。稳定和完善农村基本经营制度是坚持中国特色社会主义基本经济制度的重要内容和组成部分，这是社会主义本质要求和性质体现。习近平总书记在中共中央政治局第八次集体学习时强调，必须坚持农村土地集体所有制性质，发展新型集体经济，走共同富裕道路。[②]坚持农村土地农民集体所有，这是坚持农村基本经营制度的“魂”。土地改革的底线不能突破，不管怎么改，都不能把农村集体所有制改垮了，不能把耕地改少了，不能把粮食生产能力改弱了，不能把农民利益损害了。他强调，保持土地承包关系稳定并长久不变，第二轮土地承包到期后再延长三十年。同时，他指出，必须深化农村土地制度改革，完善承包地三权分置制度。2013 年 7 月，他在湖北调研时指出，要好好研究农村土地所有权、承包权、经营权的关系，土地流转要尊重农民意愿。[③]

---

① 《习近平：健全城乡发展一体化体制机制 让广大农民共享改革发展成果》，新华网，http://www.xinhuanet.com/politics/2015-05/01/c_1115153876.htm，2015-05-01。

② 《习近平在中共中央政治局第八次集体学习时强调 把乡村振兴战略作为新时代“三农”工作总抓手 促进农业全面升级农村全面进步农民全面发展》，共产党员网，http://www.12371.cn/2018/09/22/VIDE1537625280468640.shtml，2018-09-22。

③ 《习近平在湖北考察改革发展工作时强调坚定不移全面深化改革开放脚踏实地推动经济社会发展》，人民网，http://politics.people.com.cn/n/2013/0723/c70731-22298976.html，2013-07-23。

2014年9月，习近平总书记在中央全面深化改革领导小组第五次会议上强调，要在坚持农村集体所有制的前提下，促使承包权和经营权分离，形成所有权、承包权、经营权三权分置、经营权流转的格局。

三要构建现代农业产业体系、生产体系、经营体系，发展多种形式适度规模经营，培育新型农业经营主体。构建现代农业产业体系就是要从制度层面上保障农业农村一二三产业融合发展，突出抓好有比较优势的主导产业和特色产业，并把特色产业与特色加工业结合起来。

习近平总书记指出，要根据资源禀赋、产业基础和市场需求，选准若干拳头产品，按照区域化布局的农业块状经济和贸工农一体化的龙型经济要求，积极培育具有明显比较优势的主导产业。[①] 构建现代农业生产体系就是要在制度上保障农业生产的技术化、机械化、信息化，形成完善的现代生产发展方式，习近平总书记强调，要促进农业技术集成化、劳动过程机械化、生产经营信息化、安全环保法制化，加快构建适应高产、优质、高效、生态、安全农业发展要求的技术体系。构建现代农业经营体系就是要在制度上保障农业经营的科学化、市场化、集约化，促进适度规模的经营方式的发展。[②] 习近平总书记指出，要突出抓好农民合作社和家庭农场两类农业经营主体发展，赋予双层经营体制新的内涵，不断提高农业经营效率，实现小农户和现代农业发展

① 《习近平：走高效生态的新型农业现代化道路》，http：//theory. southcn. com/tszs/200703210138. htm，南方网，2007－03－27。

② 《习近平的“三农”情怀和战略智慧》，环球网，https：//china. huanqiu. com/article/9CaKrnK0g4b，2017－02－06。

有机衔接。[1]

四要完善农业支持保护制度，健全农业社会化服务体系。完善农业支持保护制度就是要不断完善政府优先投资农业的体制，财政优先保障农业的投入机制，引导和撬动社会资本投向农村的多元投入机制，健全金融支农的组织体系和服务体系，完善农业补贴制度，等等。习近平总书记强调，要加大农业投入力度，财政再困难也要优先保证农业支出，开支再压缩也不能减少“三农”投入，要提高农业补贴的精准性和指向性。健全农业社会化服务体系就是要加强农村基础设施和农田水利设施建设，增大农村公共服务的投入。习近平总书记2015年在陕甘宁革命老区脱贫致富座谈会上指出，要把基础设施建设放在重要位置，加快道路和交通设施建设，加快水利、能源、通信、市场等建设，从根本上改变交通落后状况，改善生产生活条件。[2]

五要加强农村基层基础工作，健全自治、法治、德治相结合的乡村治理体系。要在制度层面上保障农村群众既能够传承优秀传统文化，又能够坚持社会主义核心价值观，推进农村群众的道德建设，还要促使农民群众学法懂法用法守法，推进农村法治进程。习近平总书记指出，我国农耕文明源远流长、博大精深，是中华优秀传统文化的根，要在实行自治和法治的同时，注重发挥好德治的作用，推动礼仪之邦、优秀传统文化和法治社会建设相辅相成。

① 《〈求是〉杂志发表习近平总书记重要文章〈把乡村振兴战略作为新时代“三农”工作总抓手〉》，新华网，http://www.xinhuanet.com/politics/2019-06/01/c_1124570676.htm，2019-06-01。

② 《把革命老区发展时刻放在心上——习近平总书记主持召开陕甘宁革命老区脱贫致富座谈会侧记》，人民网，http://cpc.people.com.cn/n/2015/0217/c64094-26578457，2015-02-17。

六要健全农村基层党组织制度建设。农村基层党组织是党的细胞，是执政的根基，从严治党在农村照样不能松懈。要把农村基层党组织建设成为实施乡村振兴战略的“火车头”，党员干部成为脱贫致富的“领头羊”。习近平总书记指出，要充分发挥好乡村党组织的作用，把乡村党组织建设好，把领导班子建设强。要把基层党组织的工作重心转到服务发展、服务民生、服务群众、服务党员上来。①

七要创新乡村人才工作体制机制。农村人才匮乏，是不争的事实，但长期下去，将严重影响乡村振兴。习近平总书记强调，人才振兴是乡村振兴的基础，要创新乡村人才工作体制机制，充分激发乡村现有人才活力，把更多城市人才引向乡村创新创业。要打造一支留得住、能战斗、带不走的干部队伍；向农村选派干部和专业人才，要优先考虑，缺少什么干部就要补什么干部；要增加教育、医疗、科技、文化等方面干部和人才比例。②

三、实施乡村振兴战略与“五位一体”总体布局的关系

“五位一体”总体布局是习近平新时代中国特色社会主义思想的主要内容之一，是习近平总书记治国理政的总方略、总思路。“五位一体”总体布局是指经济建设、政治建设、文化建设、社会建设、生态建设五个方面，它们是密切联系、相互协调、相互促进的有机统一整体，每一个建设都有其深刻的内涵和目标要求，共同勾勒出富强民主文明和谐美丽的社会主义现代化强国的

---

① 《习近平再谈乡村振兴战略，这几点很重要》，http：//www. xinhuanet. com/2018－09/25/c_ 1123479651. htm，新华网，2018－09－25。

② 《以乡村人才振兴推进农业农村现代化》，人民网，http：//theory. people. com. cn/n1/2018/1029/c40531－30367805. html，2018－10－29。

壮丽图景。实施乡村振兴战略是实现“五位一体”总体布局的重要举措和实现途径，是对“五位一体”总体布局的思想深化和实践拓展，要把乡村振兴战略融入“五位一体”总体布局之中，扎扎实实、不折不扣、善始善终地实施好乡村振兴战略。如果虚情假意、半心半意、半途而废地去实施乡村振兴战略，势必造成“五位一体”总体布局效果大打折扣，最终影响“两个一百年”奋斗目标的实现。

第一，实施乡村振兴战略是“五位一体”总体布局中经济建设贯彻新发展理念的充分体现，“五位一体”总体布局中经济建设贯彻新发展理念是对实施乡村振兴战略的基本要求。新发展理念是指创新、协调、绿色、开放、共享五大发展理念。从创新理念看，创新是引领发展的第一动力，创新包括理论创新、制度创新、科技创新、文化创新等方面。习近平总书记于 2017 年第一次提出实施乡村振兴战略，本身就是理论创新。当然，乡村要振兴，还需要在农村、农业各个方面的创新，从深层次激发乡村振兴的动力源；同样，要创新，没有农村、农业的创新，也是不全面、不完善的创新。从协调理念看，就更能够看出实施乡村振兴战略的重要性，乡村振兴了，城乡关系、工农关系、区域发展就协调了；要协调，如没有真正做到缩小城乡差别、实现城乡融合发展，协调就是一句空话。从绿色理念看，就是要敬畏自然、尊重自然、顺应自然、保护自然，只有乡村生产发展了、生活富裕了、生态良好了，做到了绿水青山就是金山银山，到处是莺歌燕舞，满目是碧水蓝天，才是贯彻了绿色的理念；否则，农村环境遭受破坏，城市生活也会受到影响。从开放理念看，开放不仅包含对外开放，也包含对内开放，如果开放仅仅只有边境口岸和中心城市的开放，那不是完全意义上的开放，是不符合党和国家的开放政策的，同样，没有农村的开放，不在农村实行市场经济，就会使农村与外界隔绝起来，封闭起来，乡村就难以振兴；只有加大农村的开放力度，引进城市资金、金融资本、先进技术与科技产业，乡村振兴才有希望。从共享理念看，共享包括全民共享、全面共享、共建共享、渐进共享，改革开放以来，我们积累了巨大的物质财富和精神财富，这是全国人民团结一心、共同奋斗的结果，这些成果理应由全国人民共同享有，不是少数人共享，不是一部分人共享。农业的产出虽然不及工业的产出，但我们的农民付出的辛苦劳作并不比其他行业工作的人少，他们占人口的多数，共享改革开放成果是天经地义的，也是社会主义优越性的充分体现。

第二，实施乡村振兴战略是“五位一体”总体布局中政治建设实现人民当家作主的重要措施，“五位一体”总体布局中政治建设实现人民当家作主是实施乡村振兴战略的政治保证。我国的国体是工人阶级领导的、以工农联盟为基础的人民民主专政的社会主义国家，国家一切权力属于人民。我国的政体是人民代表大会制度，这是坚持党的领导、人民当家作主、依法治国有机统一的根本政治制度安排。人民的主体是工人阶级、农民阶级，作为国家的统治阶级，他们是国家权力的象征，是社会主义政权的支柱和基石。人民代表大会制度是能够保证人民当家作主的根本政治制度和最高实现形式。自从中国共产党领导中国人民取得了新民主主义革命的胜利，中国人民翻身得解放，从此站立起来了，真正实现了人民当家作主。广大的农村地区从实行土地改革，到进行三大改造，再到实行联产承包责任制，农民群众无不是行使当家作主的权利。不管是在国家层面还是在农村最基层，他们参与着治理国家、保障民主、管理公共事务和经济文化事业，他们按法律赋予的权利进行选举、议事、监督等民主活动，这些都不是空话。但是，由于农村地域广大，农民分散居住，有些地方交通不便，具体到某些农民身上，民主权利的发挥会有一些影响，越是落后的地区，农民的民主意识越不强。实施乡村振兴战略，就能够逐渐改变落后地区农民民主意识淡薄的现象，提高其思想素质，增强其政治意识。

第三，实施乡村振兴战略是“五位一体”总体布局中文化建设践行社会主义核心价值观的客观需要，“五位一体”总体布局中文化建设践行社会主义核心价值观是实施乡村振兴战略的精神动力。社会主义核心价值观的内容是富强、民主、文明、和谐，自由、民主、公正、法治，爱国、敬业、诚信、友善，涉及国家、社会、公民三个层面的价值目标，是社会意识形态的基本要求。首先，培养和践行社会主义核心价值观，是全民的行动，每个人、每个家庭都要参与其中，这就必须提高所有公民的文化素质、健康素质和政治思想素质。但是如果农业不发达，农村不兴旺，农民不振作，农村的教育、医疗、养老等基础建设没有搞好，何谈农民践行社会主义核心价值观，仅仅依靠城市市民具有很高的文化素质和思想道德素质是不行的。其次，培养和践行社会主义核心价值观，是要将其融到社会生活的各个方面，包括政治生活、经济生活、文化生活、社会生活、生态生活等。落后的乡村本来就是社会政治经济生活比较薄弱的地方和可能被忽视的地方，特别是偏远的山村，最容易成为“春风不度玉门关”的地方，有些村民精神生活空虚，有些村民有精神渴求，就更需要社会主义核心价值观去占领人们的意识形态、思想领域和精神高地，否则就会让消极、腐朽、落后的东西去占领，实施乡村振兴战略恰恰是解决这一问题的最好办法。最后，培养和践行社会主义核心价值观，是要使每个公民都达到文化自信的目的，试想一下，乡村不振兴，我们的农民朋友如何做到文化自信？总不能让文化自信仅仅停留在知识分子、理论家和城市公民的脑海中吧。

当然，培育和践行社会主义核心价值观有长期奋斗的过程，同样道理，乡村振兴也不是一蹴而就的，也有一个长期奋斗的过程。

第四，实施乡村振兴战略是“五位一体”总体布局中社会建设保障和改善民生的必然手段，“五位一体”总体布局中社会建设保障和改善民生是实施乡村振兴战略的内在需要。民生是人民幸福之基、社会和谐之本。多年以来，党和国家坚持以人民为中心，在发展中保障和改善民生，在农业方面，国家全面取消几千年来就有的农业税，这对农民来说，是天大的好事，接着国家又实行对种田农户的各项补贴，完善对农民的各种保险，逐年增加老年农民的社会保障补助金额，加大力度改善农村生活环境，强力推进脱贫攻坚，对特别贫困户建档立卡进行最低生活保障，实施“两不愁，三保障”措施（即吃穿不愁，教育、医疗、养老保障），对偏远穷困山村实施整体搬迁，对农村危房实施改造，等等。但是，这仅仅是实施全面建成小康社会的需要，是脱贫攻坚的初步成果，离乡村振兴战略还有很长的路要走。因为与城市相比，还有很大差距。首先，城乡基础设施建设差距很大，农村生活环境还没有彻底改善，公共设施均等化还没有真正做到。其次，城乡二元经济结构问题还没有破解，工农产品价格剪刀差依然存在。再次，城乡收入差距还未缩小到应有程度，农村产业发展缺乏融资和科技支撑，农产品的销售还不是完全畅通的。最后，城乡的教育、医疗等社会保障机制还未理顺，差距很大。所以，不实施乡村振兴战略，保障和改善民生就不能完全贯彻落实到位，只有大张旗鼓地推进乡村振兴战略，保障和改善民生才能达到党和国家的要求。

第五，实施乡村振兴战略是“五位一体”总体布局中生态建设方面建设美丽中国的主要途径，“五位一体”总体布局中生态建设方面建设美丽中国是实施乡村振兴战略的环境指引。生态文明建设，是指人类在利用和改造自然的过程中，主动保护自然，积极改善和优化人与自然的关系，建设健康有序的生态运行机制和良好的生态环境。保护生态环境是绿色发展新理念的延伸，党和国家提出建设美丽中国，是实现人与自然和谐共生、社会永续发展的美好愿望，是对生态文明建设的目标要求。建设美丽中国，不仅要求城市建设要非常漂亮，而且要求农村建设也要很美丽，这就必须实施乡村振兴战略，不仅要继续把少数风景如画的农村风景区建设得非常美丽，更是要将多数没有什么风景可言的广大农村地区建设得很美丽，不仅是要建设美丽的示范村、典型镇、模范乡，而且还要遍地开花，要求每个农村地区，只要有人居住的乡镇、山村都要建设得很美丽，实施亮化、绿化、净化、美化工程，也就是说，没有风光要再造风光，没有景色要再造景色，真正做到天蓝、地绿、水净，让所有的农村居民产生憧憬，感受到生活的舒适、惬意，感受到社会主义中国的无限美好！

四、实施乡村振兴战略与“四个全面”战略布局的关系

“四个全面”战略布局是指全面建成小康社会、全面深化改革、全面依法治国、全面从严治党。这是习近平总书记治国理政的“牛鼻子”和总框架，“四个全面”具有相辅相成、相互促进、相得益彰的逻辑关系，全面建成小康社会是战略目标，全面深化改革、全面依法治国、全面从严治党都是战略措施，为全面建成小康社会提供动力源泉、法治保障和政治保证。这个战略布局定位为实现中华民族伟大复兴中国梦的关键一步，按照党对我国社会主义现代化建设作出的战略安排，第一步就是到建党一百年时建成惠及十几亿人口的更高水平的小康社会，这个目标很快就要实现了，这个目标实现以后，还要不要继续实行全面深化改革、

全面依法治国、全面从严治党的战略措施？我们认为，还是要的，因为第二步奋斗任务更加艰巨。那么，问题来了，实施乡村振兴战略又如何定位？它与“四个全面”战略布局又是什么关系？我们认为实施乡村振兴战略也是具有很强针对性的目标，是针对农村发展的局部奋斗目标，但局部问题的解决与否也会影响全局，往往牵一发而动全身。

第一，实施乡村振兴战略为全面建成小康社会打好坚实基础，同时在完成全面建成小康社会以后，又为实现社会主义现代化的目标提供前提条件，全面建成小康社会为进一步实施乡村振兴战略提供物质、资金、技术保证。习近平总书记就说过，小康不小康，关键看老乡。只有广大农村老百姓真正实现了小康，全面建成小康社会才算实现，所以，农民群众摆脱贫困，并且不再返贫，才是问题得到解决的关键。城市里虽然有下岗工人，有待业青年和复原军人，有失业的大学生，但这些年来，经过各级政府的共同努力，渐渐消化一些，安置一些，创业一些，总体上都好解决，因为城市就像一个大熔炉，只要是这里的一员，迟早会拥有自己的住房，拥有工作，因为处在城市各处设施完备和社会保障齐全的核心圈里，在社会主义大家庭里，小康不会落下任何一个人。但在乡村，特别是偏僻的小山村，那里很闭塞，自然条件很恶劣，政府的影响力显得有些鞭长莫及，如果不打赢脱贫攻坚战，不实施乡村振兴战略，很可能就会出现一些老乡不能迈入小康的情形。为什么是脱贫攻坚战呢？就因为这是一块难啃的硬骨头，这些年来，我们有不少干部牺牲在脱贫攻坚的一线上，据国务院扶贫办统计，截至 2019 年 6 月，全国共有 770 多人牺牲在扶贫岗位上。[①] 可以说，世界上没有任何一个国家会像我国一样愿意付出如此大的代价去脱贫攻坚，但脱贫攻坚战还得继续打下去，这是因为，至 2019 年 12 月，全国农村还有 551 万贫困人口没有脱贫，其中湖南省还有 19.9 万贫困人口没有脱贫。[②] 还应该看到，到了 2020 年底，全部贫困人口都已脱贫，接下来会有些脱贫人口因为各种原因返贫的问题，即使消除了绝对贫困人口，相对贫困人口的问题又将凸显出来。由此说明，实施乡村振兴战略为全面建成小康社会立下汗马功劳。

全面建成小康社会的过程，也是实施乡村振兴战略的过程。党和国家为了实现 2020 年全面建成小康社会，对“三农”这块短板提供了大量的人力、物力和财力。据国家统计局统计，2017 年中央财政专项扶贫资金是 861 亿元，地方财政扶贫资金是 2310 亿元，中央和地方财政扶贫资金合计是 3171 亿元；2018 年中央财政专项扶贫资金是 1061 亿元，地方财政扶贫资金是 3709 亿元，中央和地方财政扶贫资金合计是 4770 亿元。从 2016 年到 2018 年，三年整合各类涉农资金超过 9000 亿元。[③] 2019 年和 2020 年国家每年的扶贫资金都超过了 4000 亿元。由此可以看出，全面建成小康社会对实施乡村振兴战略起了很大的促进作用。

第二，实施乡村振兴战略为全面深化改革提供经验借鉴，全面深化改革为推进乡村振兴战略提供动力支持。中国的改革始于 1978 年安徽省凤阳县的小岗村，此后以联产承包责任制的改革推

① 《国务院扶贫办：到今年 6 月底共有 770 多人牺牲在扶贫岗位上》，东方网，http//www. news. eastday. com ，2019－09－27。

② 《目前湖南还有 19.9 万剩余农村贫困人口要按期脱贫》，新浪网，2020－03－05。

③ 《2019 年我国财政扶贫支出会达到多少?》，搜狐网，https：//www. sohu. com/a/294701660_ 1200939632019－02－14。

行到全国，进而在 1984 年推动了城市的经济体制改革。但是乡村的改革总是会遇到瓶颈，农村的土地分分合合，产业变来变去，由此导致乡村改革艰难前行。实施乡村振兴战略的提出简直是给艰难前行的农村改革打了一剂强心针，这本身就是一个重大改革措施。这不简单就只是发生在农村中，它牵涉到城乡二元经济结构的改革、政府的投资取向的改变、第一二三产业的调整、公共设施建设的均等化、经济重心的转变等方面，可以说，实施乡村振兴战略促进全面深化改革，并为各方面的改革提供可资借鉴的经验。

全面深化改革具有强大的动力，又为推进乡村振兴战略提供动力支持。改革开放是党和人民事业兴旺发达的重要法宝，在建设中国特色社会主义的过程中，改革开放起到了引擎的作用，是决定中国命运的关键抉择，每当前进道路上遇到艰难险阻，总能够通过改革化险为夷。现在实施乡村振兴战略，并不会一帆风顺，已经涌现并将继续涌现更多的难题，面临并将继续面临新的困境，要解决这些难题，走出新的困境，唯有依靠人民群众，全面深化改革。

第三，实施乡村振兴战略为全面依法治国提供平台支撑，全面依法治国为实施乡村振兴战略提供法治保障。乡村的地域分散性、生产的自主性、生活的自由性、文化的单薄性决定了法治的难度较大，有些村民思想偏执、心胸狭隘、脾气暴躁、性格蛮横，遇到一点看不惯、不顺心的事情就会脾气大发作，这就是为什么农村常常会因为日常的家庭矛盾纠纷引发家暴，家人出走，甚至自寻短见；会因为农田管理、引水灌溉、房屋地基而发生争执吵架以至斗殴；会因为有些村民沉迷于打牌赌博而引发刑事案件；会因为生活出现暂时的困窘而发生偷盗抢劫等犯罪行为；会因为村干部选举而出现宗族势力、黑恶势力干涉阻挠的违法事件；等等。而农村执法和司法人员相比管辖区域数量比例不足，工作辛苦，有些执法行为得不到部分农民群众的理解和好评，所以法治在农村实施远比在城市实施困难得多、复杂得多，不过，从农村法治的过程中，也可发现新问题、新思路，收获有益的经验，实施乡村振兴战略可以为依法治乡、依法治村提供平台和良机。

全面依法治国是党中央治国理政的基本方略，通过法治手段巩固改革成果。对实施乡村振兴战略而言，也是通过法治的强制力保障其顺利进行，惩治违法犯罪行为。例如，农村的打黑除恶斗争，有力震慑了农村各种违法犯罪分子，减少了农村很多违法犯罪活动。随着乡村振兴战略深入推进，农民群众不仅物质生活得到很大改善，精神生活也会有很大提高，在法治的引领和保障下，农村的经济面貌、政治面貌、文化面貌、社会面貌、生态面貌都会有大的改观。

第四，实施乡村振兴战略为全面从严治党提供运用方式，全面从严治党为实施乡村振兴战略保驾护航。乡村振兴战略本来就是在党中央号召与决策下实施的，要坚持党对农村工作的全面领导，毛泽东同志曾经指出："党政军民学，东西南北中，党是领导一切的。"习近平总书记也反复这样强调。我们党历来重视对农村工作的领导。在革命战争年代，党就是为农民求解放；在和平年代，党就是为农民谋幸福。在脱贫攻坚战和实施乡村振兴战略过程中，数不清的党员干部冲在第一线，日夜奋战、不计得失、无私奉献，甚至牺牲了他们宝贵的生命。为了磨砺青春意志，党选派年轻干部、青年大学生到最贫困的农村去，成为驻村干部，这些干部为农村群众规划发展方向，选准合适产业，跑资金、跑项目，呕心沥血、风雨无阻，很多干部在艰苦的环境中锻炼成长，永葆党的青春与活力。

乡村振兴战略的实施，促进了全面从严治党。全面从严治党在实施乡村振兴战略过程中，措施严格，正风肃纪，扫清障碍。实行中央统筹、省负总责、市县抓落实工作机制，党政一把手是第一责任人，五级书记抓乡村振兴，建立市县党政领导班子和领导干部推进乡村振兴战略的实绩考核机制；建立村级事务小微权力清单，规范村干部用权行为，实施阳光村务，把权力关进“笼子”。那些害怕艰苦、害怕受累、不干实事、庸政懒政的不合格干部，被淘汰出局；那些想占便宜、私心很重、侵吞扶贫款项的腐败堕落的干部，应声落马；那些徇私枉法、违反党纪的干部，受到了惩处。我们有理由相信，随着全面从严治党在实施乡村振兴战略过程中的深入推进，农村将成为风清气正的新天地。

五、实施乡村振兴战略的重大意义

习近平总书记提出的实施乡村振兴战略，是站在我国社会主义现代化建设新的历史方位，统筹经济社会发展全局，审时度势、高屋建瓴而提出的顶层设计，是辩证分析、科学判断得出的正确结论，是全国一盘棋、实现中国梦的科学布局，具有重大的现实意义和深远的历史意义。

（一）实施乡村振兴战略的理论意义

首先，实施乡村振兴战略揭示了社会主义建设规律和发展规律。社会主义曲折发展到今天，经历过无数挫折，我们由认识粗浅到认识比较深入，再到把握一定的规律，进行了数不清的探索。中华人民共和国成立初期，我们党提出“以苏为鉴”，就是发现社会主义苏联只注重发展重工业，而忽视轻工业和农业，我们想吸取苏联的教训，改变这一做法，毛泽东同志在 1956 年就作了《论十大关系》的报告，提出“以农业为基础，以工业为主导”的方针，要以农轻重为序发展国民经济，不难理解，当时党的重心是要大力发展农业的，就是说，要把农业放在国民经济发展的首位。但是，以苏联为老大哥的惯性思维导致我们在实际工作中依然犯了教条主义的错误，才到1957年下半年我们的工作重心就转向发展重工业，全民大炼钢铁，很多农村土办法上马，有条件要上，没有条件创造条件也得上，所以砸锅卖铁吃大锅饭，砍大树烧木炭炼铁，而农业本身的建设和发展却耽搁下来了。1962年在农村形成“三级所有、队为基础”的统派统购的人民公社体制，作为最基本的生产单位的生产队没有生产自主权，上级可以随意调拨人员、物资。同时又以工农产品价格“剪刀差”实现对城市工业发展的原始资金积累，城市和农村发展成为两个相对独立的生产系统，城乡二元经济结构就这样形成了。1978年改革开放以后，虽然农村实行了联产承包责任制，解决了农民的温饱问题，但随着1984年城市实行经济体制改革以后，农业和农村的发展远远滞后于工业和城市的发展，由此我们不难看出，我国城市的发展和工业的增长，农村和农业对此作出了很大的贡献，付出了高昂的代价。

我国自2010年以来，国民生产总值稳居世界第二位，工业制造业增加值连续10年居世界第一位，高铁运营总里程、高速公路总里程和港口吞吐量均居世界第一位，很多工业产品生产能力稳居世界第一位。所以，到了工业和城市“反哺”或者补偿农业和农村的时候了。从国外的经验来看，一般来说，一个国家的工业发展水平远远超前于农业发展水平，那么它的投资再趋向工业与城市，就很难创造较高价值，获得超额利润，它会转向农业等相关领域或者国外。我们是社会主义国家，主张经济社会均衡发展，以求共同富裕，相较于资本主义国家，我们有制度优势，不仅可以通过市场规律来进行调节和导向，而且可以通过领导决策、国家号令、社会动员、党团组织的先锋模范作用的发挥，来实现经济结构的平衡，实现工业对农业的支持与援助。所以，习近平总书记此时提倡实施乡村振兴战略，是站在我国工农业发展历史和现实统一的高度，是善于抢抓时机，针对国际、国内两个大局的实际，把握当前社会主义建设规律和发展规律而作出的科学决策。

其次，习近平总书记实施乡村振兴战略是将对“三农”的认识提到了崭新的高度。农业农村农民问题，简称“三农”问题，既是一个历史问题，又是一个现实问题，是我国经济社会发展过程中出现的曲折，只是到现在凸显出来了。这个问题积攒的时间长，负面影响大，解决难度大。习近平总书记对此非常关注，高度重视，是这一问题的探索者、释惑者和解难者。他是在亲历“三农”中读懂中国的，七年的知青岁月，他体察了农村，熟悉了农业，了解了农民，他和曾经插队的梁家河大队的社员一起开荒、种地、放羊、挑粪、挖沟渠、建沼气。在河北正定县任书记时改造“连茅厕所”，在福建宁德地区任书记时招商引资、开发产业，还将扶贫经历写成《摆脱贫困》一书，在福建省委副书记任上完成《中国农村市场化研究》专著。

习近平总书记对“三农”的认识和理解独到而深刻，成为解决“三农”问题的关键。对于“三农”的认识和理解问题，他指出：“农村还是全面建成小康社会的短板。”“没有农业现代化，没有农村繁荣富强，没有农民安居乐业，国家现代化是不完整的、不全面的、不牢固的。”① “农业农村农民问题是关系国计民生的根本性问题，必须始终把解决好‘三农’问题作为全党工作

① 习近平：《主动把握和积极适应经济发展新常态 推动改革开放和现代化建设迈上新台阶》，《人民日报》，2014-12-15。

重中之重。”① 对于解决“三农”问题的途径，他提出扶贫必须“扶智”，还要“扶志”，“弱鸟必须先飞”。“不担心说错什么，只担心‘意识贫困’”；“不担心做错什么，只担心‘思路贫困’”②。既要反对“等、靠、要”，又要坚持政府、市场、社会“三位一体”的大扶贫格局。他提出精准扶贫“五个一批”“六个精准”的扶贫思路；等等。这些思想论述博大精深，是马克思主义思想宝库的灿烂瑰宝。直到党的十九大报告中创新性地提出实施乡村振兴战略，解决“三农”问题已经升级为国家战略，这是习近平总书记对中国特色社会主义思想理论的重大贡献。

最后，习近平总书记为乡村振兴战略勾画了宏伟蓝图，构成了科学系统工程，是其治国理政方略的重要组成部分。党的十九大报告提出实施乡村振兴战略总要求是“产业兴旺、生态宜居、乡风文明、治理有效、生活富裕”。目标是“建立健全城乡融合发展体制机制和政策体系，加快推进农业农村现代化”。具体措施是：一要完善农村各项基本制度。“巩固和完善农村基本经营制度，深化农村土地制度改革，完善承包地三权分置制度。”“保持土地承包关系稳定并长久不变，第二轮土地承包到期后再延长三十年。”二要深化改革，特别要求壮大集体经济。“深化农村集体产权制度改革，保障农民财产权益，壮大集体经济。”三要稳住粮食生产。“确保国家粮食安全，把中国人的饭碗牢牢端在自己手中。”四要进行一整套现代农业体系建设。“构建现代农业产业体系、生产体系、经营体系，完善农业支持保护制度，发展多种形式适度规模经营，培育新型农业经营主体，健全农业社会化

① 《决胜全面建成小康社会 夺取新时代中国特色社会主义伟大胜利——在中国共产党第十九次全国代表大会上的讲话》，人民出版社2017年版，第32页。

② 习近平：《摆脱贫困》，福建人民出版社1992年版，第7—8页。

服务体系，实现小农户和现代农业发展有机衔接。”五要发展农村产业。“促进农村一二三产业融合发展，支持和鼓励农民就业创业，拓宽增收渠道。”六要健全乡村社会治理。“加强农村基层基础工作，健全自治、法治、德治相结合的乡村治理体系。培养造就一支懂农业、爱农村、爱农民的‘三农’工作队伍。”实施乡村振兴战略被党的十九大审议通过并写入党章。

为进一步推进乡村振兴战略的实施，党中央、国务院在2018年1月发布中央关于农业的一号文件，即《党中央、国务院关于实施乡村振兴战略的意见》,[①] 内容包括五大部分：一、重大意义；二、总体要求，包括目标任务、发展质量、绿色发展；三、文明道德建设等工作，包括农村文化、乡风文明、基础工作、民生保障、脱贫攻坚；四、机制创新、制度建设、人才支撑、投融资等；五、党的领导。2018年9月，党中央、国务院又制定了《乡村振兴战略规划（2018—2022年）》，分为十一篇：一、规划背景；二、总体要求；三、构建乡村振兴新格局；四、加快农业现代化步伐；五、发展壮大乡村产业；六、建设生态宜居的美丽乡村；七、繁荣发展乡村文化；八、健全现代乡村治理体系；九、保障和改善民生；十、完善城乡融合发展政策体系；十一、规划实施。可以说，这个规划内容非常详细、具体、全面，实事求是；实施方案精准得当、稳步推进，是中华人民共和国成立以来对农村的发展最好的规划，这些文件和规划连同党的十九大报告的相关内容一起，清晰地勾勒了乡村振兴蓝图，形成了乡村振兴的系统工程，构成了习近平治国理政的重要支撑和组成部分。

---

① 《2018年中央一号文件公布 全面部署实施乡村振兴战略》，新华网，http://www.xinhuanet.com/2018-02/04/c_1122366155.htm，2018-02-04。

（二）实施乡村振兴战略的实践意义

首先，实施乡村振兴战略是破解“三农”难题、缩小城乡差距的金钥匙。以前我们解决“三农”问题的一些措施不可谓不多，力度不可谓不大，但为什么始终无解呢？最根本的症结还是在指向“治本”的大方向时“治标”多于“治本”。2002 年，党的十六大提出“统筹城乡发展”还只是“破题”的开始，是对解决“三农”问题的确认和引导；党的十六届三中全会提出“五个统筹”，也包含“统筹城乡发展”，在多个统筹中谋划国家发展，那么“统筹城乡发展”就不会成为工作中的重中之重，2005 年，党的十六届五中全会提出“建设社会主义新农村”，但这一提法自二十世纪五十年代以来，我国也曾多次有过类似提法，不过这次的提法意义更深远，要求更全面，使我国总体上进入了以工促农、以城带乡的发展阶段。2006 年国家正式取消农业税，并实施对种田农户的有限补贴。2007 年开始实行“新型农村合作医疗”。新农村建设确实使部分农村获得了新生，但在实行的过程中，存在政绩工程、示范工程、样板工程的味道，多数农村的“三农”问题依然存在。这里有很多问题困扰着人们，譬如：小农经济与小农生产方式问题，土地的所有权与承包权、使用权矛盾的问题，集体经济的发展与否问题，农村的发展的资金渠道问题，农村产业方向问题，农村教育、医疗与社会保障等民生问题，农村基层政权建设问题，农村制度和机制的设计问题，等等。这些问题的解决思路都不是很清晰。党的十八大以来，习近平总书记每年都亲临贫困村考察，提出“精准扶贫”要求，提倡打赢脱贫攻坚战的思路，多管齐下，多路并进，实打实解决问题，做到政府、市场、社会“三位一体”的大扶贫，要求各地农村都要解决贫困户“两不愁（吃穿不愁），三保障（教育、医疗、住房安全保障)”这些措施在贫困地区做到了“标本兼治”。2017 年党的十九大提出实施乡村振兴战略，是对中国农村采取的彻底解决“三农”问题的大手笔，是发出对“三农”问题堡垒的总攻令，是乡村的整体性提升和全面振兴。这个战略实施以来，效果非常显著，譬如：绝大部分行政村和大的自然村通水泥路或者柏油路，很多村通了自来水、网线，旧的土坯房撤除了，换上了新房，最穷的山村得到了搬迁，住进了政府统一规划的安置房，过上了与城里人一样的生活。

其次，实施乡村振兴战略是实现“两个一百年”奋斗目标的助推器。按照党的十九大提出的决胜全面建成小康社会，分两个阶段实现第二个奋斗目标的战略安排，2017 年中央农村工作会议明确实施乡村振兴战略的目标任务是：到 2020 年，乡村振兴取得重要进展，制度框架和政策体系基本形成；到 2035 年乡村振兴取得决定性进展，农业农村现代化基本实现；到 2035 年，乡村全面振兴，农业强、农村美、农民富全面实现。由此不难看出，实施乡村振兴战略是紧紧扣住“两个一百年”奋斗目标来谋划的。其一，第一个“一百年”奋斗目标全面建成小康社会的重点难点在农村，因为“三农”问题积攒很深、很久，解决起来艰难又复杂，这是全面建成小康社会的主要矛盾方面，只有重点难点突破了，主要矛盾方面解决了，其他影响小康社会建成的问题也就迎刃而解了。所以，只有所有的农民生活达到了小康，我们的小康才算全面建成，正如习近平总书记强调的：小康不小康，关键看老乡。乡村振兴战略的实施取得成效，达到了预期目标，即：到 2020 年，乡村振兴取得重要进展，制度框架和政策体系基本形成。那么，到建党一百年时，全面建成小康社会就不会是一句空话。其二，第二个“一百年”奋斗目标实现社会主义现代化强国的难点依然在农村。农业的现代化相较于其他现代化难度确实更大，因为农业与工业发展的不平衡矛盾、城市与乡村发展的不平衡矛盾不是一下就能解决的；还有农业和农村发展不充分的问题，也是要花大力气才能解决的。农业和农村发展不充分包括：农业机械化、自动化的使用是否充分；农业科学技术的应用是否充分；农村基础设施建设与公共事业的发展是否充分；农村第一二三产业的融合发展是否充分；农村资源要素的利用是否充分；等等。所以实现了第一个“一百年”奋斗目标后，依然要依靠实施乡村振兴战略来助力实现第二个“一百年”奋斗目标。

最后，实施乡村振兴战略是实现城乡人民共同富裕的压舱石。中华人民共和国成立后，我们首先进行土地改革，经过三年的土改，接着我们实行“一化三改”，即从1953年起，开始实行社会主义工业化和三大改造并举，在1956年底完成三大改造，确立了社会主义制度。在开创中国工业化道路的进程中，虽然农业为工业化积累了较多的资金，提供了原料和市场，但那个时代，城乡之间的差别不是很大，毛泽东同志曾经就指出，要消灭三大差别，即：工农差别、城乡差别、体力劳动与脑力劳动的差别。在经济建设方针上，毛泽东同志一直主张统筹兼顾、全面安排、综合平衡，要求正确处理生产两大部类的关系，中央和地方的关系，积累和消费的关系等。由于过度强调消灭三大差别和“一大二公三纯”，即纯而又纯的社会主义，以至于后来绝对平均主义盛行，在“四人帮”横行时期，出现“宁要社会主义的草，不要资本主义的苗”的谬论，主张“穷过渡”的贫穷的社会主义。改革开放以后，邓小平同志为了消除绝对平均主义导致绝对贫穷的恶劣影响，提出允许和鼓励一部分地区、一部分人因勤奋劳动、合法经营而先富起来，然后先富带后富逐步达到共同富裕的思想，提出沿海一些地区要走在全国的前列，率先实现现代化。同时邓小平同志也指出，国家要尽力支持内地的发展，对于收入差距过分悬殊的问题，要依法进行调节，要承认不平衡，同时要从不平衡逐步达到相对平衡。后来在国家各项政策的支持下和地理优势的影响下，沿海的发展、工业和城市经济的飞速增长，远远超出了预期，而农业和农村的发展滞后就形成了强烈的反差，这种反差给人们的印象就是工农差别、城乡差别在拉大，贫富悬殊、两极分化。在这种情况下，实施乡村振兴战略就是解决工农差别、城乡差别的良方，是实现城乡人民共同富裕的压舱石。

第二章　乡村振兴战略的形成

随着我国现代化和城镇化的不断推进以及国际竞争的日趋激烈，人们越来越关注发展的均衡性、新态势对经济的影响以及综合国力的提高。正是在此背景下，确立什么样的经济均衡发展战略，促使国家综合实力加强，更坚实地推进现代化进程，成为一个重要而迫切的任务。2017 年 10 月 18 日，在党的十九大报告中，习近平同志明确提出乡村振兴战略，旗帜鲜明地强调，农业农村农民问题是关系国计民生的根本性问题，必须始终把解决好“三农”问题作为全党工作的重中之重。要坚持农业农村优先发展，按照产业兴旺、生态宜居、乡风文明、治理有效、生活富裕的总要求，建立健全城乡融合发展体制机制和政策体系，加快推进农业农村现代化。这是在科学总结我国经济发展历史经验的基础上作出的新论断、新战略，是在全面分析当今国际激烈竞争局势背景下的新思路、新谋划。深入研究和把握这个战略提出的社会时代背景，有助于我们准确把握与全面理解这一战略的深刻内涵、精神实质和重大意义，进而促使我们积极推动这一战略的贯彻实施。

一、国际竞争加剧和科学技术发展提出了新挑战

当今世界是个竞争的世界，不仅是经济、科技、军事等方面的竞争，而且是政治、文化、社会、生态等综合国力的竞争，不仅有工业、服务业的竞争，而且有农业的竞争，不仅有硬实力的

竞争，而且有软实力的竞争，而世界多极化、经济全球化、文化多样化、社会信息化以及科学技术的迅猛发展使国际竞争更加激烈和日趋加剧，任何一个国家都不能置身事外。我们仍将长期面对发达国家在工业、农业、国防、科学技术等方面占据一定优势的压力。深刻认识当今国际局势的整体态势和发展状况，是理解和分析实施乡村振兴战略的思想基础和必要前提。

（一）实施乡村振兴战略面临着难得的机遇

1. 和平发展、合作共赢仍然是时代潮流

一方面，虽然当今世界依然有许多地方动荡不安，全球局势瞬息万变、风云激荡，但总体上不会发生世界范围的战争和冲突，这是留给我们发展经济、建设国家的国际时局“空仓期”，是难得的战略机遇；另一方面，全球治理体系和国际秩序变革加速推进，各国发展的互补和依存日益加深，我国倡导的构建共商共建人类命运共同体的理念得到世界许多爱好和平的国家和人民的支持和响应，坚持国际公平公正，反对霸权主义和强权政治得到很多发展中国家的理解和拥护，积极发展全球伙伴关系，推动国际社会安全格局的建立得到国际社会普遍的认可和赞同；我国倡议的“一带一路”国际合作的构想得到了亚欧非拉及世界许多国家的高度关注和积极回应，以“政策沟通、设施联通、贸易畅通、资金融通、民心相通”为主要内容的议题，顺应时代潮流，符合世界人民利益，具有广阔前景。构建人类命运共同体与“一带一路”成为推动世界和平发展合作共赢的“双引擎”。

2. 世界多极化对世界格局的有利影响

冷战结束以后，两极格局终结，多极化格局在曲折中发展，新兴市场国家和发展中国家群体性崛起，正在改变全球政治经济

版图，国际关系民主化大势不可逆转，以西方国家为主导的全球治理体系出现变革迹象。这些都有利于推动建立公正合理的国际政治经济新秩序，有利于发展中国家抓住机遇发展自己。我国是最大的发展中国家，在这世界格局变革当中，更应该发挥自己的积极作用，树立自己的应有形象，为全球共同利益作出贡献。我们要在和平发展中崛起，在国际友好中强大，成为维护国际政治经济新秩序和全球稳定的中坚力量。

3. 经济全球化为我国经济和社会发展提供了有利条件

二十世纪九十年代以来，经济全球化迅猛发展，经济全球化规模空前扩大，全球资本的跨国流动迅速加快，全球范围的生产要素流动和配置的速度和规模前所未有，各个国家经济体相互依赖、相互联系程度日益加深。这种发展趋势有利于促进全球资本、技术、知识等生产要素在全球范围的优化配置，为全球经济和社会发展提供优质的物质技术条件，这为各国各地区提供了新的发展机遇期。我国要很好地利用这一难得的机遇，充分利用国际流动资金、科技、知识经验和人才，发展和壮大我国发展中的“短板”和“短腿”，我们已经从经济全球化中受益，今后还要更多利用其便利条件，既为自己也为国际和平发展事业作出应有的努力，也为经济全球化提供更多经验。

4. 科技发展的新趋势为我国的发展提供了有益帮助

全球科技的迅猛发展，为我国经济建设提供了强大动力，自二十世纪九十年代以来，以信息技术和生物技术为核心的现代科技日新月异，极大地影响着全球经济。信息技术成为渗透经济社会生活各个领域的先导技术，信息资源成为重要生产要素和社会财富，信息掌握的多寡成为衡量国家软实力和竞争力的重要标志，互联网日益成为创新驱动发展的先导力量，深刻改变着人们的生产生活方式，真正使世界变成地球村，让国际社会联系越来越紧密。新材料、新能源技术、生物技术、自动控制技术等新科技不断涌现，带动了几乎所有产业、所有领域发生了以绿色、智能、泛在为特征的群体性技术革命，大数据、云计算、移动互联网连同机器人、智能制造技术相互融合，创新链条更加灵巧。光电技术、遥感技术、纳米技术等促使深入探究航空航天、地壳结构、深海探测，促使人类探索未知空间领域起了重大便利作用，人类基因技术、抗病毒疫苗技术等对于抗击 SARS、新型冠状肺炎病毒起到了积极效果。总之，信息的网络化和数字化，不同学科的交叉渗透，促使新技术不断更新，产业更新换代加快，科技创新突破地域、组织、技术界限，不仅影响和改变着国家的经济结构、综合国力，而且影响着国际政治格局，改变了人类社会生活。

（二）实施乡村振兴战略面临着严峻的挑战

在看到国际形势的有利方面时，我们也要正视其不利方面及其对我国经济发展构成的严峻挑战。

1. 国际环境日益复杂化

国际霸权主义和强权政治有新的表现，单边主义试图取代多边主义，霸凌主义阻碍世界多极化进程，民族矛盾、宗教矛盾以及边界、领土争端时起时落，恐怖主义、种族冲突、分裂主义、国际犯罪等影响和平国际环境的问题依然严重。违背国际贸易规则的行径花样百出，罔顾国际关系准则的现象时有发生，各种力量的较量异常激烈，影响世界经济发展的因素有增无减。如叙利亚持续不断的战争冲突、伊朗核问题、巴以冲突、阿富汗问题、乌克兰问题等，这些问题的深层次原因离不开美俄矛盾、欧美矛盾、欧俄矛盾等，离不开美国的霸凌主义、单边主义和强权政治。这些矛盾和冲突带来的恶果就是导致世界经济处于大的动荡中，经济复苏动力不足，低增长、低通胀、低需求同高失业、高债务、高泡沫等风险交织，导致世界主要经济体继续分化，各国经济政策的不确定性和经济环境的恶化加剧，国际范围内贸易保护主义抬头，经济全球化受阻，落后国家人民生活难以改善，贫困国家减贫压力巨大。环境污染、重大传染性疾病传播等影响人类健康的威胁加大，特别是 2020 年初爆发的新型冠状肺炎病毒波及世界绝大部分国家并造成极其严重的后果，重挫了世界经济。

2. 综合国力竞争日趋加剧

世界主要发达国家都注重综合国力的提升，西方欧美国家不仅综合国力发展稳定，而且具有较强的实力。亚洲的日本、韩国、印度的发展也值得我们关注。综合国力竞争不仅表现在经济、政治、军事等“硬环境”上，也体现在文化软实力、科技力、人力资本、信息力等“软环境”上，还体现在工业和农业的齐头并进、均衡发展上，体现在国家粮食安全、身体健康安全、生态环境安全上。任何一个方面的发展受限和出现“短腿”，国家的综合国力都要大打折扣。譬如俄罗斯的军事和国防力量很强大，但其经济发展却是一块“短板”，而日本的经济、科技发展很强劲，但政治影响力却是一块“短板”，我国的工业经济、科技、军事和国防等发展迅猛，政治、文化等方面很强盛，但农业经济的发展是我们的一块“短板”。

3. 阻碍我国发展的国际反华势力日盛

我国的发展不以对他国构成资源掠夺和军事威胁为前提，不搞新的殖民主义，我们的崛起是在和平中崛起，这是我们的庄严承诺。中华民族伟大复兴是世界任何势力、任何国家所无法阻挡的，我国的民族复兴大业是对世界和平和人类社会的巨大贡献。但是一些抛出“中国威胁论”的不良国家势力和一些不明真相的国家总是想阻碍我们的发展，虽然不能起多大作用，但处理不好也会造成一定的干扰。所以我们要用行动表明我们的态度，我们积极参与国际反恐合作，参与世界减贫行动，通过“一带一路”倡议帮助相关国家改善基础设施，援助落后国家进行各项经济建设，实现合作共赢，搭建友谊的桥梁，通过“共商共建人类命运共同体”的外交理念，积极发展全球伙伴关系，构建国际安全格局和新型国际关系。

（三）发达国家农业发展带给我们的启示

农业领域也是一个重要的国际竞争领域。欧美发达国家不仅工业经济发展强劲，农业经济发展也相当良好，并为工业经济提供很好的物资、资金和市场等生产要素支撑，基本实现了工农、城乡的均衡发展。亚洲的日本、韩国对农业、农村的建设也有很多成功经验。这不仅是我们应该加以学习和借鉴的，同时也是我们面临的新挑战。

1. 美国实行农业扶持政策

农业是一个投资周期长、风险大、回报低的产业。所以美国为了促进农业的发展，实行国家对农业经济发展的鼓励和扶持政策。早期的扶持政策有政府建立农产品储备调节市场供求关系、扩大农产品出口、扩大农产品的工业用途和实行国内的食物分配计划为主要特征。到了二十世纪八十年代中期至九十年代中期，开始以市场化办法调整农业政策。主要有“市场价格贷款”，如果国际市场价格低于美国国内最低保护价时，棉、稻农可以从政府得到低于最低保护价的市场价格贷款，将其产品拿到国际市场出售，差价由政府支付。增加对谷物类尤其是小麦的出口补贴。二十世纪九十年代到二十一世纪初期，其农业扶持政策主要有取消小麦、稻米、饲料和棉花的休耕面积计划；给农民以种植自由，农民可以在全部土地上种除水果和蔬菜以外的任何作物，按市场需求进行生产和销售；采取与产量逐步脱钩的补贴方式。至于对外，继续推行扩大出口政策，对参加出口计划的出口商遇到“不公平竞争”时，给予补贴。对过去实行的出口短期中期贷款继续发放。

2002 年后美国农业扶持政策又有新改革，其目标确定在四个方面，一是保证在合理的价格水平上生产丰富的高品质农产品；二是保持农业生产者有一个繁荣和生产性经济环境；三是维持家庭农场组织作为生产系统的主体；四是实现提高农村人口生活质量的目标。①

2. 法国以“领土整治”的方式推动乡村发展

法国对农村的支持政策主要体现在两个方面：一是发展“一体化农业”，即将农业与同农业相关的部门结合起来，组成利益共同体。通过相关部门提供的资金技术支持，实现对农业的反哺。二是开展“领土整治”，即通过国家相关的法律法规支持经济欠发达地区乡村发展，实现农村社会资源的优化配置，将农村的空间环境和生态环境作为保护重点。

在实施“领土整治”的过程中，国家实行城市总体规划和土地利用规划，以此指导城乡土地利用，优先保证各类绿地、开放空间、农场牧场、村庄建设用地及规模，以及农房高度边界和绿

---

① 《美国新农业法及有关国家农业支持政策分析》，中国政府网，http//www.moa.gov.cn/ztzl/nygnzczcyj/200212/t20021224_38663.htm，2002-12-24。

色边界，保持乡村形态和自然景观的原始延续。保护自然景观的同时，注重对乡村人文景观的保护，避免城市化引起的乡村衰落。①

3. 荷兰实施“农地整理”，重塑乡村景观

二十世纪以来，荷兰乡村地区的“农地整理”规划主要体现在“土地整理”和“土地开发”两个方面。土地整理是指通过交换农户间土地、减少碎片化农田、修建道路、优化土壤和水质，创造更好的农业生产条件、提升农业生产效率，是一种结构性的农业优化措施。而土地开发除了关注农业生产功能以外，还注重自然保护、景观发展、户外娱乐等功能，是一种综合性的乡村发展手段。荷兰颁布的新的《土地整理法》，明确规定了允许预留出5%的土地服务于除了农业生产之外的其他目的，如自然保护、休闲娱乐、村庄改造、改善景观等。乡村景观规划自此在荷兰获得法律地位。②

4. 德国实行村庄更新

德国在二十世纪中叶正式提出村庄更新的概念，其制定的《土地整理法》规定，政府将乡村建设和农村公共基础设施完善作为村庄更新的重要任务。在此之后，德国的一些州陆续出台了村庄更新的发展计划。到了二十世纪七十年代，德国在总结原有村庄更新经验的基础上，将村庄更新写入修订的《土地整理法》，力图保持村庄的地方特色和独具优势来对乡村的社会环境和基础设施进行整顿完善。

---

① 《法国：一体化农业 + 领土整治》，腾讯网，http//xw. qq. com/cmsid/20190408A01S46/20190408A01S4600，2019 -04 -08。

② 《德国“村庄更新”、荷兰“农地整理”，这些乡村振兴经验值得学习》，搜狐网，https：//www. sohu. com/a/308079759_ 120046640，2019 -04 -15。

德国的乡村治理在二十世纪九十年代时更新融入了更多的科学生态发展元素，乡村的文化价值、休闲价值和生态价值被提升到和经济价值同等的重要地位，实现了村庄的可持续发展。德国村庄更新的周期虽然漫长，但是所发挥的价值和起到的影响都是深远的，对于乡村治理来说，这种对村庄循序渐进的发展步骤更能使农村保持活力和特色。[①]

5. 日本实施美丽乡村建设

日本在半个世纪多的时间里，就实现了从初期较大的城乡差距，发展到中期的城乡一体化，再到如今的更高层次的追求农村生活魅力、谋求可持续发展，充分展示了日本农村的经济社会发展的和谐进程。日本实行市场化方式实施农村公共基础设施建设，农户主要通过向市政管理部门申请要求配备市政设施。但是，对于部分呈散居化的农村地区，管线到户则必然涉及超额的铺设成本，就只能仅配套水、电等基础设施，煤气则使用液化天然气。值得称道的是，农村的污水、固废处置设施非常完备。

日本当前阶段农村建设的政策措施主要有以下四个方面。一是在土地放开的基调下日益加强的规划控制政策，这主要体现在推行农田整备、围海造田后的统一规划和鼓励住房集中等方面，特别是农田整备方面，这些年日本政府花费了大量财力物力，并日见成效。二是明确的建设投资分工政策。由国家财政和县级政府承担大部分，市町村政府承担极小比例。在涉及农田改造时也由农户承担小份额的经费。三是严格的自然环境保护政策。日本在农村地区污水、固废处置和封山育林方面付出了很大的努力并且成效显著。四是鼓励农村居民参与政策。从地区发展规划的制

① 《德国“村庄更新”、荷兰“农地整理”，这些乡村振兴经验值得学习》，搜狐网，https：//www. sohu. com/a/308079759_ 120046640，2019 -04 -15。

定，到地区环境建设事业的知晓、参与，均充分反映了日本农村地区居民对地区建设事业的影响力，甚至在某种程度上具有主导作用。①

6. 韩国实行新村运动

新村运动初期，政府把工作重点放在改善生活环境上，其理由是：（1）农民当时最为迫切的要求是改善自己的居住生活条件；（2）改善农民基本生活条件，更容易启发农民并得到广大农民的积极响应。新村运动就是在这种农村社会背景下发起的，又通过一系列实实在在的项目开发和建设工程增加了农民的收入、改变了农村的面貌，得到了广大农民的拥护和称赞 。

具体措施有：一是改善农村公路。新村运动初期，全国大部分农村都组织实施了修建桥梁、改善公路的工程。二是改善住房条件。二十世纪七十年代中期，全国约有80%农民由茅草房换成瓦片或铁片房顶的房屋，农村面貌焕然一新。三是农村电气化。新村运动初期，政府鼓励竞争，优先给积极参与的农村供电，到二十世纪九十年代全国已实现了电气化。四是农民用上自来水。新村运动开始时，村民们自觉地动员起来，把山上的水引到村里的蓄水池后用水管接到每家每户，因地势高，不宜引水的村庄就深挖井，再用水管接到每家厨房，用抽水泵取水。五是推广高产水稻品种。新村运动初期，政府开始推广“统一系”的水稻高产新品种，使韩国的水稻生产跨入划时代的发展阶段。六是增加农民收入。随着工业化和城市化逐步向农村地区扩散，农户收入中的非农收入所占比重逐步增大，韩国农民的收入急剧提高，得益于如下几个因素：在全国范围内推广水稻新品种；政府为保护

---

① 《日本美丽乡村建设成功经验及案例》，新浪网，http：//blog. sina. com. cn/s/blog_ 16d7967d10102x63y. html，，2017 - 06 - 05。

"统一系"水稻新品种的价格，给予财政补贴；部分农户改种经济作物，调整优化农业结构；政府以新村运动的名义，大量投资，扶持农村经济持续发展。①

二、国内经济发展出现新问题和社会主要矛盾深刻变化带来的新要求

（一）国内经济发展凸显城乡差距

党的十八大以来，党和国家事业发展取得了历史性成就。国家的经济建设取得了举世瞩目的成就，经济保持中高速增长，综合国力和国际影响力显著提升，经济总量稳居世界第二位，对世界经济增长贡献率超过30%。此外，我国货物进出口和服务贸易总额均居世界第二位，对外投资和利用外资分别居世界第二、第三位，制造业增加值连续7年居世界第一位，基础设施建设部分领域遥遥领先，高铁运营总里程、高速公路总里程和港口吞吐量均居世界第一位，220多种主要工农业产品生产能力稳居世界第一位。由此说明，我国的第二产业和第三产业发展态势良好，后劲很足，城市建设也令人赞叹。但是相比之下，我国第一产业的发展远不及第二三产业，农村发展滞后，城乡差距突出。

毋庸置疑，农业发展也取得了很好的成绩，自改革开放以后，农村联产承包责任制得到了巩固和完善，粮食产量逐年提高，农业生产方式得到了很大程度的改变，先进的农业生产技术得到推广和应用，农业机械化水平得到很大提高，农业产业结构有了进一步调整，农作物生产呈现多样性，农民的负担显著减

① 《韩国的新村运动及其启示》，搜狐网，https：//www.sohu.com/a/405637789_501405，2020-07-02。

轻，收入有了很大增长，生活水平得到显著改善。农村的基础设施建设有了很大改观，社会保障措施不断完善，生活环境得到很大改善。

但是也应该看到，城乡差距问题并没有得到彻底解决。

1. 城乡差距在各个层面显现出来

我国的城乡差距究竟有多大呢？去沿海一线城市以及各省的省会城市走一走、看一看，那些高耸入云的摩天大楼，豪华的宾馆与写字楼，宽阔敞亮的城市道路，川流不息的车流，亭台楼阁、绿草茵茵的城市公园，无数的休闲广场，设施完善的高铁站台，美轮美奂的机场候机大厅，无不令人啧啧称赞。这与发达国家相比，几无区别。哪怕是到无论哪个省的地级城市抑或是去中部地区贫困县的县级城市，都会觉得我国与过去已不可同日而语了。

但是到了农村，除了东南沿海地区的农村，中部地区以及西部地区的农村，只要坐上中巴或小巴往乡镇去，到最基层的村庄去，那反差是相当大的，虽然大多是水泥公路或者沥青公路，但是遇到对向来车，必须倒车到一个足够宽的地方才能会车。乡村有的集市就坐落在马路边，遇上赶集就要堵很长时间。乡村泥泞的土路会让你身上粘上一些灰尘，到了一些村里，上厕所是最头痛的事情，农村室外厕所基本都是旱厕，不能用水冲厕所，又脏又臭。农村还有很多臭水沟，垃圾到处都有，鸡鸭猫狗到处跑，用脏乱差形容某些自然村一点都不为过。

城乡居民收入差距又如何呢？从习近平总书记提出乡村振兴战略的前两年的数据分析就会有大致的了解，以湖南省为例，据国家统计局湖南调查总队提供的数据，2018 年度，湖南城镇居民人均可支配收入是 36698 元，湖南农村居民人均可支配收入是

14093 元，农村居民收入不到城市居民的一半。[①] 同期据国家统计局公布的数据，全国城镇居民人均可支配收入是 39251 元，农村居民人均可支配收入是 14617 元，基尼系数达 0.46。[②] 2019 年度，湖南城镇居民人均可支配收入是 39842 元，湖南农村居民人均可支配收入是 15395 元；[③] 全国城镇居民人均可支配收入是 42359 元，农村居民人均可支配收入是 16021 元，基尼系数达 0.45。[④] 由此可见城乡差距还是那么大。

不同地区的农村收入也不平衡，差距很大。部分农村地区的农业生产方式依然没有很大进步，机械化的现代农业没有得到很好应用，部分耕地荒芜，没有得到应有的利用，农产品的经营和销售方式落后，基础设施没有得到完善，留守老人、留守妇女、留守儿童问题严重，农业发展与“空心村”“空壳村”的矛盾现象没有得到很好解决。

2. 城市“反哺”乡村的方式和途径不多，城市对农村的支持力度不大

城市“反哺”乡村客观上有许多困难：其一，投资工业与投资农业的投入与产出比是不一样的。按照马克思主义政治经济学原理，在资本主义自由竞争社会里，其资本的有机构成高低与利润率的高低成反比，最终导致不同生产部门的利润转化为平均利

① 《2018 年湖南居民人均可支配收入 25241 元》，搜狐网，https：//www. sohu. com/a/290726969_ 100180399，2019 - 01 - 22。

② 《统计局：2018 年全国居民人均可支配收入 28228 元》，新华网，http：//www. xinhuanet. com/fortune/2019 - 01/21/c_ 1210043114. htm，2019 - 01 - 21。

③ 《湖南省 2019 年国民经济和社会发展统计公报》，红网，https：//baijiahao. baidu. com/s? id = 1661467004497068454&wfr = spider&for = pc，2020 - 03 - 18。

④ 《中华人民共和国 2019 年国民经济和社会发展统计公报》，中国政府网，http：//www. stats. gov. cn/tjsj/zxfb/202002/t20200228_ 1728913. html，2020 - 02 - 28。

润，农业资本通过级差地租、绝对地租与土地价格等形式，参与到商业利润的分成，使各个生产部门的利润率大体趋于平衡，同时资本的转移也趋于暂时的平衡。这就是如今发达的资本主义国家农业生产也同工业生产一样发达的原因。但我国不是实行资本主义制度，自实行社会主义市场经济以后，资本的转移并不流畅，没有形成平均利润的作用机制。这并不是说他们那样做就好，而是要探索中国特色社会主义市场经济条件下，怎样实现工业“反哺”农业、城市“反哺”乡村的新途径。从当前现实来看，投资工业收益远远大于投资农业的收益，相同资本投入城市工业比投入交通不便、路途遥远的乡村获得的利润要高很多。从成本看，投资农业成本远大于工业，不仅有城乡交通运输成本，还有农产品采摘、储藏、保鲜等成本，而且还有人员素质、教育培训、经验技术成本。其二，投资农业回报周期长，投资农业的回报周期至少在一年以上，多则好几年。一般的投资者都很少有耐性等待漫长的投资回报周期。其三，投资农业风险大，农业生产除了与工业生产一样都要受市场因素影响之外，还要额外受自然因素影响，如投资生产农产品的产业，遇到光照不足、气候干旱或者连绵阴雨等恶劣天气，或者土壤肥力不足，病虫害增多，产量就要受损。所以我国不能像资本主义市场经济那样，城市“反哺”乡村不能是被动的“反哺”，不能是市场化的“反哺”。但如果仅仅从政治的需要与道德的角度进行宣传和鼓励城市“反哺”乡村，恐怕也会显得苍白无力，难以奏效，因为市场资本的逐利性决定了重城市而轻农村、重工业而轻农业。就政府财政来说，一般的县级政府支出就有文化体育、科技教育卫生、社保就业、节能环保、城市建设、公共设施、征地、农林水支出、地方重大工程推进、公路铁路的维护建设、商业及旅游发展基金等众多的政府财政支出，留给农村的发展资金可想而知会有多少。这就要求工业“反哺”农业、城市“反哺”乡村必须是政府的政策措施和强制行政行为，要依靠中央的战略导向，即依靠顶层设计。

3. 城镇化的发展与新农村建设也有不相一致、不相融合的地方，甚至出现了排挤农村的问题

城镇化本来是城乡融合发展的一条好路子，但是在实际操作上出现了一些偏差，把城镇化当成城市化。那么城镇化与城市化有什么区别呢？城镇化是以减少农村劳动力，实现城乡融合发展、共同繁荣为目的的，一方面，农村人口就近向市镇集聚，使农民亦工亦农，逐步市民化；另一方面，避免给城市特别是大中城市带来压力，避免给公共设施的要求和城市管理的难度带来压力。而城市化不但使城市过度膨胀，造成就业、管理与公共设施建设难度加大，而且使农村劳动力大量涌入城市，却没有属于自己的住房，没有城市养老保险和医疗保障，甚至连小孩的义务教育都成困难，城市化不可能容纳所有进城农民，不能从根本上解决农村的发展问题，多数农民还是要以土地为生存之本，需要在家乡生活。城市化不可避免会排挤农村，不仅过度吸纳农村劳动力，也吸空农村发展所需的人才，长此以往，将使农村成为老弱病残的聚集地，成为没有发展后劲、人烟稀少、没有生机活力的“空心村”，使新农村建设成为城市化的一个悖论，这是新农村建设与城市化的矛盾所在。所以现在我们提出新型城镇化，就是以县城和乡镇为城镇化发展的依托，以产业发展为动力，实现城乡之间的良性互动、相互融合，逐步实现农村农业的现代化。新型城镇化还有很长的路要走，现在的问题是农村产业发展困难，农业的融资困难，农村金融服务体系和机制没有很好形成，农村享受的公共设施均等化只是停留在口号上，农村的教育、医疗卫生事业还很薄弱。因此，城乡融合是乡村振兴的外在要求。

4. 农村的人才缺乏

不仅城市里高素质人才不愿去农村发展、创业，施展才华，就连从农村走出来的人才也不愿意回去。在推进工业化和城镇化的过程中，不可避免地出现农村人口向城市流动和聚集的现象，特别是通过高考、参军和去城市打工的途径，城市吸纳了大量农村有真才实学、最年富力强、有一技之长的青少年和中年人，农村社会结构日益老龄化和“空心化”。表面上看，科技贫困、产业贫困、信息贫困、金融贫困等阻碍了农村经济社会发展，但从深层次看，恰恰是由人才的贫困、素质的贫困、知识的贫困、思想的贫困所导致的。因为不管是创新农业产业结构、引进科学技术、运用机械化耕作方式，还是吸收各种社会资金进行农业建设，引入新的生产要素进行生产投资，等等，都需要爱农业、懂农业的人才。农村缺乏留住人才的环境，也没有形成留住人才的机制。即使靠一时的优惠政策，暂时引来了一些人才，但也难以长期留住人才，缺少人才的农村建设就会形成恶性循环，进一步加剧农村的落后。因此，人才是乡村振兴的智力因素要求。

（二）“三农”成为社会经济发展的焦点问题

“三农”问题是二十世纪九十年代中期到二十一世纪前十年间一个十分敏感、非常严峻的焦点问题，是我国农业发展遇到瓶颈的时期，已经成为影响整个国民经济发展、社会和谐、全面建成小康社会的大问题。

1. “三农”问题的内涵反思

“三农”问题是农业问题、农村问题、农民问题相互作用形成的全局性和系统性的问题，是一个多方位、多侧面、多层次需要全盘而系统解决的问题。

（1）农业生产方式落后，造成农业发展滞后。从二十世纪八十年代开始，我国农村很多地方的农业属于小农生产方式，每家每户种着自己的一亩三分地，很多人家种地没有现代化的机器设备帮助，没有现代科学技术指引，农民依然干着老祖宗干的“面朝黄土背朝天”“日出而作，日入而息”的农业，所生产的粮食虽然能够解决温饱问题，但要负担上交公粮、农业税和各种费用，各种摊派，农业没有盼头、没有奔头；城乡发展的不平衡导致农业生产没有资金、生产必须的物质条件的支持，发展后劲不足，加上农业易受自然条件的制约，农业的产量受到影响；农业耕作得不到合理的收入，造成农民对土地的投入不会太多，他们没有动力进行深耕细作，不会考虑土地肥力的可持续性，只会依赖大量的化肥增产，使用农药杀虫，使用除草剂除草，而这样的生产方式对环境、土壤、水质造成了破坏。大量的化肥容易导致土壤板结；大量施用农药容易导致粮食、蔬菜等食品残留农药，危害人们身体健康；大量施用除草剂容易导致水土流失，影响土壤肥力。所有这些农用化学物质的过度使用都会造成环境污染，破坏水质，最终也会影响到城市人的生活品质。农村投入不足，造成基础设施落后。在农民对农业看不到出路时，城市却有了更多的吸引力，那些年轻力壮的农民想方设法去城市打工，虽然在城市里干活也很辛苦，但他们赚的钱远远多于种田赚的钱。把农业的所有事务留给了年迈的父母、心爱的妻子，将种地的重担压在了老人和妇女身上，虽然在农忙季节，青壮年农民也短暂回乡，但大部分的农活都是由老人和妇女完成的，没有农业机械和科技的帮助，可想而知，这些老人和妇女的劳动是多么辛苦。农村二三产业不发达，特别是农副产品加工的龙头企业规模小、数量少、档次低、辐射能力不强，农村的养殖业和种植业大户也凤毛麟角，产业结构也不科学不合理。一些地方的农村的金融机构也不能发挥应有的支农作用，部分农户得不到小额贷款服务。

（2）农村投入不足，造成基础设施落后。农民种田赚不到多少钱，而当农民工赚来的钱只能供小孩上学、家人看病、改造住房。有的农民家里没有人出去打工，就没有钱改造房子，依然住着土坯房、破旧的木板房。一些农民家里没有多余的钱拿出来用于修路、建造自来水、修筑田间沟渠、改造厕所和处理生活垃圾等本该由政府公共服务投入的事务，所以农村的落后与贫穷在当时是在所难免的。在农田分户承包以后，仅仅依靠农民自己解决农村公共设施建设是不可能完成的事情，农村公共设施如道路、水库、水渠、水沟、排闸等大型设施建设都需要政府统一组织、增加投入。二十世纪九十年代实现税费双轨制改革，乡镇财政减少了很多，对农业的直接投入有较大的不利影响，很多县乡村几乎负债累累，没钱搞建设，投入少，基础弱，靠天吃饭，抗自然灾害低。农村大部分水利设施都修建于二十世纪五六十年代，而大集体时代留下的农田水利设施因为长期失修，有的带病运行，有的严重老化废弃，沟渠不畅，塘枯井干，造成部分农村地方人畜饮水困难。由于农村道路交通不发达，影响农产品的销售。农村基本上没有自来水，加上农村电力不足，广播电视信号弱，所以农村很少能够用上代表现代生活方式的电器产品，如洗衣机、电视机、冰箱、空调等。

（3）农民收入不稳，造成生活贫困。不仅在家务农的主要是老人、妇女，他们春插秋收，扶犁驾耙，肩挑手提，样样都得干，劳动非常辛苦，而且收入也严重偏低，消费也严重不足。根据国家统计局《中国民政统计年鉴 2012》的数据，从 1998 年到 2002 年“三农”问题最严重的五年间，我国农村居民人均纯收入都只有 2000 多元，1998 年是 2162 元，1999 年是 2210 元，2000 年是 2253 元，2001 年是 2366 元，2002 年是 2476 元。人均生活消费支出分别是 1590 元、1577 元、1670 元、1741 元、1834 元。而同期城镇居民人均可支配收入在 5000 元以上，1998 年是 5425 元，1999 年是 5854 元，2000 年是 6280 元，2001 年是 6860 元，2002 年是 7703 元。人均生活消费支出分别是 4332 元、4616 元、4998 元、5309 元、6030 元。[1] 这些数据也说明了当时城乡差距有多大。

2. “三农”问题的历史背景回顾

我国乡村一直以来就是农耕社会，与历史上许多外国农村一样，在其发展历史上，封建、闭塞、落后，自给自足的自然经济就是其显著特征。特别是近代以来，国家大部分土地被封建地主阶级所拥有，许多农民被迫由地主雇佣种地，人身自由被严重束缚，他们深受地主阶级剥削，生活非常困苦。中国共产党成立后，中国人民在党的领导下，打败了国内外敌人，建立了中华人民共和国，在农村推翻了封建土地所有制，消灭了地主阶级，农民翻身得解放，实行了土地改革，农民得到了应该属于自己的土地。但是，这种农民土地私有制不能应对自然灾害，不能修建大型农田水利设施，不能为将要进行的大规模社会主义建设提供资金、原材料。从 1953 年起，国家对农业实行社会主义改造，与当时的私人手工业和资本主义工商业同期进行，即“三大改造”。经过四年的改造，到了 1956 年底，我国从此走上了社会主义道路。可是随后就出现了违背客观规律、急躁冒进、盲目蛮干的错误，进行了“大跃进”和“人民公社化”运动，“共产风”“浮夸风”盛行，国家提出“以钢为纲”，重工业、轻工业和农业的国民经济比例开始失调，1959 年至 1962 年又发生了三年自然灾

① 《中国民政统计年鉴 2012》，中国政府网，http：//www. stats. gov. cn/tjsj/ndsj/2012/indexch. htm。

害，农民的生活受到严重影响，很多农民吃不饱饭。不过这个时期，国家集中农村很多的人力、物力、财力进行了很多大型工程建设，农业为我国的工业发展提供了大量的资金和物质，国家以工农产品价格“剪刀差”的形式，帮助工业和城市的发展，使我国初步形成了比较完整的国民经济体系和工业体系。但同时，城乡“二元经济”结构也形成了，城市和乡村变成了两个相对独立、经济发展失衡的系统。1962 年，农村虽然出现短暂的“承包风”，但很快被压制下去了，“以阶级斗争为纲”取代了 1956 年党的“八大”确立的以“经济文化迅速发展”来“满足人民需要”的国家工作重心。此时，颁布的《农村人民公社工作条例修正草案》导致公社、大队、生产队“三级所有，队为基础”的人民公社制度的形成，农村劳力和农产品等实行统一分派统一购销。到了 1966 年，“文化大革命”爆发，农业和其他各行各业一样都受到冲击，农业凋敝，国民经济濒临崩溃的边缘。

1978 年安徽小岗村十八位农民冒着坐牢的危险，决定承包生产队的土地，并按下了红手印，这一“农民首创精神”得到了邓小平同志的肯定。同年，党的十一届三中全会召开，改革开放的号角吹响，联产承包责任制得到了全国范围的推广，农民解决了吃不饱饭的大问题。1984 年城市也进行了经济体制改革，城市活力涌现，发展非常迅猛，而农村发展却迟缓不前，远远被甩到后面，并一直延续了下来，一些农民可以去城市打工，特别是 1992 年实行社会主义市场经济以后，进城打工变得非常容易，转移出去的农业人口越来越多，而留在农村种地的农民经济生活却很尴尬，收入停滞甚至倒退，种田没有前景。二十世纪九十年代末，农民负担沉重，农业税、特产税以及各种摊派、上交公粮和各种杂费，农民生活很艰难。所以有人慨叹，农民真苦，农村真穷，农业真危险，“三农”问题成为绕不过的难题。进入二十一世纪后，党中央决心破解这一难题。2005 年，党的十六届五中全会作出了建设社会主义新农村的战略决策，2006 年，党中央又正式作出取消农业税的决定，取消农业税，成为最受农民欢迎的大喜事，随后又对种田农户实行有限的补贴。所有这些措施都是为了破解“三农”难题。

（三）建设社会主义新农村方案的提出

为了破解“三农”问题，党的十六届五中全会，中央审时度势，作出了建设社会主义新农村的重大战略决策，为我国农村发展设计出了“生产发展、生活富裕、乡风文明、村容整洁、管理民主”的方案，这是党中央统筹城乡发展、解决“三农”问题的重大举措。

1. 社会主义新农村的内涵

社会主义新农村是指在社会主义制度下，反映一定时期农村社会以经济发展为基础，以社会全面进步为标志的社会状态。主要包括以下几个方面：一是发展经济、增加农民收入，这是建设社会主义新农村的首要前提。要通过高产高效、优质特色、规模经营等产业化手段，提高农业生产效益，增加农民收入。二是建设村镇、改善环境。包括住房改造、垃圾处理、安全用水、道路整治、村屯绿化等内容。三是扩大公益、促进农村社会和谐。要办好义务教育，使适龄儿童都能入学并得到良好教育；要实施新型农村合作医疗制度，使农民享受基本的公共卫生服务；要加强农村养老和贫困户的社会保障；要统筹城乡就业，为农民进城提供方便。四是培育农民、提高农民素质。要加强精神文明建设，倡导健康文明的社会风尚；要发展农村文化设施，丰富农民精神文化生活；要加强村级自治组织建设，引导农民主动有序地参与乡村建设事业。

具体而言，所谓新农村包括五个方面，即新房舍、新设施、新环境、新农民、新风尚。这五者缺一不可，共同构成社会主义新农村的范畴。即要因地制宜地建设具有民族特色和地域风情的居住房，而且房屋建设要符合节约型社会的要求；要完善基础设施建设，道路、水电、广播、通信等配套设施要俱全，让现代农村共享信息文明；生态环境良好、生活环境优美，尤其是在环境卫生的处理能力上要体现出新时代特征；使农民具备现代化素质，成为有理想、有文化、有道德、有纪律的“四有农民”；要移风易俗，提倡科学、文明、法治的生活观，加强农村的社会主义精神文明建设。

2. 建设社会主义新农村的历史背景

早在二十世纪五十年代，我国就提出过建设社会主义新农村。当时，我国农村社会生产力低，广大农民的温饱还难以保障，发展农业生产主要是解决农民的穿衣吃饭问题。建设新农村就是要维持农村和全社会的安定。正当几亿农民所关心的问题逐步得到解决时，“文化大革命”爆发了。在那个特殊的年代，“宁要社会主义草，不要资本主义苗”，农业生产发展缓慢，甚至停滞不前。改革开放之后，农村生产力获得了空前解放，农村各项事业都获得了飞速进步，农民一直盼望的“楼上楼下，电灯电话”，都成了现实。这个时候建设社会主义新农村是两个文明一齐抓。这是在总结历史经验教训特别是“文化大革命”教训的基础上，根据我国社会发展的实际、适应时代进步的要求而提出来的。二十世纪八十年代初，我国又提出“小康社会”概念，其中建设社会主义新农村就是小康社会的重要内容之一。党的十六届五中全会以来所提建设社会主义新农村，则是在新的历史背景下，在全新理念指导下的一次农村综合变革。

一是基于实现全面建设小康社会目标的难点和关键在农村。从总体来看，目前我国农业现代化举步维艰、农民收入增长困难重重、农村社会事业发展任务艰巨，制约农业和农村发展的深层次矛盾尚未消除，促进农民持续稳定增收的长效机制尚未形成，农村经济社会发展滞后的局面还没有得到根本改变。如果这些问题和矛盾不根治、不解决，经济社会的全面发展就很难赢得主动权，就很容易出现波折。

二是基于我国总体上已经进入了以工促农、以城带乡的新的发展阶段，初步具备了工业反哺农业、城市支持农村的经济实力。2004 年我国国内生产总值达 13 万亿元，二三产业占国内生产总值的比重达到 85% 以上，财政收入达 2. 6 万亿元，这对于建设新农村非常有利，必须按照统筹城乡发展的要求，加大对“三农”发展的支持力度。否则，尽快改变农村落后面貌的愿望就会落空。

三是基于巩固农村改革和发展的成果、提高农业国际竞争力的需要。加快农村改革，促进农村发展，不仅是广大农民的迫切愿望，是全社会的普遍共识，而且也是应对社会主义市场经济发展挑战和参与日趋激烈的国际竞争的客观要求。建设社会主义新农村，必须继续通过改革找出路、通过创新促发展，积极建立起既符合市场经济要求，又符合国际通行规则的体制机制，使农民共享改革发展的成果。

四是基于缓解农村发展的资源、市场、体制三大制约，缩小日渐拉大的城乡差距，实现共同富裕的需要。目前，城乡居民收入差距已从改革开放初期的 2. 57∶1 扩大到 3. 23∶1，农村积累下来的种种矛盾，已经向国民经济发出了强烈的预警信号。因此，中央审时度势地提出，要下决心合理调整国民收入分配格局，实行工业反哺农业、城市支持农村的方针。

3. 建设社会主义新农村面临的问题

（1）农村基础设施和农业生产条件改善投入严重不足。近年来，尽管农村基础设施建设投入力度不断加大，农业生产生活条件不断改善提高，但总体来看，农村基础设施投入严重不足。农业基建投资占基建投资总额的比重并没有提高，与农业发展的要求已不相适应，制约了农村基础设施建设的步伐，成为农业和农村经济发展的瓶颈因素。由于受农村基础设施投入不足瓶颈的制约，一些行政村农业灌溉和生活用水设施严重老化，导致水资源浪费。同时村上缺少科技活动的场所，没有文化设施，村民一般不进行集体文化生活，也没有生产和生活垃圾、污水等处理设施，在很大程度上影响了农村居民的正常生产生活。

（2）农产品粗放生产，加工能力低，产业化经营尚处在初始发展阶段。目前，农民在农作物种植和畜产品养殖过程中，更多地追求数量的增长，不注意质量的提高，更忽视了品牌效应，盲目效仿和低水平重复时有发生，且多以零散种养为主，尚未形成规模效应和集约效应。与此同时，农产品加工大多停留在初级生产、加工上，精深加工很少，因而农产品科技含量低，附加值不高，竞争力较弱。此外，农户与加工或营销企业没有结成真正的利益共同体，合同不规范，订单履约率低。

（3）农村医疗卫生、科技、文化、教育、社会保障等各项社会事业建设滞后，发展水平普遍较低。一是农村医疗条件差，医疗水平低。目前农村合作医疗在大多数农村地区仍然是空白，农民生一场大病往往意味着返贫。同时，农村医务人员水平低，农民对药品价格反映强烈，医疗卫生状况令人担忧。二是科技文化投入不足，教育负担仍然很重。尽管近年来农村居民科技和文化水平有很大提高，但总体来看，科技文化投入不足，底子薄、基础差、人才缺、资金少、设施差的状况未根本改变。三是社会保障难以保证。由于对社会保障的投入严重不足，大多数乡镇既没有实行最低生活保障制度，又没有实行养老保险和医疗保险制度。

（四）社会主要矛盾发生深刻变化

改革开放后，党中央在1981年十一届六中全会上，对我国社会主要矛盾作了科学表述："在社会主义改造基本完成以后，我国所要解决的主要矛盾，是人民日益增长的物质文化需要同落后的社会生产之间的矛盾。"经过三十多年的发展，我国经济发生了翻天覆地的变化，人民生活水平得到了很大提高，党中央审时度势，在党的十九大上明确指出，我国社会主要矛盾已经转化为人民日益增长的美好生活需要和不平衡不充分的发展之间的矛盾。这标志着我国社会主要矛盾也随着经济形势和人民需求的变化发生了很大的改变。

党的十九大报告指出："人民生活水平显著提高，大家对美好生活的向往更加强烈，不仅对物质文化生活提出了更高要求，而且在民主、法治、公平、正义、安全、环境等方面的要求日益增长。""人民群众的需要呈现多样化多层次多方面的特点，期盼有更好的教育、更稳定的工作、更满意的收入、更可靠的生活保障、更高水平的医疗卫生服务、更舒适的居住条件、更优美的环境、更丰富的精神文化生活。"这是就全国而言，而在我们的农民和城市务工农民身上则更多地体现出需要的不足，他们的需要更加强烈。

虽然人民群众有美好的向往和要求，但制约经济发展和人民需求的因素却存在很多，主要的因素是发展的不平衡不充分问题。发展不平衡，主要指各区域各领域各方面发展不平衡，制约了全国发展水平的提升，主要体现在东部、中部、西部区域发展不平衡，不同领域、不同行业发展不平衡，工业农业发展不平衡，城市与乡村发展不平衡，物质文明与精神文明发展不平衡，等等。发展不充分，主要指一些地区、一些领域、一些方面还存在发展不足的问题，发展的任务仍然很重，而农业农村恰恰是发展任务很重的领域。

1. 发展不平衡问题表现在很多方面，但工业与农业发展不平衡、城市与乡村发展不平衡，表现得更加突出

不同地区工农业的生产力水平和布局还不均衡，发展水平差距仍然较大，由此导致收入分配差距仍然较大。工业农业发展不平衡可以从实施乡村振兴战略提出前两年的产值看出一些端倪，国家统计局统计数据显示，2015 年全年国内生产总值 676708 亿元，按可比价格计算，比上年增长 6.9%。从产业看，农业产值 60863 亿元，比上年增长 3.9%；工业产值 274278 亿元，增长 6.0%；服务业产值 341567 亿元，增长 8.3%。2016 年全年国内生产总值 743585 亿元，按可比价格计算，比上年增长 6.7%。从产业看，农业产值 63673 亿元，比上年增长 3.3%；工业产值 296548 亿元，增长 6.3%；服务业产值 383365 亿元，增长 7.7%。[①] 从以上数据可以看出，工业的产值远远大于农业的产值，工业经济的增长远远快于农业经济的增长，而且这些年的经济发展情况大体趋势基本如此。由于我国在进入经济发展新常态时，国内生产总值主要靠投资和出口拉动，对工业的投资远远大于对农业的投资，这是不争的事实，特别是对房地产业、建筑

---

① 《中国民政统计年鉴》，2015 年版，2016 年版，中国政府网，http://www.stats.gov.cn/tjsj/ndsj/2012/indexch.htm。

业、交通运输业和制造业，因为利润回报的关系，这些行业的投资都非常大，这就是工业、农业发展不平衡的主要原因。这种城乡二元经济发展从二十世纪五十年代后期形成一直延伸到现在都没有真正改变。所以要实现工业农业发展的综合平衡，必须由城乡二元经济发展向城乡经济融合发展转变，由要素投入向创新驱动转变，由投资拉动为主向消费拉动为主转变，由工业主导向一二三产业协同推进转变，实现新的发展业态。

城市与乡村发展不平衡主要是由工业农业发展不平衡造成的。因为工业经济主要在城市，农业经济主要在农村，工农发展不平衡必然导致城乡发展不平衡。由于工业的发展支撑了城市的兴旺与繁荣，工业的税收为城市的美化提供了保证，有了政府的财政支持，城市的基础设施逐步完善，其建筑设计科学有序，街道整洁宽畅，文教卫生科技进步显著且优质丰富，民主法治建设、精神文明建设以及城市生态建设都上了新台阶，社会养老、医疗保险等社会保障措施日益完善。相反，农业发展的薄弱导致乡村发展的滞后，农村没有资金进行基础设施建设，改善生活环境，提供完善养老、医疗等社会保障，提高文化教育卫生水平，由此也导致民主法治建设、精神文明建设不能有大的进步，农民群众对美好生活的需要就得不到满足。

2. 发展不充分问题表现在很多方面，但在农业农村发展上表现得更加突出

其一，新的农业社会生产力发展不充分。从社会生产力来看，我国既有世界先进甚至世界领先的生产力，也有大量传统的、相对落后甚至原始的生产力，这特别表现在农业领域。我们有些农村地区的生产方式还很落后，使用原始畜力如耕牛犁地，甚至依然用人力种地如用锄头挖地，用原始的生产力种粮食，机械化技术没有得到很好的应用，适合山地翻地、播种、收割的小型机械没有得到应有的使用，他们生活很累、很苦、很穷。一些新的农业生产技术未能得到推广，如使用地膜、改良品种与土壤，节水灌溉，减少化肥和农药的使用，广泛使用有机肥料和有机杀虫剂等。其二，社会化大生产发育不充分。小农户生产数量很多，并将长期存在，这既是社会历史发展造成的，也是地理地形自然造成的，这也是为什么农村基本经营制度长期以来依然是实行家庭承包经营为基础、统分结合的双层经营体制，虽然二轮承包到期后再延长三十年，但这种农村土地制度也使得如今农村要实行土地流转，实现土地所有权、承包权、使用权三权分置增加很大难度。其三，稳农措施不充分。农业生产不稳，或者因为气候条件不好，使得农民遭受自然灾害，产量减少，白白忙活；或者虽然风调雨顺，农产品产量增加，但因为遭遇不好的市场竞争风险，供过于求；或者因为农产品最低保护收购价格过低，农民增产不增收。而农业生产是有季节的，既不能误农时，又需要好气候，还需要好市场。没有好的稳农措施与机制，农业很难得到充分发展。其四，农村基础设施与公共服务发展不充分。虽然“村村通”措施取得了一定成效，但与农民群众的要求还存在很大差距，道路、住房、自来水、垃圾与污水处理等还有进一步提质改造的需要；农村公共服务体系与机制没有完善起来。其五，农村产业发展不充分，农村新的业态没有很好地形成。其六，农村集体经济发展不充分。其七，农村社会保障措施发展不充分。其八，乡村社会治理措施不充分。以上这些都是乡村振兴战略提出的现实背景。

三、打赢脱贫攻坚战的提出

长期以来，农业、农村、农民问题一直是决定我国全面建设小康社会进程和现代化进程的关键性问题，也是关系党和国家工作全局的根本性问题。没有农村的稳定和全面进步，就不可能有整个社会的稳定和全面进步；没有农民的小康就不可能有全国人民的小康。实施乡村振兴战略就是在打赢脱贫攻坚战的基础上，在实现两个一百年奋斗目标的新形势下形成和发展起来的。

2013 年以来，以习近平同志为核心的党中央不断加大富农强农惠农政策措施，加大力度扶贫。2013 年 11 月，习近平总书记来到湖南省花垣县的贫困村十八洞村考察，第一次作出“实事求是、因地制宜、分类指导、精准扶贫”的重要指示，从此，精准扶贫的思想从这里出发并席卷全国。2015 年 11 月，习近平总书记强调，消除贫困、改善民生、逐步实现共同富裕，随后党中央作出打赢脱贫攻坚战的决策部署。

（一）打赢脱贫攻坚战的内涵

为什么叫脱贫攻坚呢？因为经过扶贫工作的不懈努力，能够有条件脱贫的农村贫困地区、农村贫困人口基本已经脱贫，剩下还没有脱贫的农村贫困地区、农村贫困人口都是脱贫条件很艰难，不花大气力是无法脱贫的。所以脱贫攻坚是已经到了啃硬骨头、攻坚拔寨的冲刺阶段，必须以更大的决心、更明确的思路、更精准的举措、超常规的力度，才能实现。

按照习近平总书记的要求，脱贫攻坚的目标是到 2020 年稳定实现农村贫困人口“两不愁，三保障”，即不愁吃、不愁穿，义务教育、基本医疗、住房安全有保障；同时实现贫困地区农民人均可支配收入增长幅度高于全国平均水平，基本公共服务主要领域指标接近全国平均水平。

首先，要解决好“扶持谁”的问题，确保把真正的贫困人口、贫困程度、致贫原因等搞清楚，以便做到因户施策、因人施策。一是脱贫的数量大、时间紧、任务重。到 2014 年底，全国仍有7000多万农村贫困人口，要确保到2020年所有贫困地区和贫困人口一道迈入小康社会。这意味着，每年要有1000多万贫困人口要脱贫，而且要尽量做到降低返贫率，确实任务艰巨。二是脱贫的难度大，所面对的都是贫中之贫、困中之困，要实现贫困地区农民“两不愁，三保障”，人均可支配收入增长幅度高于全国平均水平，基本公共服务主要领域指标接近全国平均水平，有很大难度；少数民族地区地处各省边陲或者祖国边疆，自然条件、交通条件差，要做到全面实现小康，少数民族一个都不能少，一个都不能掉队，有很大难度；革命老区一般也是自然条件不好、经济基础差、基础设施落后的地区，要做到加快老区发展步伐，做好老区扶贫开发，让老区农村贫困人口脱贫致富，也是有一定难度的。不管难度有多大，都要迎着困难上。同时，越往后脱贫攻坚的成本越高，难度越大，见效越慢，没有愚公移山的精神，没有苦干实干的决心，是难以打赢脱贫攻坚战的。

其次，要解决好“谁来扶”的问题，加快形成中央统筹、各省（自治区、直辖市）负总责、市（地）县抓落实的扶贫开发工作机制，坚持党政一把手负总责的工作责任制。做到分工明确、责任清晰、任务到人、考核到位。各级领导干部一定要看真贫、扶真贫、真扶贫，一定要多到农村去，多到贫困地区去，了解真实情况，带着深厚感情做好扶贫开发工作，把扶贫工作抓紧抓紧再抓紧、做实做实再做实。县委书记特别是贫困地区的县委书记在发展上要勇于担当、奋发有为。农村基层党组织是贯彻落实党的扶贫开发工作部署的战斗堡垒。选派扶贫工作队是加强基层扶贫工作的有效组织措施，要做到每个贫困村都有驻村工作队、每个贫困户都有帮扶责任人。要把是否真扶贫和扶贫工作成效作为考核干部、提拔使用干部的依据，要在扶贫工作一线培养和锻炼年轻干部。

最后，要解决好“怎么扶”的问题，按照贫困地区和贫困人口的具体情况，实施“五个一批”工程。脱贫的要求高，关键是找准路子，构建好体制机制，在精准施策上出实招，在精准推进上下实功，在精准落地上见实效。要坚持精准扶贫精准脱贫基本方略，坚持专项扶贫、行业扶贫、社会扶贫等多方力量、多种举措有机结合和互为支撑的“三位一体”大扶贫格局。这些要求都非常高。同时，要找准“怎么扶”的途径，习近平总书记提出了“五个一批”工程，即发展生产脱贫一批，易地搬迁脱贫一批，生态补偿脱贫一批，发展教育脱贫一批，社会保障兜底一批。习近平总书记还指出，要设定时间表，实现有序退出，既要防止拖延病，又要防止急躁症，在一定时间内实行摘帽不摘政策，要实行严格评估，按照摘帽标准验收。要实行逐户销号，做到脱贫到人，脱没脱贫要同群众一起算账，要群众认账。如果各级地方政府和领导干部严格按照要求认真实行，脱贫攻坚的目标就可以如期实现。

（二）打赢脱贫攻坚战的背景

全面建成小康社会是打赢脱贫攻坚战的目标要求，也是原动力，是党确定的“两个一百年”奋斗目标的第一个奋斗目标。“小康社会”最早是邓小平同志提出来的，1979 年 12 月，他第一次使用了“小康”的概念。1981 年 4 月，他又提出了“小康社会”的概念。党的十二大提出，到 20 世纪末分“两步走”实现工农业总产值翻两番，实现小康社会的设想。1987 年 4 月，邓小平同志第一次提出分“三步走”基本实现现代化的战略，其中第二步就是从 1991 年到 20 世纪末，使国民生产总值再翻一番，达到小康水平。事实上，到了 20 世纪末，我国的国民生产总值比 1980 年翻了两番，人民生活水平总体上达到了小康，这是中华民族发展史上一个了不起的里程碑。但当时达到的小康是低水平、不全面、发展不平衡的小康。所谓低水平，是指刚进入小康门槛，只是解决了衣食无虞的基本生存需要，离宽裕还较远；所谓不全面，是指已经达到的小康侧重于物质文明方面，对精神文明、政治文明、生态环境等方面关注不够；所谓发展不平衡是指进入小康的人口在全国的分布是不平衡的，城市与乡村、东部与中西部、不同收入阶层、经济发展与生活水平存在巨大差距，且这种差距还有扩大的趋势。

党的十六大从我国低水平、不全面、发展不平衡的小康实际出发，提出再用二十年时间，即到2020年，全面建设一个惠及十几亿人口的更高水平的小康社会。党的十八大又提出了全面建成小康社会的奋斗目标，所谓全面，指的是发展的平衡性、协调性、可持续性。要求覆盖的领域要全面，覆盖的人口要全面，覆盖的区域要全面。要统筹城乡发展、区域发展，推进城乡一体化，缩小城乡区域发展差距。缩小城乡区域发展差距，不仅是缩小国内生产总值总量和增长速度的差距，而且是缩小居民收入水平差距、缩小基础设施通达水平差距、基本公共服务均等化水平差距、人民生活水平的差距等方面。

党的十八大提出的全面建成小康社会的奋斗目标是令人振奋的，但同时任务依然很艰巨。2012年底，中央决定将农民人均纯收入2300元（2010年不变价）作为新的扶贫标准（这个标准比2009年提高了92%），以此标准计算，全国共有农村贫困人口9899万人，到2014年底，全国仍有7000多万农村贫困人口没有脱贫。2013年到2016年农村共有5500多万人口脱贫，连续四年实现了每年减少1000万以上贫困人口的减贫任务。到2016年全国各地共向贫困村选派驻村工作队12.8万个，选派驻村干部54万人，选派18.8万名优秀干部到贫困村和基层党组织薄弱村担任第一书记。2016 年底农村还有贫困人口 4335 万人。2017 年底农村还有贫困人口 3046 万人，贫困发生率从 2012 年的 10.2% 降至 3.1%。2018 年底全国农村贫困人口减少到 1660 万人，农村贫困发生率下降至 1.7%。

2017 年 10 月，习近平总书记在党的十九大报告中第一次提出“实施乡村振兴战略”，此后打赢脱贫攻坚战和实施乡村振兴战略相辅相成、相互推进、相互融合。打赢脱贫攻坚战具有对贫困农村和贫困人口很强的针对性，政策的特惠性、福利性；实施乡村振兴战略具有对所有农村振兴要求的整体性、普惠性、经济性。打赢脱贫攻坚战是实施乡村振兴战略的决定性手段和阶段性任务，而实施乡村振兴战略既是打赢脱贫攻坚战的长远目标，又是战略机遇。同时两者共同促进全面建成小康社会目标的实现。

四、乡村振兴战略的提出

习近平总书记提出实施乡村振兴战略是经过深思熟虑、全盘考虑的，这是今后很长时期国家农村工作的纲领性、指导性的目标要求和战略指针。所以，探究习近平总书记乡村振兴战略思想的形成及其发展历程很有必要，而且意义重大。

（一）乡村振兴战略思想的形成

习近平总书记实施乡村振兴战略思想的形成有一个漫长的过程。

1. 早期的“摆脱贫困”想法是习近平乡村振兴战略思想的萌芽

习近平总书记有过七年的知青岁月，那时，他就深深体会了陕北农村的贫穷落后，他带领老乡修水渠、建沼气池。1982 年他任河北正定县委副书记、书记时，就帮助农民改造连茅厕所。

1988年，他任宁德地委书记的时候，对改变农村的落后面貌，有了更加明确的思路和信心。他做过很多调查，有过很多思考，做出了很多谋划，想出了很多办法。他指示所属地方的干部：“闽东主要靠农业吃饭，我们穷在‘农’上，也只能富在‘农’上，小农经济是富不起来的，小农业也是没有多大前途的。我们要的是抓大农业。”因此他带领大家抓产业脱贫。在工作中，他对脱贫任务的长期性、复杂性和艰巨性最早就有了清醒的认识，告诫大家准备打持久战：“现在的脱贫还是处于低水平的，还不稳定，脱贫是一项长期艰巨的任务，要有打持久战的思想准备。”在发现了一些问题后，他对怎么扶贫提出了准确的要求：“扶贫要先扶志，要从思想上淡化‘贫困意识’。”“扶贫资金不搞撒胡椒粉，要集中90%以上的扶贫资金用于县、乡、村级经济实体，增强实体的造血功能。”①

他强调脱贫与开放的关系，指出：“闽东的少数民族，主要是畲族……畲族经济囿于区域性狭隘圈子，基本停留在简单的物物交换，与外界的经济联系极为微弱。畲族经济要发展，一个关键的问题是，走开放的道路，跨出自己的小天地。”习近平还敏锐地觉察出“闽东经济发展的潜力在于山，兴旺在于林”②。

对于给予少数民族贫困地区的帮扶，习近平认为：“支持和帮助的意义主要在于增强少数民族地区自身的‘造血功能’，起决定作用的还是少数民族地区的自我发展能力。”“因此，畲族地区在外来‘输血’的同时，一定要增强自身的‘造血功能’。”③

---

① 《中央决定将2300元作为农民新扶贫标准》，https://wenku.baidu.com/view/7cf8d7d1b9f3f90f76c61bf9.html，2011-12-02。

② 《2016年全国农村贫困人口减少1240万人》，http://www.xinhuanet.com/politics/2017-02/28/c_1120543533.htm，2017-02-28。

③ 习近平：《摆脱贫困》，福建人民出版社1992年版，第7—8页。

习近平还重视科技扶贫的重要性，他指出："要提倡科技扶贫，抓好技术培训工作，培养一批技术骨干和能人，让畲族群众掌握一些实用技术。"

对于产业扶贫，习近平也有自己的思路，他说："我们制定产业政策的思路，应当是紧紧围绕农业发展工业，以发展工业来支援农业。""产业政策的制定要以提高经济效益为中心，有利于充分挖掘现有潜力和各种有利因素，着重发展农业、基础工业和基础设施。""产业政策的制定应着眼于不同区域的优势，'云生从龙，风生从虎'，我们要确定不同区域的产业结构调整的重点，寻找突破口，使资源的差异性和产业结构的差异性相吻合。"

习近平那时很重视乡镇企业，深入分析了乡镇企业发展的优势和劣势所在，指出："乡镇企业是农民集体办的'民'字企业，同'国'字企业不同，它的产、供、销并不直接列入国家计划系列，主要置于市场调控之中。""作为贫困地区的乡镇企业，还要充分认识自己发展上'先天不足，后天失调'的弱点，努力在适应中发展，在发展中提高。""乡镇企业的发展必须寻求好自己的立足点。"

习近平也是最早认识到集体经济对于脱贫致富的重要作用，并提出要重视和大力发展集体经济，他指出："社会主义公有制经济是脱贫致富的主导力量。我们应当有意识地增强社会主义公有制经济的力量，以不断培养人们的集体主义、社会主义精神。在城镇，我们要完善企业的承包制，增强乡村两级的集体经济。"[3]"在扶贫中，要注意增强乡村两级集体经济实力，否则，整个扶贫工作将缺少基本的保障和失去强大的动力，已经取得的扶贫成果也就有丧失的危险。""集体经济是农民致富的根基，是农民走向共同富裕道路的物质保障。集体经济健康发展了，不但可以为农户提供各种服务，还可以发挥调节作用，防止两极分化。”“发展集体经济实力是振兴贫困地区农业的必由之路。乡村集体经济实力的发展与农业的振兴是相互依存、荣衰与共的。”①

2. 热切关注“三农”问题是习近平乡村振兴战略思想形成的根基

习近平并没有随着职务的提升和任职地方的变化而改变对农民、农业和农村发展进步的关爱之心，他更是从全局的把握和战略的高度考虑农民、农业和农村问题。他以一种心系人民的情怀，深深认识到改变农村落后面貌、农民收入低下、农业发展滞后现状的任务很繁重、很迫切、很艰巨。2003 年 1 月，习近平作为浙江省委书记，在浙江省农村工作会议上深有体会地指出：“要全面建设小康社会，提前基本实现现代化，增加农民收入的任务最迫切，发展现代农业的任务最艰巨，改变农村面貌最繁重。”

习近平很重视生态农业的发展，2004 年 1 月，他在分析浙江农业发展新形势的基础上，提出了生态农业是浙江农业发展的工作重心，他指出：“充分发挥我省的比较优势，把发展高效生态农业作为效益农业的主攻方向。”

习近平在分析了“三农”问题的根本症结后提出了统筹城乡发展，实施工业反哺农业，城市支持农村的思想观点。2005 年，习近平同志在《人民日报》发表署名文章，阐述了统筹城乡发展，实施工业反哺农业，城市支持农村的重要性，指出：“统筹城乡兴‘三农’，就是站在经济社会发展全局的高度，确立以统筹城乡发展的方略解决‘三农’问题的新思路，实行工业反哺农业，城市支持农村的方针。”

习近平还认识到了农村新型合作经济是解决“三农”问题的

---

① 习近平：《摆脱贫困》，福建人民出版社 1992 年版，第 98 页。

又一条有效途径。2006 年，习近平在召开的浙江省发展农村新型合作经济工作现场会上指出："加快农村基本经营制度创新是农村市场经济发展的必然要求。""农村新型合作经济在坚持和稳定农村统分结合的双层经营体制的基础上，进一步丰富了双层经营体制的'统'的内涵，创造了新的形式，加强了农民专业合作的薄弱环节，为家庭生产经营进一步走向市场、走向现代化开辟了新的空间，可以说是农村生产关系和农业经营体制的又一个创新。"

习近平担任党的总书记以后，始终关心"三农"问题，他指出："始终把解决好'三农'问题作为全党工作重中之重，明确思路，深化认识，切实把工作做好，促进农业全面升级、农村全面进步、农民全面发展。"这些年来，习近平总书记几乎每年都要考察贫困地区的贫困村，精心考察，指导脱贫。

习近平总书记多次强调，在迈向现代化的进程中，农村不能掉队；在同心构筑中国梦的进程中，不能没有数亿农民的梦想构筑。习近平总书记的三农观就是："中国要强，农业必须强；中国要美，农村必须美；中国要富，农民必须富。"

3. "打赢脱贫攻坚战"作为解决"三农"问题的重要抓手，促使习近平乡村振兴战略思想进一步形成

2015 年，习近平总书记提出"两不愁，三保障"的脱贫目标，即"到 2020 年稳定实现农村贫困人口不愁吃、不愁穿，农村贫困人口义务教育、基本医疗、住房安全有保障"。提出"精准扶贫、精准脱贫"的总要求，他指出："要坚持精准扶贫、精准脱贫，重在提高脱贫攻坚成效。关键是要找准路子、构建好的体制机制，在精准施策上出实招、在精准推进上下实功、在精准落地上见实效。"他提出解决"扶持谁""谁来扶"和"怎么扶"的问题。他指出："要解决好'扶持谁'的问题，确保把真正的贫困人口弄清楚，把贫困人口、贫困程度、致贫原因等搞清楚，以便做到因户施策、因人施策。要解决好‘谁来扶’的问题，加快形成中央统筹、各省（自治区、直辖市）负总责、市（地）县抓落实的扶贫开发工作机制，做到分工明确、责任清晰、任务到人、考核到位。”“要解决好‘怎么扶’的问题，按照贫困地区和贫困人口的具体情况，实施‘五个一批’工程。”①

习近平总书记还提出脱贫攻坚要加强工作第一线的组织领导。他指出：“这些年我们在贫困村选派第一书记、驻村工作队，有的还增加了大学生村官。深度贫困是坚中之坚，打这样的仗，就要派最能打的人，各地要在这个问题上下大功夫。”“要把夯实农村基层党组织同脱贫攻坚有机结合起来，选好一把手、配强领导班子。”

2017 年，习近平总书记在中央农村工作会议上强调，必须重塑城乡关系，走城乡融合发展之路。

习近平总书记对脱贫攻坚要求得很细，对农村的村庄规划、基础设施建设、村党组织建设、基本养老制度和文明乡风建设都作了安排。他指出，要“按照先规划后建设的原则，通盘考虑土地利用、产业发展、居民点布局、人居环境整治、生态保护和历史文化传承，编制多规合一的实用性村庄规划”。“加大投入力度，创新投入方式，引导和鼓励各类社会资本投入农村基础设施建设，逐步建立全域覆盖、普惠共享、城乡一体的基础设施服务网络。”“抓好农村交通运输、农田水利、农村饮水、乡村物流、宽带网络等基础设施建设。”“采取切实有效措施，强化农村基层党组织领导作用，选好配强农村党组织书记，整顿软弱涣散村党组织，深化村民自治实践，加强村级权力有效监督。”“完善城乡

---

① 《习近平谈治国理政》（第二卷），外文出版社 2017 年版，第 85 页。

居民基本养老保险制度和基本医疗保险、大病保险制度，完善最低生活保障制度，完善农村留守儿童、妇女、老年人关爱服务体系。”“推进移风易俗，培育文明乡风、良好家风、淳朴民风，健全矛盾纠纷多元化解机制，深入开展扫黑除恶专项斗争。”

习近平提出乡村振兴战略以后，就要求全党把脱贫攻坚当作实施乡村振兴战略的重要抓手，并告诫大家把脱贫攻坚和实施乡村振兴战略紧密统一、有机结合起来。他指出：“要把脱贫攻坚同实施乡村振兴战略有机结合起来。”“农业农村现代化是实施乡村振兴战略的总目标，坚持农业农村优先发展是总方针，产业兴旺、生态宜居、乡风文明、治理有效、生活富裕是总要求，建立健全城乡融合发展机制和政策体系是制度保障。”

他要求大家对脱贫攻坚要有必胜信心，“脱贫攻坚越是到紧要关头，越要坚定必胜的信心，越要有一鼓作气的决心。”“要再接再厉，咬定目标，精准施策、精准发力，按时按质完成脱贫攻坚任务。”

4. 提出实施乡村振兴战略是习近平乡村振兴战略思想成熟的标志

（1）习近平实施乡村振兴战略思想的提出与发展

2017 年 10 月 18 日，习近平总书记在党的十九大报告中为我国乡村振兴勾画的新蓝图是“产业兴旺、生态宜居、乡风文明、治理有效、生活富裕”，这使得化解“三农”问题有了新钥匙，也标志着习近平总书记乡村振兴战略观的成熟。

此后，习近平总书记不断完善他的“乡村振兴战略观”。2017 年 12 月召开的中央农村工作会议上，他强调要举全党全国全社会之力，“推动农业全面升级、农村全面进步、农民全面发展，谱写新时代乡村全面振兴新篇章”。他指出要实施乡村振兴战略，必须做好“八个方面”的工作：一是坚持加强和改善党对农村工作的领导，为“三农”发展提供坚强政治保障；二是坚持重中之重战略地位，切实把农业农村优先发展落到实处；三是坚持把推进农业供给侧结构性改革作为主线，加快推进农业农村现代化；四是坚持立足国内保障自给的方针，牢牢把握国家粮食安全主动权；五是坚持不断深化农村改革，激发农村发展新活力；六是坚持绿色生态导向，推动农业农村可持续发展；七是坚持保障和改善民生，让广大农民有更多的获得感；八是坚持遵循乡村发展规律，扎实推进美丽宜居乡村建设。

习近平总书记还在这次会议上首次提出了走中国特色社会主义乡村振兴道路的命题，并深刻阐释了其内涵，即“七个之路”：一是必须重塑城乡关系，走城乡融合发展之路；二是必须巩固和完善农村基本经营制度，走共同富裕之路；三是必须深化农业供给侧结构性改革，走质量兴农之路；四是必须坚持人与自然和谐共生，走乡村绿色发展之路；五是必须传承发展提升农耕文化，走乡村文化兴盛之路；六是必须创新乡村治理体系，走乡村善治之路；七是必须打好精准脱贫攻坚战，走中国特色减贫之路。

2018 年 1 月 30 日，习近平总书记在主持中共中央政治局第三次集体学习时强调：“乡村振兴是一盘大棋，要把这盘大棋走好。”同年 3 月 8 日，在参加十三届全国人大一次会议山东代表团审议时，他出了“五个振兴”的科学论断，即推动乡村产业振兴、人才振兴、文化振兴、生态振兴、组织振兴五个方面，系统阐述了乡村振兴的目标任务和实现路径。

2018 年 9 月 21 日，在主持中共中央政治局第八次集体学习时，习近平总书记进一步系统地阐述了实施乡村振兴战略的总目标、总方针、总要求和制度保障，指出实施乡村振兴战略的总目标是农业农村现代化，总方针是坚持农业农村优先发展，总要求是产业兴旺、生态宜居、乡风文明、治理有效、生活富裕，制度保障是建立健全城乡融合发展体制机制和政策体系。

习近平总书记同时还指出实施乡村振兴战略要处理好四个关系：第一，长期目标和短期目标的关系；第二，顶层设计与基层探索的关系；第三，充分发挥市场决定性作用和更好地发挥政府作用的关系；第四，增强群众获得感和适应发展阶段的关系。

2018 年 9 月，按照习近平总书记一系列指示精神，党中央和国务院制定了《乡村振兴战略规划（2018—2022）》，这是落实习近平“乡村振兴战略观”的具体体现，是今后五年实施乡村振兴战略的方针措施和政策安排。

2019 年 1 月，中央一号文件指出，要以扶持农业农村优先发展作为实施乡村振兴战略的总方针。

总之，乡村振兴战略是习近平新时代中国特色社会主义思想的重要组成部分，是他长期致力于地方和国家治理，实现人民福祉和民族振兴的战略构想的结晶。

（2）习近平总书记实施乡村振兴战略思想的出发点和落脚点：“全面建成小康社会”是习近平“乡村振兴战略观”的战略考量，“以人民为中心”是习近平“乡村振兴战略观”的价值基础

习近平总书记在党的十八大报告中首次提出全面“建成”小康社会，在党的十九大报告中更是强调为了全面建成小康社会，要实施乡村振兴战略，打赢脱贫攻坚战，使全面建成小康社会得到人民认可、经得起历史检验。习近平总书记有一句很接地气、通俗朴实的话，那就是“小康不小康，关键看老乡”，就是说小康与否，得由我们的农村老乡说了算，农村的老百姓普遍认为实现了完全的小康，才是真正地实现了小康。所以，习近平总书记乡村振兴战略思想正是从全面建成小康社会的目标和大局上考量的结果。他指出：“乡村振兴战略是党的十九大提出的一项重大战略，是关系全面建设社会主义现代化国家的全局性、历史性任

务，是新时代‘三农’工作总抓手。”

全面建成小康社会的重点和难点是在农村、在农民、在农业。所以，习近平总书记指出要突出重点、补短板、强弱项，农民、农村和农业就是建成小康社会的短板和弱项。他曾经指出，“农村贫困人口脱贫是最突出的短板，虽然全面小康不是人人同样的小康，但如果现有 7000 多万农村贫困人口生活水平没有明显提高，全面小康也不能让人信服。”“没有农村的小康，特别是没有贫困地区的小康，就没有全面建成小康社会”“我国作为中国共产党领导的社会主义国家，应该有能力、有条件处理好工农关系、城乡关系，顺利推进我国社会主义现代化进程。”

习近平总书记始终认为脱贫攻坚是全面建成小康社会的牛鼻子，须要紧紧抓住。“实现第一个百年奋斗目标，一个标志性指标是农村贫困人口全部脱贫”要“让广大农民共享改革发展成果”。所以他要求“各级财政要加大对深度贫困地区的转移支付规模，增加金融投入对深度贫困地区的支持”。要“实现贫困地区农民人均可支配收入增长幅度高于全国平均水平，基本公共服务主要领域指标接近全国平均水平”。

由此不难看出，习近平总书记的乡村振兴战略思想目的是为了实现全面建成小康社会的奋斗目标，为了实现人民对美好生活的追求和向往，具有深厚的理论价值和长远的历史意义。

实施乡村振兴战略是解决脱贫攻坚，全面建成小康社会的必然选择，它既是一个长远的战略目标，又是一个十分迫切的现实任务。我们只有按照习近平总书记的根本要求和战略部署，树立信心，不畏艰难，扎扎实实地推进，就一定会取得胜利。

第三章 实施乡村振兴战略的依据

习近平总书记提出的乡村振兴战略，将乡村发展、乡村振兴摆到了历史的新高度，展现了党和国家对农业农村优先发展的原则，向社会昭示了把农业农村摆在党和国家优先位置和工作的重中之重，这是马克思主义和中国共产党关于农业农村农民问题的理论的新观点、新看法和新思路，是对马克思主义和党的农业农村农民问题的理论继承和发展，是对科学社会主义理论的重大创新和巨大贡献。

一、实施乡村振兴战略的理论依据

（一）马克思恩格斯关于农业农村农民问题的阐述

马克思恩格斯在论述工人阶级的解放时从没有忘记农民阶级，他们关注农民阶级的生活状况，同情农民阶级的疾苦，号召他们与工人阶级一道，推翻旧的社会秩序，推翻资产阶级的统治，建立无产阶级专政，实现社会主义。

1. 马克思恩格斯深入体察农民、农业问题，关心和同情农民阶级的生活状况

在人类社会发展的历史进程中，农业曾经也出现过短暂的辉煌。在农耕社会时期，农民相互协作，通过辛勤的劳动，共同从大自然中获取自己需要的食物，劳作后享受着大自然的馈赠、美丽的风景和温馨的生活，那种田园牧歌与田园风情一直留在历史的长河与人类的记忆中。但是后来，农业和农村慢慢走向没落与衰败，特别是到了资本主义社会时期，农业的落后、农村的与世隔绝、农民的贫困更加明显和突出，马克思恩格斯对此有诸多阐述，并表达了对资本主义剥削制度的不满与批判以及对农民艰难生活的同情。

（1）马克思深入考察了十九世纪法国中叶的农业和农民问题

马克思在《路易·波拿巴的雾月十八日》中详细阐述了法国农村的生活样式、农业发展状况和农民生活的贫困。关于法国的农村，马克思指出："一小块土地，一个农民和一个家庭；旁边是另一块土地，另一个农民和另一个家庭。一批这样的单位就形成一个村子，一批这样的村子就形成一个省。"① 由此可以看出，十九世纪的法国农村是彼此分割孤立的。

法国的农业是落后的小农生产方式，其所有制是小块土地私有制，彼此缺乏交往，缺少分工，缺少科学应用，农业基础设施也落后，交通不便。马克思指出："小农人数众多，他们的生活条件相同，但是彼此间并没有发生多种多样的关系。他们的生产方式不是使他们相互交往，而是使他们相互隔离。这种隔离状态由于法国的交通不便和农民的贫困而更为加强了。"② "他们进行生产的地盘，即小块土地，不容许在耕作时进行分工，应用科学，因而也就没有多种多样的发展，没有各种不同的才能，没有丰富的社会关系。"③

法国的农民生活艰苦，由于粮食价格很低，他们的农业赋税和抵押债务非常沉重，受着资本的剥削和奴役，生活没有希望，

① 《马克思恩格斯选集》（第一卷），人民出版社 1995 年版，第 677 页。
② 《马克思恩格斯选集》（第一卷），人民出版社 1995 年版，第 677 页。
③ 《马克思恩格斯选集》（第一卷），人民出版社 1995 年版，第 677 页。

他们就像是居住在洞穴中的穴居人。马克思指出："农民的一切希望都落了空，他们一方面比任何时候都苦于粮价低落，另一方面又苦于赋税和抵押债务日益加重"[①]，"农业日益恶化，农民负债日益增加"[②]，"受到资本奴役的小块土地所有制使法国的一大半国民变成穴居人。1600 万农民（包括妇女和儿童）居住在洞穴中，大部分的洞穴只有一个洞口，有的有两个小洞口，最好的也只是三个洞口。"[③]

由此可知，在资本主义统治下，十九世纪中叶的法国农业发展是多么落后，农村是那么孤立，农民是那样穷困，这与其发展着的资本主义城市工业经济形成很大的反差。

（2）恩格斯深入考察了十九世纪中叶英国的农业和农民问题

十九世纪的英国农业、农村、农民的状况如何？英国的状况与法国的状况有些方面有很大的不同，在农业方面，资本主义生产方式已经渗透进来了，使很多原来的自耕农生活穷困潦倒，农村耕地原来是被三个阶级占有，一个是封建贵族，一个是大地主，一个是自耕农，他们的耕作方法是古老的、粗放的。但到了十九世纪中叶，作为小块土地所有者的自耕农阶级就消失了，几乎全部土地划为数量不多的大庄园，为大租佃者经营。恩格斯在 1844 年的《英国状况》中指出："当时有三个土地占有者阶级。一个是贵族大地主……另一个是非贵族大地主（通常称为乡绅）……第三个土地占有者阶级是自耕农，即小块土地所有者，他们自己耕种土地，耕作方法通常还是自己祖先使用的十分古老的粗放的方法，这个阶级在英国也已经消失了……现在几乎全部

① 《马克思恩格斯选集》（第一卷），人民出版社 1995 年版，第 626 页。
② 《马克思恩格斯选集》（第一卷），人民出版社 1995 年版，第 680 页。
③ 《马克思恩格斯选集》（第一卷），人民出版社 1995 年版，第 681 页。

土地都划分成数量不多的大庄园，并以庄园为单位出租。大租佃者的竞争把小租佃者和自耕农从市场上排挤出去，使他们穷困潦倒。”①

农民由原来的自耕农变成了大租佃者的佃农，遭受大租佃者的剥削，生活在难以忍受的贫困中，居住在简陋的小土屋里，食物匮乏，有时还要出门乞讨。恩格斯在 1845 年发表的《英国工人阶级状况》中专门有一节谈到农业无产阶级，他指出：“佃农的生活并不比短工的生活好多少。这样爱尔兰人民就被束缚在令人难以忍受的贫困中，这种贫困在目前的社会关系下他们是摆脱不了的。这些人住在连用来关牲畜都不太合适的简陋的小土屋里，只有勉强能够维持一个冬天的食物……到了春天，当储存的土豆已经吃完或者发了芽不能再吃的时候，妻子就带着孩子，提着小锅出门讨饭。”②

（3）恩格斯深入考察了十九世纪晚期德国的农业和农民问题

在十九世纪晚期的德国，农业总体上受资本主义生产形式发展的影响，农业小生产逐步走向衰落和灭亡。西部的农业生产方式还保留着小块土地农民的小生产，而在德国的其他许多地方已经是大土地占有制度和农业大生产的方式。恩格斯在《法德农民问题》中指出：“在德国西部，正如法国和比利时一样，占着统治地位的是小块土地农民的小生产，这些农民大部分是小块土地的所有者，在少数场合则是小块土地的租佃者。在西北部……占优势的是大农和中农……普鲁士易北河以东地区则是一个拥有雇农、长工和短工的大土地占有和大生产的区域。”③

① 《马克思恩格斯选集》（第一卷），人民出版社 1995 年版，第 26 页。
② 《马克思恩格斯全集》（第二卷），人民出版社 1957 年版，第 560 页。
③ 《马克思恩格斯选集》（第四卷），人民出版社 1995 年版，第 297 页。

那么德国农民的生活状况如何呢？受资本主义生产的影响，农民生活每况愈下。“捐税、歉收、继承人分家、诉讼，将一个又一个农民驱向高利贷者；负债现象越来越普遍，而且每个人的债务越来越沉重。”①

2. 马克思恩格斯深刻剖析了资本主义社会农业衰败、农民生活穷困的根源

在资本主义发展的过程中，农业的衰败、农民生活穷困是不可避免要发生的事情，这是由资本主义剥削制度和资本家发财致富的本质所决定的。一方面，在城市，工业资本家（产业资本家）的生产过程是剩余价值的生产，而这种生产是不断重复和更新的再生产，资本家扩大再生产从而形成资本积累，资本积累进一步发展形成社会资本的集聚，由此造成城乡之间的对立；另一方面，在农村，因为土地私有制性质，大土地所有者吞并小土地所有者，并通过地租的形式把土地租给经营土地的大租佃者即农业资本家（或租地农场主），农业资本家剥削农业工人、佃农的剩余价值，使得小农和佃农们的生活越来越穷困。

（1）马克思深入剖析了土地私有制下农业落后的种种原因

首先，在农村，小农无法与大土地所有者竞争，注定要衰落和消亡。小农有很多劣势：缺乏更多的生产资料，如土地、农具和资金；不能有效地使用机器耕作；不能大规模改良土壤；不能进行农田基本建设如开凿排水沟和灌溉渠，缺乏农学知识，等等。马克思在《1848 年至 1850 年的法兰西阶级斗争》中指出：“在小块土地制度下，土地对于它的所有者来说纯粹是生产工具。但是土地的肥力随着土地被分割的程度而递减。使用机器耕作土地，分工制度，大规模的土壤改良措施，如开凿排水沟和灌溉渠

① 《马克思恩格斯选集》（第四卷），人民出版社 1995 年版，第 299 页。

等，都越来越不可能实行，而耕作土地的非生产费用却按照这生产工具本身被分割的比例而递增。”①

马克思还指出：“小块土地连同它那极可怜的农具就越成为经营小块土地的农民的唯一资本，向土地投资的可能就越少，小农就越感到缺乏利用农学成就所必需的土地、金钱和学识，土地的耕作就越退步。”② 由此说明，在资本主义侵蚀下，小农生产是没有多少出路的。与小农生产者相反，大土地所有者通过级差地租和绝对地租的形式把土地租给经营土地的大租佃者即农业资本家（或租地农场主），赚取由农业资本家剥削农业工人、佃农而分割来的剩余价值。

其次，农业生产是收益较少的产业。农产品的价格是由使用劳动量最多的产品的价格决定的，因为，想获得较多的收益并不能像工业资本那样可以靠追加新的资本实现，农业有其特殊性。马克思指出：“在农业生产中，使用劳动量最多的产品的价格决定一切同类产品的价格。首先，这里不能像工业生产中那样随意增加效率相同的生产工具，即肥力相同的土地。其次，随着人口的增加，人们就开始经营劣等地，或者在原有土地上进行新的投资，这新的投资的收益比原始投资的收益就相应地减少，在这两种情况下都是用较多的劳动量获得较少的产品。”③

再次，资本对农业没有多少动力，对于改良土壤，增加土壤肥力的投入的做法，只会让大土地所有者得到好处。马克思在《资本论》中指出：“资本能够固定在土地上，即投入土地，其中有的是比较短期的，如化学性质的改良、施肥，有的是比较长期

---

① 《马克思恩格斯选集》（第一卷），人民出版社 1995 年版，第 454 页。
② 《马克思恩格斯选集》（第一卷），人民出版社 1995 年版，第 454 页。
③ 《马克思恩格斯选集》（第一卷），人民出版社 1995 年版，第 180 页。

的，如修排水渠、建设灌溉工程、平整土地、建造经营建筑物，等等。”“在农业的通常的生产过程中，比较短期的投资，毫无例外地由租地农场主来进行。”[①] “投入土地的较长期的，即经过较长时间才损耗尽的固定资本，也大部分是，而在某些领域往往完全是由租地农场主投入的。”[②] 这些由租地农场主投入的资本最后会被土地所有者轻轻松松拿回去，为什么呢？“土地所有者力图尽可能地缩短租期……在签订新租约时，土地所有者把投入土地的资本的利息，加到真正的地租上。……就这样，他们就把不费他们一点力气的社会发展成果，装进他们的私人腰包。”[③] 这就使得租地农场主避免进行一切不能期望在自己的租期内完全收回的改良和支出。

最后，农民遭受的剥削，本质上和工人是一致的。不仅大土地所有者不会亲自从事农业生产劳动，他们过着寄生虫般的生活，就是租地农场主也只是管理而不会亲自参加农业生产劳动，他们雇佣佃农、长工和短工从事具体农业劳动，榨取由佃农、长工和短工创造的农业剩余价值。马克思在《哲学的贫困》里指出：“可见，一出现了租，佃农就不再是租佃者而是工人，即租佃者的佃农。劳动者被贬低了，沦为替产业资本家干活的普通工人、日工和雇工；像经营任何一个工厂一样地经营土地的产业资本家出现了。”[④] 也就是说租地农场主变成了经营土地的产业资本家，而受雇佣的佃农、长工和短工变成了农业工人，这些农业工人不仅辛勤劳作，而且获取的也只有相当于自身劳动力的价值或价格。

---

① 《马克思恩格斯选集》（第二卷），人民出版社 1995 年版，第 540 页。
② 《马克思恩格斯选集》（第二卷），人民出版社 1995 年版，第 540 页。
③ 《马克思恩格斯选集》（第二卷），人民出版社 1995 年版，第 541 页。
④ 《马克思恩格斯选集》（第一卷），人民出版社 1995 年版，第 182 页。

造成农业落后、农村与世隔绝和小农、佃农等农民生活的日益贫困的上述种种原因归根结底，是土地私有制造成的必然结果。

（2）土地私有制下农业落后的直接后果就是造成城乡的对立和小农、佃农等农民生活的日益贫困

马克思恩格斯认为："各民族之间的相互关系取决于每一个民族的生产力、分工和内部交往的发展程度。这个原理是公认的。"同时，他们还认为，一个民族"本身的整个内部结构也取决于自己的生产以及自己内部和外部的交往的发展程度"①。由此不难理解，影响城乡结构关系的因素不外是三个，即生产力、分工以及内外部交往的发展程度。

首先是乡村落后的生产力，造成城乡关系的畸形发展，城乡结构失衡，从而导致人口、生产资料、资本等生产要素向城市倾斜和集中，而这种集中反过来又造成农村更加与世隔绝与落后，城乡之间的分离与对立不可避免。马克思恩格斯指出："他们是什么样的，这同他们的生产是一致的——既和他们生产什么一致，又和他们怎样生产一致。因而，个人是什么样的，这取决于他们进行生产的物质条件。"② 这就是说，生产的方式和物质条件决定了人们的生活方式，而农村和城市的生产方式和物质条件的巨大差别就造成了人们生活方式的巨大差别。"城市已经表明了人口、生产工具、资本、享受和需要的集中这个事实；而在乡村则完全是相反的情况：隔绝和分散。"③ 由此说明，城乡分离是生产力发展的必然结果，是城市先进生产力对农村落后生产力矛盾

---

① 《马克思恩格斯选集》（第一卷），人民出版社 1995 年版，第 68 页。
② 《马克思恩格斯选集》（第一卷），人民出版社 1995 年版，第 69 页。
③ 《马克思恩格斯选集》（第一卷），人民出版社 1995 年版，第 104 页。

激化的产物，生产力的发展是引起城乡分离和对立的根本力量，当然也是生产关系与生产力矛盾激化的必然结果。而农村的落后使得小农、佃农等农民生活日益走向贫困。

其次是社会分工，民族内部的分工加剧了城乡关系的不同步发展，造成工商业劳动同农业劳动的分离，从而造成城乡的分离与对立。马克思恩格斯在《德意志意识形态》中指出："物质劳动和精神劳动的最大的一次分工，就是城市和乡村的分离。"① "一个民族的内部分工，首先引起工商业劳动同农业劳动的分离，从而也引起城乡的分离和城乡利益的对立。分工的进一步发展导致商业劳动与工业劳动的分离……这种种分工的相互关系取决于农业劳动、工业劳动和商业劳动的经营方式。"② 按照马克思恩格斯的意思，虽然社会分工引起城乡的分离和城乡利益的对立，但分工的相互关系最终还是取决于各自的经营方式。如果农业劳动的经营方式落后，那么这种分工就会使得农村成为城市原材料、劳动力以及各种生产资料等廉价物资的供应地，城市工业加工的产品又销往农村，使农村成了工业品的消费市场，成了城市的附庸。

最后是民族内外部交往的发展程度，社会交往因为生产力落后和社会分工的"异化作用"而受到限制，这进一步导致城乡关系的不协调发展。马克思恩格斯认为："只要分工还不是出于自愿，而是自然形成的，那么人本身的活动对人来说就成为一种异己的、同他对立的力量。"③ 马克思恩格斯在此指出了社会分工的不利影响，要消除这种不利影响，"这种'异化'当然只有在具

① 《马克思恩格斯选集》（第一卷），人民出版社 1995 年版，第 104 页。
② 《马克思恩格斯选集》（第一卷），人民出版社 1995 年版，第 68 页。
③ 《马克思恩格斯选集》（第一卷），人民出版社 1995 年版，第 245 页。

备了两个实际前提之后才会消灭。要使这种异化成为一种‘不堪忍受的’力量，即成为革命所要反对的力量……都是以生产力的巨大增长和高度发展为前提的。”① “如果没有这种发展，那就只会有贫穷、极端贫困的普遍化。”② 同时，他们还指出：“只有随着生产力的这种普遍发展，人们的普遍交往才能建立起来。”③ 因此，人们的社会交往也是与生产力的发展而同步的，城乡的分离和城乡关系的不协调，也是人们的普遍交往没有随着生产力的普遍发展而建立起来的必然结果。

3. 马克思恩格斯设想在资本主义社会被推翻后无产阶级政党怎样实现农业发展、城乡融合以及农民生活的改善

在资本主义社会条件下，资产阶级不可能自行改善城乡关系和农民生活，必须靠无产阶级革命取得成功以后，通过无产阶级政党的领导和一系列的政策措施以及强有力的组织实施才能达到目的。

（1）实行土地国有化，实现大规模耕作

土地国有化是马克思在当时的历史条件下，考虑发展农业的最关键的构想。因为，地产是一切财富的原始源泉，只有实行土地国有化，一切现代耕作技术手段就可以有效地加以利用，大规模的耕作可以充分显现出优越性。马克思在《论土地国有化》一文中，批判了法国农民所有制以及它所要求的小地块耕作方式的种种弊端，最后指出：“土地国有化将彻底改变劳动和资本的关系，并最终消灭工业和农业中的资本主义生产方式。只有到那时，阶级差别和各种特权才会随着它们赖以存在的经济基础一同

① 《马克思恩格斯选集》（第一卷），人民出版社 1995 年版，第 245—246 页。
② 《马克思恩格斯选集》（第一卷），人民出版社 1995 年版，第 246 页。
③ 《马克思恩格斯选集》（第一卷），人民出版社 1995 年版，第 246 页。

消失。靠他人的劳动而生活将成为往事。"① "一切现代方法，如灌溉、排水、蒸汽犁、化学处理等等，应当在农业中广泛采用。但是，我们所具有的科学知识，我们所拥有的耕作技术手段，如机器等，如果不实行大规模的耕作，就不能有效地加以利用。"②

恩格斯在《关于共产主义者同盟的历史》中谈到1848年同盟的中央委员会通过的决议时也指出共产党在德国的要求："各邦君主的领地和其他封建地产，一切矿山、矿井等等，全部归国家所有。在这些土地上用最新的科学方法大规模地经营农业，以利于全社会。"③ "农民的抵押地宣布为国家所有。这些抵押地的利息由农民缴纳给国家。""在租佃制流行的地区，地租或租金作为赋税缴纳给国家。"④

（2）通过集体所有制的过渡，实现生产资料公有制

马克思还设想在实现土地私有制向公有制转变的过程中，可以先向集体所有制过渡的形式进行。他在《巴枯宁〈国家制度和无政府状态〉一书摘要》中指出："一开始就应当促进土地的所有制向集体所有制过渡，让农民自己通过经济的道路来实现这种过渡；但是不能采取得罪农民的措施，例如宣布废除继承权或废除农民所有权。"⑤ 恩格斯在《法德农民问题》批评南特绪论时指出："必须以无产阶级所拥有的一切手段来为生产资料转归公共占有而斗争。"⑥ "社会主义的任务，不如说仅仅在于把生产资料转交给生产者公共占有。"⑦

① 《马克思恩格斯选集》（第三卷），人民出版社1995年版，第129—130页。
② 《马克思恩格斯选集》（第三卷），人民出版社1995年版，第128页。
③ 《马克思恩格斯选集》（第四卷），人民出版社1995年版，第198页。
④ 《马克思恩格斯选集》（第四卷），人民出版社1995年版，第198页。
⑤ 《马克思恩格斯选集》（第三卷），人民出版社1995年版，第287页。
⑥ 《马克思恩格斯选集》（第四卷），人民出版社1995年版，第490页。
⑦ 《马克思恩格斯选集》（第四卷），人民出版社1995年版，第492页。

（3）应该改造小农，使其走合作化道路

在无产阶级取得政权以后，必须对小农进行改造，这种改造不是采取暴力剥夺的手段，而是以互助合作、典型示范和社会帮助的方式进行。恩格斯在《法德农民问题》中指出："我们对于小农的任务，首先是把他们的私人生产和私人占有变为合作社的生产和占有，不是采用暴力，而是通过示范和为此提供社会帮助。"①

建立农民合作社组织。在 1892 年马克思主义派的法国社会党人在马赛代表大会上，通过了党的第一个土地纲领，这个纲领为无地的农业工人（即短工和家奴）提出了很多要求，例如规定最低工资限额、建立农村工商业仲裁法庭、禁止出卖土地、规定养老金、由市镇置配农业机器、建立合作社、废除土地转手税、规定农民基本生产资料不得抵作押金、实行免费农业专门教育、建立农业试验站，等等。恩格斯指出，我们的法国同志为农民的利益提出的要求并不是过分的，"其中有一部分在别的国家里已经实现了。佃农调解法庭明显地是按照爱尔兰的样式建立起来。农民合作社在莱茵地区已经存在。"②"在这里我们也只能建议把各个农户联合为合作社，以便在这种合作社内越来越多地消除对雇佣劳动的剥削，并把这些合作社逐渐变成一个全国大生产合作社的拥有同等权利和义务的组成部分。"③

（4）成立产业，解决就业

在实行义务劳动制，废除私有制的基础上，成立农业产业军，组织劳动，增加就业。恩格斯在《共产主义原理》回答第十

① 《马克思恩格斯选集》（第四卷），人民出版社 1995 年版，第 498—499 页。
② 《马克思恩格斯选集》（第四卷），人民出版社 1995 年版，第 489 页。
③ 《马克思恩格斯选集》（第四卷），人民出版社 1995 年版，第 503 页。

八个问题“这个革命的发展过程将是怎样的”时指出：“对全体社会成员实行同样的义务劳动制，直到完全废除私有制为止，成立产业军，特别是在农业方面。”“在国家农场、工厂、作坊中组织劳动或者让无产者就业，这样就会消除工人之间的竞争，并迫使还存在的厂主支付同国家一样高的工资。”①

（5）消除城乡对立，实现城乡融合

在积极发展工业的同时，积极发展农业生产，开垦荒地，改良土壤。恩格斯提出，“随着国家拥有的资本和工人的增加，增加国家工厂、作坊、铁路和船舶，开垦一切荒地，改良已垦土地的土壤。”②

消除旧的分工，消灭阶级差别，实现城乡融合。恩格斯在他的《共产主义原理》中认为，要“通过消除旧的分工，进行产业教育、变换工种、所有人共同享受大家创造出来的福利，通过城乡融合，使社会全体成员的才能得到全面发展”③。到那个时候，“城市和乡村之间的对立也将消失，从事农业和工业的将是同一些人，而不再是两个不同的阶级”④。当然，消除城乡对立还需要具备一定的物质条件，“消灭城乡之间的对立，是共同体的首要条件之一，这个条件又取决于许多物质前提”⑤。

改良农业，提高农民生活水平。“没有改良的农业就不能消灭农奴制；当人们还不能使自己的吃喝住穿在质和量方面得到充分保证的时候，人们就根本不能获得解放。”⑥

---

① 《马克思恩格斯选集》（第一卷），人民出版社 1995 年版，第 367 页。
② 《马克思恩格斯选集》（第一卷），人民出版社 1995 年版，第 367 页。
③ 《马克思恩格斯选集》（第一卷），人民出版社 1995 年版，第 371—372 页。
④ 《马克思恩格斯选集》（第一卷），人民出版社 1995 年版，第 371 页。
⑤ 《马克思恩格斯选集》（第一卷），人民出版社 1995 年版，第 104 页。
⑥ 《马克思恩格斯选集》（第一卷），人民出版社 1995 年版，第 74 页。

总之，马克思恩格斯关于农业、农村和农民的论述为我国在社会主义建设中实行土地改革，对农业的改造和后来发展农业、建设农村、改善农民生活等一系列政策的实施，提供了认识基础、思想支撑和理论指导，使我国能够在理论和实践、历史和现实的结合上走出一条中国特色社会主义农业发展之路，也为当前实施农村振兴战略提供了理论依据。

（二）中国共产党关于农村农业农民思想理论的演进

我们党的历代领导人对农村农业农民问题都非常重视，他们对农村农业农民在新民主主义革命，社会主义革命、建设和改革中的作用都有很多重要阐述，这些阐述对当时的革命、建设和改革具有重大的指导意义，对当今的中国特色社会主义建设和改革依然具有深远的历史价值和理论价值，是实施乡村振兴战略的理论依据。

1. 新民主主义革命时期，党关于农村和农民对革命重要性和正确性的认识是革命成功的关键

中国共产党诞生以后，很长一段时间，工作重心放在工人的领导作用和组织工人运动上，工人运动受挫以后，虽然革命转向了农村，但党内依然出现“左”倾路线，坚持“城市中心论”。毛泽东却对农民运动和农民革命高度重视，找到了一条“农村包围城市，武装夺取政权”的革命胜利道路。显然，毛泽东是新民主主义革命时期对农村和农民的重要性和正确性认识最完备最典型的代表，其思想发展路径代表着党在这个时期的正确认识路径。

毛泽东认为，新民主主义革命实质上是无产阶级领导的农民革命。近代以来，中国是一个半殖民地半封建社会性质的国家，同时又是一个农业大国，农民占人口的绝大多数。所以中国的革

命必须依靠农民，革命的重心是先农村后城市。

首先，毛泽东在第一次国共合作和大革命时期，就已经认识到农民的作用了，认为没有贫农，便没有革命。1925 年 12 月 1 日毛泽东在《中国社会各阶级的分析》一文中明确指出，农民是中国无产阶级的最广大和最忠实的同盟军。1926 年 9 月 1 日毛泽东发表《国民革命与农民运动》，指出："农民问题乃国民革命的中心问题"，"所谓国民革命运动，其大部分即是农民运动"。[①] 1926 年底，毛泽东撰写了《湖南农民运动考察报告》，指出："没有贫农，便没有革命。若否认他们，便是否认革命。若打击他们，便是打击革命。"[②] 指出贫农"乃是农民协会的中坚，打倒封建势力的先锋，成就那多年未曾成就的革命大业的元勋。没有贫农阶级（照绅士的话说，没有"痞子"），决不能造成现时乡村的革命状态，决不能打倒土豪劣绅，完成民主革命"[③]。

其次，在大革命失败后建立中央苏区的过程中，毛泽东进一步认识到农民是革命的主力军，要进行土地革命，要走农村包围城市的道路。1928 年 10 月，毛泽东在《中国的红色政权为什么能够存在》一文中指出：一国之内"有一小块或若干小块红色政权的区域长期地存在"产生的原因是"地方的农业经济（不是统一的资本主义经济）和帝国主义划分势力范围的分裂剥削政策"[④] 造成的，所以要充分发动农民进行土地革命。1928 年 11 月，毛泽东在《井冈山的斗争》一文中指出："没收一切土地重新分配，是能得到大多数人拥护的。"[⑤]

---

① 《毛泽东文集》（第一卷），人民出版社 1993 年版，第 37 页。
② 《毛泽东选集》（第一卷），人民出版社 1991 年版，第 21 页。
③ 《毛泽东选集》（第一卷），人民出版社 1991 年版，第 21 页。
④ 《毛泽东选集》（第一卷），人民出版社 1991 年版，第 49 页。
⑤ 《毛泽东选集》（第一卷），人民出版社 1991 年版，第 68 页。

再次，在抗日战争时期，毛泽东在分析中国革命的特点后，认为革命的实质是农民革命。他指出共产党的任务，“基本地不是经过长期合法斗争以进入起义和战争，也不是先占城市后取乡村，而是走相反的道路。”① 1940 年，毛泽东在《新民主主义论》中指出，“中国的革命实质上是农民革命”，“农民问题，就成了中国革命的基本问题，农民的力量，是中国革命的主要力量。”②

最后，在解放战争中，毛泽东继续强调土地革命的重要性：它是战胜一切敌人的最基本的条件。1947 年，毛泽东总结革命实践经验，指出：“全党必须明白，土地制度的彻底改革，是现阶段中国革命的一项基本任务。如果我们能够普遍地彻底地解决土地问题，我们就获得了足以战胜一切敌人的最基本的条件。”③

全国解放前夕，当全党工作重点即将由农村转入城市时，毛泽东及时告诫全党：“决不可以丢掉农村，仅顾城市。”“城乡必须兼顾，必须使城市工作和乡村工作，使工业和农业，紧密联系起来。”④

不可否认，在新民主主义革命过程中，农民对中国革命的成功作出了巨大的贡献，毛泽东对农村农民问题的看法和论述，对于指导中国革命取得胜利起了决定性的作用。

2. 在社会主义革命和建设中，党对农村土地改革、个体农业的改造以及农村生产建设探索的思想成果为后来我国农村社会主义建设和改革积累了宝贵经验

首先，新中国成立初期，毛泽东认为国家财政经济好转要依靠农民，完成土地改革。1949 年 12 月，毛泽东在关于准备对苏

① 《毛泽东选集》（第二卷），人民出版社 1991 年版，第 507 页。
② 《毛泽东选集》（第二卷），人民出版社 1991 年版，第 692 页。
③ 《毛泽东选集》（第四卷），人民出版社 1991 年版，第 1252 页。
④ 《毛泽东选集》（第四卷），人民出版社 1991 年版，第 1427 页。

贸易条约问题给中央的电报中指出："农业的恢复是一切部门恢复的基础，没有饭吃，其他一切就都没有办法。"① 1950 年，为了解决财政经济困难，毛泽东作了《为争取国家财政经济状况的基本好转而斗争》的报告，他指出，土地改革的完成是使财政经济好转的条件之一。党的七届三中全会通过《土地改革法》，制定了解放农村生产力、发展农业、实现农民的土地所有制的政策，到 1952 年底全国除西藏、台湾外，基本完成了土地改革。

其次，毛泽东主张为了发展农业，必须改造个体农业，走合作化道路。1955 年 7 月 31 日，他在《关于农业合作化问题》中提出："在农业方面，在我国的条件下（在资本主义国家内是使农业资本主义化），则必须先由合作化，然后才能使用大机器。"②"在第一第二个五年计划时期内，农村中的改革将还是以社会改革为主，技术改革为辅。""在第三个五年计划时期内，农村的改革将是社会改革和技术改革并进。"③ "中国只有在社会经济制度方面彻底地完成社会主义改造，又在技术方面，在一切能够使用机器操作的部门和地方，统统使用机器操作，才能使社会经济面貌全部改观。"④

毛泽东还认为，国家要实行工业化依然要农民的援助。他指出："中国的主要人口是农民，革命靠了农民的援助才取得了胜利，国家工业化又要靠农民的援助才能成功。"⑤ 为了使农民走上富裕道路，毛泽东确立了依靠贫农、下中农，团结中农的阶级

① 《建国以来毛泽东文稿》（第五册），中央文献出版社 1991 年版，第 29 页。

② 《建国以来毛泽东文稿》（第五册），中央文献出版社 1991 年版，第 249 页。

③ 中央文献出版社编译：《建国以来毛泽东文稿》（第五册），中央文献出版社 1991 年版，第 256 页。

④ 《建国以来毛泽东文稿》（第五册），中央文献出版社 1991 年版，第 256 页。

⑤ 《毛泽东文集》（第六卷），人民出版社 1999 年版，第 79 页。

路线。

再次，在社会主义改造基本完成后，毛泽东主张积极实行农业机械化。1957 年 10 月 12 日，毛泽东在对全国农业发展纲要草案修改稿的批语和修改中指出："随着国家工业化的发展，有步骤地积极地实行农业机械化。从一九五六年起，在尽可能的时间内，机械制造部门和农业部门应当经过广泛的试验研究工作，拟出一个适合我国条件的农业机械化方案，为推广农业机械化做好准备，随即制造适合各地的机械，供应农民；随时改良，积极推广。"①

最后，在社会主义建设的曲折探索中，毛泽东始终不忘对农民的关心和对农业的指导。在《论十大关系》中提出以农业为基础，以工业为主导，以农轻重为序发展国民经济的总方针。在三年困难时期，毛泽东为了领导全国人民渡过难关，纠正"左"的错误，亲自主持制定了《农村人民公社工作条例（草案）》（简称《六十条》），比较恰当地解决了农民关心的若干问题，如供给制、按劳分配、食堂问题。

毛泽东始终不忘农业机械化。1962 年 11 月，毛泽东在《全国农业会议总结》中提出："在农业集体化的基础上，实行农业的机械化、电气化，实行农业的技术改革，是巩固人民公社集体经济、巩固工农联盟的物质基础，也是促进整个国民经济向前发展的中心环节。"② 1966 年 5 月，毛泽东在"五·七指示"中提出："农民以农为主。""在有条件的时候也要由集体办些小工厂。"③ 同年 6 月，毛泽东提出"用二十五年时间，基本上实现农

① 《建国以来毛泽东文稿》（第六册），中央文献出版社 1992 年版，第 606 页。
② 《建国以来重要文献选编》（第十五册），中央文献出版社 1997 年版，第 754 页。
③ 《建国以来毛泽东文稿》（第十二册），中央文献出版社 1998 年版，第 54 页。

业机械化”[1]。

总之，毛泽东在社会主义建设不同时期对农村农业农民问题的主张和阐述，对推进国家农村改革、实施农业政策和关注农民生活具有重大和积极的指导意义。

3. 改革开放以后，党对农村农业农民的重视与支持有了更大提升，所制定的一系列方针政策为我国建设农业强国、实现全面小康提供了科学指导，为当前实施乡村振兴战略和今后实现农业现代化奠定了坚实的理论基础

（1）邓小平对农民、农村、农民问题有全新和独到的论述，为农村的改革和家庭联产承包责任制的建立作出了巨大的创造性理论贡献

首先，邓小平还是第一代中央领导集体成员的时候，就非常关注农业和农民问题，支持调整人民公社制度，主张“包产到户”合法化。早在二十世纪六十年代，邓小平就支持党和国家对人民公社制度进行一定程度的调整，他指出：“公社核算退为大队核算，大队核算又退为生产队核算，退了才能前进。”[2] 而且他还主张“包产到户”合法化，“还有一种可能，就是有些包产到户的，要使他们合法化”[3]。

在二十世纪七十年代中叶，邓小平第二次复出后主持全面整顿工作时，主张要重视农业，进行农村整顿，他说：“四个现代化，比较起来，更加费劲的是农业现代化。如果农业搞不好，很可能拉了我们国家建设的后腿。”[4]

其次，在二十世纪七十年代后期，邓小平第三次复出，主张

---

①《建国以来毛泽东文稿》（第十二册），中央文献出版社1998年版，第54页。
②《邓小平文选》（第一卷），人民出版社1994年版，第323页。
③《邓小平文选》（第一卷），人民出版社1994年版，第324页。
④《邓小平思想年谱》，中央文献出版社1998年版，第17页。

农村问题要讲实事求是。1977 年，他在听取国家计委的汇报时指出："从长远来讲，要注意农村问题，随着工业生产的发展，要逐步缩小剪刀差。将来要考虑提高粮价。增加农民收入，调动农民积极性，这是很大的政策。"① 他在出访尼泊尔途经成都作短暂停留，针对农村经济发展问题指出："有些地方养三只鸭子就是社会主义，养五只鸭子就是资本主义，怪得很！农民一点回旋余地没有，怎么能行?"在吉林视察时指出："大寨有些东西不能学，也不可能学。比如评工记分，它一年搞一次，全国其他人民公社、大队就不可能这样做。取消集贸市场也不能学。自留地完全取消也不能学。小自由完全没有了，也不能学。"② 到天津视察时，他又指出："大队、小队都有特殊性，不能划框框，不能鼓励懒汉。过去不能碰'禁区'，谁独立思考就好像是同毛主席对着干。实际上毛主席是真正讲实事求是的。"③

再次，邓小平在成为第二代中央领导集体的核心时，主张农村要进行重大改革，要解放思想，包产到户。1980 年 4 月，邓小平指出："对地广人稀、经济落后、生活穷困的地区，政策要放宽，使他们真正做到因地制宜，发展自己的特点。要使每家每户都自己想办法，多找门路，增加生产，增加收入。有的可包给组，有的可包给个人。这个不用怕，这不会影响我们制度的社会主义性质。在这个问题上要解放思想，不要怕。"④

邓小平还明确指出："我国 80% 的人口是农民。农民没有积极性，国家就发展不起来。"⑤ "农业本身的问题，现在看来，主

---

① 《邓小平思想年谱》，中央文献出版社 1998 年版，第 49—50 页。
② 《邓小平思想年谱》，中央文献出版社 1998 年版，第 77 页。
③ 《邓小平思想年谱》，中央文献出版社 1998 年版，第 83—84 页。
④ 《邓小平思想年谱》，中央文献出版社 1998 年版，第 117 页。
⑤ 《邓小平文选》（第三卷），人民出版社 1993 年版，第 213 页。

要还得从生产关系上解决。这就是要调动农民的积极性。"① 他还说："生产关系究竟以什么形式为最好，恐怕要采取这样一种态度，就是哪种形式在哪个地方能够比较容易比较快地恢复和发展农业生产，就采取哪种形式；群众愿意采取哪种形式，就应该采取哪种形式。"②

1985年，邓小平在一次讲话中总结说："改革首先是从农村做起的，农村改革的内容总的说就是搞责任制，抛弃吃大锅饭的办法，调动农民的积极性。"③ "我们农村改革之所以见效，就是因为给农民更多的自主权，调动了农民的积极性。"④

最后，邓小平晚年时期对城乡发展的差距也有所关注，主张要重视对农田基本建设的投入，实行规模经营和多种经营，大力发展乡镇企业。他指出："城市搞得再漂亮，没有农村这一稳定的基础是不行的。"⑤ "农业上如果有一个曲折，三五年转不过来。……有位专家说，农田基本建设投资少，农业生产水平降低，中国农业将进入新的徘徊时期。这是值得注意的。"⑥ 邓小平强调："我们从宏观上管经济，应该把农业放到一个恰当的位置上。"⑦ "农业问题要始终抓得很紧。农村富起来容易，贫困下去也容易，地一耕不好农业就完了。"⑧

要实行规模经营和多种经营，发展集体经济。邓小平指出："中国社会主义农业的改革和发展，从长远的观点看，要有两个

① 《邓小平文选》（第一卷），人民出版社1994年版，第323页。
② 《邓小平文选》（第一卷），人民出版社1994年版，第323页。
③ 《邓小平文选》（第三卷），人民出版社1993年版，第117页。
④ 《邓小平文选》（第三卷），人民出版社1993年版，第242页。
⑤ 《邓小平文选》（第三卷），人民出版社1993年版，第65页。
⑥ 《邓小平文选》（第三卷），人民出版社1993年版，第159页。
⑦ 《邓小平文选》（第三卷），人民出版社1993年版，第159页。
⑧ 《邓小平文选》（第三卷），人民出版社1993年版，第355页。

飞跃。第一个飞跃，是废除人民公社，实行家庭联产承包为主的责任制。这是一个很大的前进，要长期坚持不变。第二个飞跃，是适应科学种田和生产社会化的需要，发展适度规模经营，发展集体经济。这是又一个很大的前进，当然这是很长的过程。”① “农业翻番不能只靠粮食，主要靠多种经营。农业文章很多，我们还没有破题。”②

要大力发展乡镇企业。1990 年 3 月，邓小平在同中央负责同志的谈话中指出：“乡镇企业很重要，要发展，要提高。”③ 邓小平对我国乡镇企业的发展与作用给予了肯定和高度的评价，他说：“乡镇企业每年都是百分之二十几的增长率，持续了几年，一直到现在还是这样。乡镇企业的发展，主要是工业，还包括其他行业，解决了占农村剩余劳动力百分之五十的人的出路问题。农民不往城市跑，而是建设大批小型新型乡镇。”④

总而言之，邓小平关于农村改革和家庭联产承包责任制的论述具有开创性，影响极其深远。

（2）江泽民对农村的改革发展继往开来，相关的理论阐述主要侧重宏观方面

江泽民非常关注“三农”问题。1998 年 9 月 25 日在安徽合肥考察时他指出：“必须把调动农民的积极性作为制定农村政策的首要出发点。”⑤

2002 年 3 月 5 日，他在分别与出席第九届全国人大五次会议

---

① 《邓小平文选》（第一卷），人民出版社 1994 年版，第 355 页。

② 《邓小平文选》（第三卷），人民出版社 1993 年版，第 23 页。

③ 《邓小平文选》（第三卷），人民出版社 1993 年版，第 355 页。

④ 《邓小平文选》（第三卷），人民出版社 1993 年版，第 238 页。

⑤ 《全面推进农村改革，开创我国农业和农村工作新局面——在安徽考察工作时的讲话》，《人民日报》，1998－10－05 第 1 版。

的江西、湖北代表一起审议《政府工作报告》时指出，农业、农村、农民问题是关系改革开放和现代化建设全局的首要问题。农业兴，百业兴；农民富，国家富；农村稳，天下稳。[①]

江泽民关于“三农”问题的思想主要体现在：首先，全党要始终高度重视农业、农村、农民问题。[②] 他认为农业、农村和农民问题，始终是一个关系我们党和国家全局的根本性问题。他指出，农业不同于工业，既受市场风险制约，又受自然风险制约，是国民经济中社会效益高而自身效益低的产业，无论在商品市场的竞争中，还是在经济资源的竞争中，常常处于比较软弱和不利的地位。

其次，要深化农村改革，以培育市场主体、健全市场体系、加强宏观指导和对农业的保护为主要内容，加快建立适应社会主义市场经济要求的农村经济运行机制和管理体制。深化农村改革的目的是加快发展农业和农村经济开辟更为广阔的道路，创造更好的条件。解决好农业、农村和农民问题，归根到底要靠大力发展农村的社会生产力。各级党委、政府必须把加快农村经济的发展、不断增加农民收入作为农村工作的根本出发点和落脚点。

最后，要大力抓好农村基层组织建设。加强农村基层组织建设，是党在农村工作的一项重要而紧迫的任务，也是农村改革、经济发展和社会进步的重要政治组织保证。各级党委和政府要高度重视，采取有效措施，抓出明显成效。要切实加强和改进党对农村工作的领导。

（3）胡锦涛关于农民、农村、农民问题的有关论述具体而

① 《江泽民与江西、湖北代表恳谈“三农”》，新华网，www. jxhuanet. com/lan_mu/zhuanti/lianghui/wz57. htm。

② 《全面推进农村改革，开创我国农业和农村工作新局面——在安徽考察工作时的讲话》，《人民日报》，1998-10-05 第1版。

丰富

胡锦涛非常重视“三农”问题。2003 年 12 月，在山东、河南专门就解决好农业、农村和农民问题进行考察。考察中他指出，解决好“三农”问题，加快农业和农村发展，是保持国民经济持续快速协调健康发展的必然要求，是实现全面建设小康社会宏伟目标的必然要求，是维护社会稳定和国家长治久安的必然要求。①

2009 年 1 月 23 日，胡锦涛在中共中央政治局第十一次集体学习时强调，必须从全面建设小康社会、发展中国特色社会主义的战略高度，全面贯彻党的十七届三中全会精神，坚持把解决好农业、农村、农民问题作为全党工作重中之重，坚定不移走中国特色农业现代化道路，加快推进社会主义新农村建设，更加扎实地做好农业、农村、农民工作。②

胡锦涛关于“三农”问题的理论观点主要有：

首先，解决好农业农村农民问题是全党工作重中之重，要求各级党委和政府切实把增加农民收入作为农业和农村工作的中心任务，坚持多予、少取、放活的方针，采取综合措施，加大工作力度，有针对性地解决农民增收面临的突出问题。要深入推进新农村建设和扶贫开发，全面改善农村生产生活条件。着力促进农民增收，保持农民收入持续较快增长。要坚持和完善农村基本经营制度，构建集约化、专业化、组织化、社会化相结合的新型农业经营体系。

---

① 《胡锦涛：切实解决好新阶段农业农村农民问题　采取有效措施促进农民收入较快增长》，中国青年报，http：//zqb. cyol. com/content/2003 - 12/18/content_791627. htm，2003 - 12 - 18。

② 《胡锦涛强调：全力保持农业农村经济持续稳定发展》，中国新闻网，https：//www. chinanews. com/gn/news/2009/01 - 24/1541672. shtml，2009 - 01 - 24。

其次，要大力推进农业和农村经济结构战略性调整，积极推进农业产业化经营，增加对农业和农村发展的投入。要继续推进农村税费改革，促进农民收入尤其是种粮农民收入有较快增长。要处理好调整农业结构、增加农民收入和保护粮食综合生产能力的关系，把农业结构调整的重点放到提高农产品的质量和效益、提高农业竞争力上来。要积极引导农村富余劳动力外出务工就业，进一步清理和取消针对农民进城务工就业的各种歧视性规定和不合理收费。

再次，要确保国家粮食安全和重要农产品有效供给。要实行最严格的耕地保护制度，坚决遏制乱占耕地的现象；加大政府投入，加强对粮食主产区的扶持力度；加强农业科技储备和技术推广，促进农业降低成本、提高效益；深化粮食流通体制改革，保护种粮农民的积极性。要改革征地制度，提高农民在土地增值收益中的分配比例。

最后，要推动城乡发展一体化建设，加快完善城乡发展一体化体制机制。促进城乡要素平等交换和公共资源均衡配置，形成以工促农、以城带乡、工农互惠、城乡一体的新型工农、城乡关系。要加大统筹城乡发展力度，促进城乡共同繁荣。加大强农惠农富农政策力度，让广大农民平等参与现代化进程、共同分享现代化成果。加快发展现代农业，增强农业综合生产能力。全面建设小康社会，建设中国特色社会主义新农村，关键是要把农村基层党组织建设好。

（4）习近平总书记关于农民、农村、农民问题的有关论述全面而深刻

习近平总书记一直致力于解决“三农”问题。党的十八大以来，习近平总书记更是聚精会神、全力以赴带领全党全国各族人民打赢脱贫攻坚战，他的有关脱贫攻坚的论述，具有相当的广

度、深度和力度。概括起来，有以下八个方面：

第一，全面建成小康社会，最艰巨最繁重的任务在农村。他要求各级领导干部一定要多到农村去，多到贫困地方去，了解真实情况，要“看真贫、扶真贫、真扶贫”，他指出：“不了解农村，不了解贫困地区，不了解农民尤其是贫困农民，就不会真正了解中国，就不能真正懂得中国，更不可能治理好中国。”① 他强调：“脱贫攻坚已经到了啃硬骨头、攻坚拔寨的冲刺阶段，所面对的都是贫中之贫、困中之困，采用常规思路和办法、按部就班推进难以完成任务，必须以更大的决心、更明确的思路、更精准的举措、超常规的力度，众志成城实现攻坚目标。”②

第二，“三农”工作是重中之重。他要求各级领导干部，特别是贫困地区突出的各级党政主要负责同志，要认真履行领导职责。“贫困地区各级领导干部更要心无旁骛、聚精会神抓好这项工作，团结带领广大人民群众通过顽强奋斗早日改变面貌”③，“责任重于泰山，各级党委和政府一定要不辱使命。要强化扶贫开发工作领导责任制，把中央统筹、省负总责、市（地）县抓落实的管理体制，片为重点、工作到村、扶贫到户的工作机制，党政一把手负总责的扶贫开发工作责任制，真正落到实处。”④

第三，提高脱贫实效重在“精准”。他要求对扶贫对象实行精细化管理，对扶贫资源实行精细化配置，他强调对扶贫对象实行精准化扶持，“要真真实实把情况摸清楚。做好基层工作，关键是要做到情况明。情况搞清楚了，才能把工作做到家、做到位。大家心里要有一本账，要作明白人。要思考我们这个地方穷

---

① 《习近平扶贫论述摘编》，中央文献出版社 2018 年版，第 5 页。
② 《习近平扶贫论述摘编》，中央文献出版社 2018 年版，第 16 页。
③ 《习近平扶贫论述摘编》，中央文献出版社 2018 年版，第 34 页。
④ 《习近平扶贫论述摘编》，中央文献出版社 2018 年版，第 35 页。

在哪？为什么穷？有哪些优势？哪些自力更生可以完成？哪些需要依靠上面帮助和支持才能完成？要搞好规划，不要眉毛胡子一把抓。"[①] "搞准扶贫对象，一定要进村入户，深入调查研究。贵州省威宁县迤那镇在实践中总结出了'四看法'：一看房、二看粮、三看劳动力强不强、四看家中有没有读书郎……'四看法'实际效果好，在实践中管用，是一个创造，可以在实践中完善。"[②] "要把贫困人口、贫困程度、致贫原因等搞清楚，以便因户施策、因人施策。甘肃等地在建档立卡的基础上绘制贫困地图，全面准确掌握贫困人口规模、分布以及居住条件、就业渠道、收入来源、致贫原因等情况，挂图作业，按图销号，做到一户一本台帐、一户一个脱贫计划、一户一套帮扶措施，倒排工期，不落一人。这样的探索符合精准扶贫要求，应该积极提倡。"[③]

第四，坚持加大投入，强化资金支持。他要求各级财政要加大对扶贫开发的支持力度，形成有利于贫困地区和扶贫对象加快发展的扶贫战略和政策体系。他指出："要做好金融扶贫这篇文章。解决这个问题，根本上要靠改革。广西田东县通过建设机构、信用、支付、保险、担保、村级服务组织等六大金融服务体系，有效缓解了贫困户资金缺、贷款难问题，农户贷款率达到百分之九十。要加快农村金融改革创新步伐，提高贫困地区和贫困人口金融服务水平。"[④]

第五，坚持社会动员，凝聚各方力量。他强调要切实强化社会合力，动员和凝聚全社会力量参与扶贫开发，他指出："脱贫

① 《习近平扶贫论述摘编》，中央文献出版社 2018 年版，第 57 页。
② 《习近平扶贫论述摘编》，中央文献出版社 2018 年版，第 59 页。
③ 《习近平扶贫论述摘编》，中央文献出版社 2018 年版，第 63 页。
④ 《习近平扶贫论述摘编》，中央文献出版社 2018 年版，第 91 页。

致富不仅仅是贫困地区的事，也是全社会的事。要更加广泛、更加有效地动员和凝聚各方面力量。要强化东西部扶贫协作。东部地区不仅要帮钱帮物，更要推动产业层面合作，推动东部地区人才、资金、技术向贫困地区流动，实现双方共赢。”①

第六，坚持从严要求，促进真抓实干。他要求建立年度脱贫攻坚报告和督查制度，加强督查问责，把导向立起来，让规矩严起来。“对未完成年度减贫任务的省区市，要对主要负责同志进行约谈。省对市地、市地对县、县对乡镇、乡镇对村都要实行这样的督查问责办法，形成五级书记抓扶贫、全党动员促攻坚的局面。”②

第七，坚持群众主体，激发内生动力。他指出，一个地方必须有产业，有劳动力，内外结合才能发展；要加强老区贫困人口职业技能培训，授之以渔，使他们都能掌握一项就业本领；“要加强扶贫同扶志、扶智相结合，激发贫困群众积极性和主动性，激励和引导他们靠自己对努力改变命运，使脱贫具有可持续的内生动力”。③

第八，携手消除贫困，为人类作出贡献。他指出，改革开放以来，中国使七亿多人摆脱贫困，占全球减贫人口的百分之七十以上，对世界减贫事业作出了重大贡献。“如果到二〇二〇年我们能确保现行标准下的农村贫困人口全部脱贫，那就意味着我国绝对贫困问题得到历史性解决，也意味我国将提前十年实现联合国二〇三〇年可持续发展议程确定的减贫目标，继续走在全球减贫事业前列，这对中国、对世界意义都非常重大。”④

---

① 《习近平扶贫论述摘编》，中央文献出版社 2018 年版，第 100 页。
② 《习近平扶贫论述摘编》，中央文献出版社 2018 年版，第 112 页。
③ 《习近平扶贫论述摘编》，中央文献出版社 2018 年版，第 143 页。
④ 《习近平扶贫论述摘编》，中央文献出版社 2018 年版，第 158 页。

由此说明，习近平总书记关于“三农”问题和脱贫攻坚的论述全面、周到、细致，为打赢脱贫攻坚战作了方向性的指引，成为干部群众思想的引擎，是解决“三农”的理论武器和行动指南。

总而言之，党的历代领导人关于农村、农业、农民问题的思想观点和理论阐述，从不同侧面反映了时代的要求和人民的愿望，对于制定各个时期党在农村的路线方针政策起着重大指导作用，为我们党制定正确的兴农助农措施指明了方向，为当前实施乡村振兴战略奠定了坚实的理论基础。

二、实施乡村振兴战略的实践依据

中国共产党自诞生之日起，就是在马克思主义理论指导下，不断探索，不懈努力，领导中国人民为了自由和幸福而斗争，为摆脱民族屈辱命运、改变国家落后状态、解除人民贫困境遇而英勇奋斗、前赴后继、不屈不挠。革命过程中，党长期坚持以农村为依托，以农民为主体，以农民的解放为目标，以农村包围城市、武装夺取政权为革命道路，终于取得了革命胜利，建立了中华人民共和国。中华人民共和国成立后，我们党依然把建设农村、发展农业、帮助农民放在重要位置。改革开放以后，党的历代领导人一如既往地为改造农村、发展农业、造福农民而谋划。

在中国革命的过程中，农村农业农民问题主要是土地问题，土地是农民的命根子，谁能够帮助农民得到生存所需的土地，谁就能赢得民心、赢得天下。中国共产党就做到了将土地革命、武装斗争、农村根据地建设三者密切结合和有机统一，走农村包围城市、武装夺取政权的道路，终于取得了新民主主义革命的伟大胜利。

在社会主义建设和改革的过程中，农村农业的发展进步，农民生活的改善依然与土地问题紧密相连。中国共产党以为人民谋幸福为己任，始终把改善农民的生活当作头等大事，制定了一系列兴农富农强农的政策措施，赢得了农民的衷心拥护。

中国共产党在中国革命、建设和改革的伟大斗争中所采取的针对农村农业农民问题的方针政策和措施，是实施乡村振兴战略的实践依据。

（一）土地革命时期的土地法令与政策

在大革命的洪流中，湘鄂赣的农民运动在中央农民运动委员会书记毛泽东的领导下高涨起来，拿湖南来说，农民协会会员从四十万人激增到二百万人，农民有了组织，便行动起来，发动了空前的大革命，他们攻击土豪劣绅、不法地主，真正做到了“一切权利归农会”。这个时期主要是发动农民运动，组织农会支持北伐，并未对农村的土地制度有所触动。中国共产党真正对农村实施自己的土地法令与政策，是从土地革命开始的。

以毛泽东为代表的中国共产党将革命重心从城市转移到农村，实施土地革命，制定适合革命需要的土地法令与政策。大革命失败后，农民在中国共产党的领导下，掀起了土地革命的风暴。毛泽东领导了秋收起义，起义遇挫后，部队进入井冈山，开辟了第一个农村革命根据地。中国革命实际上已经是农民的革命，这个时期的军事斗争与土地革命是分不开的。农民最关心的是关系到他们根本利益的土地问题。湘赣边界的土地状况，大体是60%以上在少数地主手里，只有不到40%在农民手里。无地少地的农民为了生存，只得租种地主的土地，他们把全年收获量的一半以上作为地租缴给地主，还要无偿为地主服务各种劳役，并受商人和高利贷者的盘剥。在根据地建设中，主要是发动群众“打土豪，分田地”。没收一切土地分配给无地和少地的农民，土地的分配是以乡为单位，男女老幼一律按人口平分，以原耕地为基础，好坏搭配。地主原有的地契当众烧毁。1928 年 12 月，在总结分田经验的基础上，颁布了《井冈山土地法》，虽然该法还有一些缺陷，但广大贫苦农民因为分得了土地，就从各方面全力支持红军和根据地的发展。[①]

在革命的进程中，中国共产党不断完善土地法令与政策。1929 年 1 月，红四军从井冈山下山，4 月到达江西兴国县，在这里制定和颁布了《兴国土地法》，把“没收一切土地”改为“没收一切公共土地及地主阶级土地”，并分配给贫民。这是一个重大的原则性修改。1929 年 7 月，在福建上杭县召开了中国共产党闽西第一次代表大会，总结了闽西土地革命斗争的经验，通过了《土地问题决议案》。规定没收一切收租的田地山林随即分配予贫农，自耕农的田地不没收，富农田地自食以外的多余部分在贫农群众要求没收时应该没收，田地以乡为单位，“抽多补少”“抽肥补瘦”。约有六十多万人得到了土地，闽西出现了“分田分地真忙”的大好形势。农民积极生产，粮食产量增加，也积极送子弟当红军。

通过调查研究，结合农民诉求和革命要求，形成了一套比较符合农村实际的土地制度。1930 年 2 月，红四军前委在江西吉安召开地方和军队联系会议，决定深入进行土地革命，全面开展分田运动。同年 10 月，毛泽东对兴国农村进行了一个星期的调查，写了《兴国调查》，说明土地斗争带给农民十二个方面的利益，反映了中农的表现情况，他们“与贫农雇农一起有了话事权”。1931 年 2 月，毛泽东按中央决定指示各级政府发一布告，“说明过去分好了的田（实行抽多补少，抽肥补瘦了的），即算分定，

---

① 胡绳主编：《中国共产党的七十年》，中共党史出版社 1991 年版，第 92 页。

得田的人，即由他所管的田，这田由他私有，别人不得侵犯”①，租借买卖，由他自主，除交土地税与政府外，均归农民所有”②。这样又改变了《井冈山土地法》中关于土地使用权属于政府而不属于农民、农民只有使用权没有所有权、禁止土地买卖的规定。终于形成了一套比较完备且符合中国农村实际的土地制度改革方案。

由于受“左”倾路线的影响，土地法令又出现了偏差。1931年，中华工农兵苏维埃第一次代表大会在中央苏区的江西瑞金召开，大会通过了由中共临时中央起草的《中华苏维埃共和国土地法》，该法规定没收地主、富农、反革命及农村公共土地；土地分配原则是“地主不分田，富农分坏田”；以“最有利于贫农、中农利益的方法”按人口或按劳力平均分配；分配给农民的土地允许农民出租、买卖。该法扩大了土地革命的打击面，对根据地的发展其实是有害的。

（二）抗日战争时期和解放战争时期的土地法令与政策

抗日战争开始时，为了共御外敌，一致抗日，中国共产党就停止实行没收地主土地的政策，决定实行减租减息政策。1939年1月中旬至2月初，在延安召开了陕甘宁边区首届参议会，通过了《陕甘宁边区抗战时期施政纲领》，决定在民族战争的条件下，兼顾农民和地主两方面利益，把坚持统一战线和解决农民问题恰当地结合起来。从1939年冬起，各根据地相继开始实行减租减息，减租的办法是“二五减租”，即把原租额减少25%；减息的办法是规定年利率一般为一分（即十分之一），最高不得超过一

---

① 胡绳主编：《中国共产党的七十年》，中共党史出版社1991年版，第98页。

② 胡绳主编：《中国共产党的七十年》，中共党史出版社1991年版，第98页。

分半。此外的杂租、劳役和各种形式的高利贷一律取缔。

1940 年 1 月，毛泽东发表《新民主主义论》，系统地阐述了新民主主义革命的经济纲领：没收操纵国计民生的大银行、大工业、大商业，建立国营经济；没收地主土地，归农民发展合作经济；允许民族资产阶级经济的发展和富农经济的存在。

在抗日战争进入艰难的年代里，中共中央发动大生产运动，总方针是“发展经济，保障供给”，具体方针有：在各项生产事业中，实行以农业为主，农业、畜牧业、工业、手工业、运输业和商业全面发展的方针。大生产运动使农业的产值大大增加，1942 年到 1944 年的 3 年中，陕甘宁边区共开垦荒地二百多万亩，农民所交的公粮也逐年下降，1943 年降至 9% 以下，群众负担只占总收入的 14%。

在解放战争时期，为了配合人民解放军转入战略进攻，解放区普遍开展了土地制度改革运动。1947 年 7 月至 9 月，在刘少奇的主持下，中共中央工作委员会在河北平山县西北坡村召开全国土地会议，制定了《中国土地法大纲》。主要内容是：第一，“废除封建性及半封建性剥削的土地制度，实行耕者有其田的土地制度”；第二，“乡村中一切地主的土地及公地，由乡村农会接收，连同乡村中其他一切土地，按乡村全部人口，不分男女老幼，统一平均分配，在土地数量上抽多补少，在质量上抽肥补瘦，使全乡村人民均获得同等的土地，并归各人所有”；第三，规定了农民大会及其选出的委员会为土改的合法执行机关，规定可以组织人民法庭来保证贯彻土改的政策法令，维护革命秩序。[①]

1947 年 12 月，为了纠正土改中出现的“左”的偏向，毛泽东为中共中央起草了《关于目前党的政策中的几个重要问题》的

---

① 胡绳主编：《中国共产党的七十年》，中共党史出版社 1991 年版，第 240 页。

党内指示，指出必须避免对中农采取任何冒险政策，地主富农的工商业一般应当保护，对待地主富农应有区别，在平分土地的原则下对待大中小地主，对地主中的恶霸与非恶霸也应有所区别。

1948 年 1 月，针对新解放区的广大农村的实际，中共中央指出：新区农村可利用抗日战争时期的经验，先实行减租减息和酌量调剂种子、口粮的社会政策和合理负担的财政政策，使农民得到实惠，让地主富农多负担；待到具备实施土地法的条件，再进行土改。土改时又分为两个阶段：第一阶段，中立富农，专门打击地主；第二阶段，平分土地，包括富农出租的多余土地在内。

在中国革命取得全国胜利的前夕，1949 年 3 月 5 日至 13 日，中共七届二中全会在河北省平山县西柏坡村召开，毛泽东在报告中指出，在全国胜利的局面下，党的工作重心由乡村转移到城市；规定了在全国胜利以后，使中国由农业国转变为工业国，由新民主主义社会转变到社会主义社会的总的任务和主要途径。

（三）中华人民共和国成立后社会主义建设初期的土地法令与政策

为了彻底废除地主阶级封建剥削的土地所有制，中华人民共和国制定了新的土地法令与政策。1950 年 6 月，中央人民政府通过和颁布了由刘少奇主持制定的《中华人民共和国土地改革法》，其总则里规定："废除地主阶级封建剥削的土地所有制，实现农民的土地所有制，借以解放农村的劳动力，发展农业生产，为新中国的工业化开辟道路。"在政策上，对富农，由过去征收富农多余的土地财产改为保存富农经济，即保护富农所有自耕和雇人耕种的土地及其他财产；富农出租的少量土地一般也保留不动；半地主式富农出租大量土地，超过其自耕和雇人耕种的土地数量者，征收其出租的土地。对地主，限制了没收其财产的范围。对小土地出租者，提高了保留其土地的标准。这是为了保护中农、分化地主，减少土改运动的阻力。

实现土改的目的是解放生产力。虽然土改并没有改变小农经济的个体属性，但由于摆脱了封建枷锁，个体农民的积极性大大提高。党认为在发扬农民个体经济积极性的同时，要按照自愿和互利的原则逐步发展个体农民之间的劳动互助。国家还从减轻赋税、发放农贷、疏导供销、推广技术、奖励丰产等方面，特别是从动员群众兴修水利方面，大力促进农业生产的恢复和发展。国家在财政仍很困难的情况下拨出大笔资金用于水利建设。三年间，全国直接参加水利建设的总人数达二千万，完成的土方约十七亿立方米，这是我国有史以来从未有过的大规模水利建设，著名的根治淮河过程、官厅水库过程、荆江分洪工程等都是这时开始动工和加紧进行的。

为了使农业走合作化、集体化道路，党决定对个体农业进行社会主义改造。1953 年 6 月，毛泽东正式提出了党在过渡时期的总路线，即“一化三改”，“一化”即逐步实现社会主义工业化，“三改”即对个体农业、手工业和资本主义工商业的社会主义改造。农业的社会主义改造大体上经过互助组、初级社和高级社三个阶段。互助组是由几户或十几户农民自愿组成，土地耕畜和其他生产资料仍归个人所有，但在生产方面组织起来，互帮互助；初级社以土地入股和统一经营为特点，实行集体劳动，产品分配采取按劳分配和土地入股分红相结合，耕畜和大农具也付给一定报酬；高级社实行生产资料农民集体所有、按劳付酬，取消土地分红。到 1956 年底，基本完成了对农业的社会主义改造任务。

1953 年 10 月，中央作出了关于实行粮食计划收购和计划供应（简称统购统销）的决定，在当时工业化急剧扩大，而小农经济增加生产有限、粮食供应不足，加上私人粮商粮贩借机操纵粮食市场的特殊情况下，只能采取在农村实行征购，在城市实行配给，严格管制私商的特定措施。针对 1954 年购了过头粮引起的紧张，1955 年减少征购总量，又实行了“定产、定购、定销”的办法，改进了粮食统购统销制度。粮食统购统销以后，接着又实行油料的统购和食油的统销，1954 年又实行棉花的统购和棉布的统购统销。

为了更快更好地促进农业发展，党对农业和农村的方针政策不断进行新的有益的探索。1956 年初，党中央提出了《一九五六年到一九六七年全国农业发展纲要》的草案和建设社会主义要又多、又快、又好、又省的方针。同年 4 月，毛泽东作了《论十大关系》的报告，提出了以农业为基础，以工业为主导，以农轻重为序发展国民经济的总方针。

1956 年 9 月，党的八大召开，对农业集体经济内部关系进行了调整，纠正过分强调集体利益和集体经营而忽视社员个人利益、个人自由和家庭副业的偏向，要求合作社在产品的分配方面实行“少扣多分”，在生产经营方面实行“大的集中，小的分散”，在生产资料处理方面实行“主要公有，次要私有”，强调必须勤俭办社和民主办社，增加社员自留地。

1957 年 9 月，中共中央发出关于整顿农业生产合作社、关于做好农业合作社生产管理工作、关于在农业合作社内部贯彻执行互利政策的三个指示。其中提出调整社队规模，一般一村一社，作为基本生产单位的生产队以二十户左右为宜，十年内不予变动；社对队实行“包工、包产、包财务”，超产提成，减产扣分，深远山区也可以包产到组、到户；队对组实行按片按季包工到组，田间零活包工到户；大活集体干，小活分开干，取代“干活一窝蜂”等浪费劳动力的做法。

由于忽视农业生产发展的客观规律，党的农业农村政策开始出现严重失误。1958 年 5 月，在北京召开八大的第二次会议，会议根据毛泽东的倡议，通过了“鼓足干劲、力争上游、多快好省地建设社会主义”的总路线，农业提出“以粮为纲”的口号，高指标带来高估产，生产发展上的高指标和浮夸风，推动着生产关系方面急于向所谓更高级的形式过渡，主观地认为农业合作社的规模越大，公有化程度越高，就越能促进生产。

1958 年 8 月，中央政治局在北戴河举行扩大会议，会议作出《关于在农村建立人民公社问题的决议》。北戴河会议后，全国农村一哄而起，大办人民公社，到 1958 年底，全国七十四万个农业合作社合并为二万六千个人民公社。人民公社实行政社合一、工农商学兵相结合的原则，其特点是“一大二公”，实际上搞的是“一平二调”。“大”是指将原来一二百户的合作社合并成为四五千户以至一二万户的人民公社，一般是一乡一社。“公”是指贫富水平不同的合作社合并后，一切财产上交公社，多者不退，少者不补，统一核算、统一分配，实行部分供给制（包括大办公共食堂，吃饭不要钱，叫作共产主义因素），社员的自留地、家畜、果树都收归社有。“平”是指各个合作社（合并后叫大队或小队）之间、社员与社员之间实行绝对平均化，严重的平均主义。“调”是指在大办公社的过程中，政府和公社经常无偿调用生产队的土地、物质和劳动力，甚至调用社员的房屋、家具。

初期的人民公社带有浓厚平均主义和军事共产主义色彩。公社大力推行组织军事化、行动战斗化、生活集体化，将劳动力按军队编制组成班排连营，采取大兵团作战方法，动辄夜以继日，连续作战。农村原有的小商小贩、集市贸易以至家庭副业都被当作“资本主义尾巴”加以取缔。公社生产自给，社员的衣食住行、生老病死、男婚女嫁所需费用一概由公社提供。

1960 年 10 月，党中央部署整风整社，发出《紧急指示信》，规定十二条政策，重申“三级所有，队为基础”，彻底清理“一平二调”，坚决退赔；加强生产队的基本所有制，允许社员经营自留地和小规模家庭副业；坚持按劳分配原则，恢复农村集市。

1961年3月，由毛泽东起草的《农村人民公社工作条例（草案）》（简称“农业六十条”）取消了供给制和公共食堂，规定农村人民公社以生产队为基础的三级集体所有制，是在一个长时期内，例如，至少三十年内实行的根本制度。

1962年1—2月间，党中央在北京召开了七千人大会，刘少奇主持起草会议报告，报告指出了在人民公社工作中，曾经混淆集体所有制和全民所有制的界限，急于过渡，违反按劳分配原则，犯了刮“共产”风和其他平均主义等错误。七千人大会后，在农业生产方面，进行了家庭联产承包责任制的大胆探索，各种形式的“包产到户”在许多地方自发搞了起来，到1962年7月，全国已有超过20%的农村实行了各种形式的“包产到户”。

1963年5月和9月，毛泽东先后主持制定了《关于目前农村工作中若干问题的决定（草案）》和《关于农村社会主义教育运动中一些具体政策的规定（草案）》，明确提出运动要“以阶级斗争为纲”的方针，这是一个“左”倾方针。此后，家庭联产承包责任制的大胆尝试被迫中止。

“文化大革命”时期，农业生产和其他行业一样受到很大冲击，由于受“以阶级斗争为纲”的“左”倾方针影响，粮食生产逐年下降，农民生活日趋贫困，很多农民连起码的温饱问题都难以解决，在粮食歉收或者青黄不接之时，大都处于饥饿与半饥饿状态。

（四）改革开放以后的农村改革与土地承包

首先，在农村开始进行拨乱反正，实施体制改革。1978年12

月，党的十一届三中全会召开，开启了改革开放新的历史阶段，全党重心转移到经济建设上来。经济体制改革，首先在农村取得突破性进展。为了解决农民生产和生活上的困难，中央允许部分农民试行包产到组、包产到户、包干到户的农业生产责任制。

1979 年 4 月，党中央提出“集中主要精力把农业搞上去，调整好农业和工业的关系”，落实提高粮食统购价格，降低农用工业品的价格，提高国家对农业的投资比重、控制统购指标。同年 9 月，党中央通过了《关于加快农业发展若干问题的决定》，强调“除有法律规定者外，不得用行政命令的方法强制社、队执行，应该允许他们在国家统一计划的指导下因时因地制宜，保障他们在这方面的自主权，发挥他们的主动性”。

其次，将农村家庭联产承包责任制的不断完善作为农村土地基本制度和基本方针政策以及农村改革的目标。1980 年 9 月，中央下发《关于进一步加强和完善农业生产责任制的几个问题》，指出：“在生产队领导下实行的包产到户是依存于社会主义经济，而不会脱离社会主义轨道，没有什么复辟资本主义的危险。”中央进一步肯定包产到户、包干到户是社会主义集体经济的生产责任制，是合作经济中的一个经营层次。在中央的支持和推动下，到 1983 年初，全国农村实行双包到户的生产队达 93%，其中绝大多数实行的是包干到户。

农村家庭联产承包责任制使农民获得了生产和分配的自主权，把农民的责、权、利紧密结合起来，不仅克服了以往分配中的平均主义、“吃大锅饭”等弊端，而且纠正了管理过分集中、经营方式过分单一等缺点。这种责任制是建立在土地公有制基础上的，集体和农户保持着发包和承包关系。集体统一管理、使用大型农机具和水利设施，有一定的公共提留，有的还统一规划农田基本建设，做到了有统有分、统分结合。也有些农村没有实行家庭联产承包责任制，而是对原有集体经济加以必要的改进和改革，走向了“高水平的集体化”。在推行农业生产责任制的过程中，还是存在一些缺点，如对集体财产和农田水利等公共设施注意和保护不够；土地分割过于零碎，不利于使用机器进行生产和灌溉。

1983 年 10 月，中央作出《关于实行政社分开建立乡政府的通知》，规定建立乡（镇）政府作为基层政权，村委会作为群众自治组织。到 1984 年底，全国基本完成了政社分设，建立了 9.1 万个乡（镇）政府，92.6 万个村委会。至此，农村人民公社制度不复存在。

1985 年 1 月，中央颁发《关于进一步活跃农村经济的十项政策》，规定取消农副产品统购派购制度，对粮食、棉花等少数重要产品，实行尊重农民自主权的国家计划合同收购的新政策，合同收购以外的产品可以自由出售；其余多数产品，逐步放开，自由交易。国家不再向农民下达指令性的生产计划。农业税由过去向农民征收实物改为折征现金。这样，就基本改变了实行三十多年的统购派购政策，并使农村经济走向了商品经济的轨道。

到 1987 年，全国有 1.8 亿农户实行了联产承包责任制，占全国农户总数的 98%。同时乡镇企业也因为农村生产责任制的推行而异军突起，1987 年，全国乡镇企业从业人数达到 8805 万人，产值达到 4764 亿元，占农村社会总产值的 50.4%，第一次超过了农业总产值，达到 1980 年时的全国工农业年总产值 7100 亿元的 67%。

为了放活农村、放活农民，中央从 1982 年开始到 1986 年连续下发了 5 个“三农”一号文件，都是惠农的政策措施，这对农业增产、农民增收起到了积极作用。

再次，随着改革的重心向城市的转移，又由于对农业发展过于乐观，很长一段时间，地方政府对农业农村的发展有所放松，造成城乡差距的拉大。这个阶段主要是中国改革的重心由农村转向城市、由农业转向工业，改革的红利也因此偏向城市与工业。到了1995年，农业、农村、农民就开始出现不良状况，一直到2003年，形成了“三农”问题。在这段时间里，农民负担有所加重，农业发展有些缓慢。

最后，重新调整农业政策。在发现放松对农民的关注、减少对农业农村的投入将影响整个国民经济发展的问题后，中央加大了惠农富农强农措施。2002年11月，党的十六大正式提出统筹城乡经济社会发展。2003年10月，党的十六届三中全会将“统筹城乡发展”放在“五个统筹”的首位。2003年中央提出农村税费改革，并出台了新的《土地承包法》，规定了“承包土地30年不变”的政策，土地收益因此明显增大。

2004年中央出台一号文件，以促进农民增收为主题，推出一系列惠农政策，这些政策效应快，并促成后来“以工补农”“以城带乡”措施的实施。在2004年当年就快速地化解了农业经济问题，扭转了连续5年下降的局面，粮食总产量达4.69亿吨，比2003年增产3877万吨，增长了9%，从此便连续增产了十多年，刷新了农业发展的历史记录。

2006年彻底取消了农业税，继续在农村实行粮食最低收购价、种粮直补、农机具购置补贴、农资综合补贴和良种补贴，农村基础设施建设等各项投入不断加大，逐步全部免除农村义务教育学杂费，新型农村合作医疗逐步扩大，等等。

从2004年起，中国工业开始反哺农业，城市开始反哺乡村。2004年到2015年实现了粮食产量“十二连增”，农民收入“十二连快”，中国农业发展处于历史上黄金时期。

（五）习近平人生经历及其对“三农”的实践

习近平的人生经历很丰富，他作为知青下放当了七年农民，已经习惯了与农民交朋友，习惯深入农村工作实际，进行细致认真的调查研究。他对“三农”问题有很深入的了解，这是习近平总书记乡村振兴战略思想的实践基础。

1. 知青岁月使习近平与农民结下了不解之缘

二十世纪六十年代，习近平才十几岁，作为知青，他就从北京下放到陕西省延安市一个叫梁家河的小村庄插队当农民，他和乡亲们住土窑，睡土炕，几个月吃不上一顿肉。[①] 他不畏艰苦，身体力行，跟乡亲们一道辛勤劳作，真切地感受到了农业的落后、农村的贫穷、农民的辛苦。由于他总是积极劳动、带头吃苦，有干劲、有闯劲，群众选他当了村党支部书记。他领着大家寒冬腊月冒着严寒修水渠，第一个跳到寒冷的冰水里，带领村民打井改造旱地，打坝淤地造田，为了让乡亲们用上便宜的电，他去四川学习沼气使用技术，把这一技术带到了梁家河。七年间，习近平和梁家河的社员群众一起劳作，开荒、种地、铡草、放羊、拉煤、打坝、挑粪。他的七年知青岁月使他与农民结下了深厚友谊，激发了他强烈的恤民情怀。

2. 不同岗位的历练使习近平积累了很多提高农民收入、改变农村面貌、加快农业发展的成功经验

在河北正定县当县委书记时，习近平便主动请命向上级反映老百姓吃不饱饭的直接原因，让上级减少了正定县粮食征购任务；为了发展当地农业，他亲自带队去美国考察农业。1988 年—

① 《习近平谈治国理政》（第二卷），外文出版社 2017 年版，第 27 页。

1990年，他担任福建宁德地委书记时深入农村，深入群众调研工作，听取群众意见，并写下了大量的调查随感和工作笔记。习近平在认为林业是闽东经济发展的巨大潜力以后，重点抓了“五大基地”——用材林基地、油料林基地、名特优商品林基地、毛竹基地和茶叶基地，以及“两条线”即沿海防护林体系和以福温公路线为主的公路沿线的造林绿化。为了帮助畲族群众脱贫致富，习近平引导他们建立“种、养、加”的经济模式，比如办好庭院式经济，按户创建小果园、小茶园、小山村、小池塘。大力发展畲族民族文化，如畲歌、畲族服饰，帮助他们修建畲族博物馆，办好畲族研究会和畲族歌舞团，建立完善民族文化站、文化中心、山村俱乐部、文化活动室、图书阅览室，等等。习近平对产业发展非常重视，他制定政策和措施优先巩固和发展食品工业，择优发展轻纺工业，促使小型机电形成规模。促进了古田的食用菌，霞浦的按摩器、“三菜”加工，福安的电机、铁合金，柘荣的制药的发展，促使其上批量、上规模、上效益。他还重视乡镇企业的发展，加强对乡镇企业的指导、协调和扶持，形成了有特色有影响有市场的企业品牌，如霞浦的香辣榨菜、“松鹤牌”味精，福鼎的槟榔芋粉、电子元件，寿宁县的薏米乳精，周宁县的活性炭产品等。

在浙江，习近平对“三农”问题进行了深入思考，为浙江的乡村发展探索很多新路子。2003年6月，习近平在经过深入调研的基础上，在浙江省启动“千村示范，万村整治”工程，这在全国都是首创。[①]

成为党的总书记之后，习近平从国家战略高度有了完全解决

---

① 《浙江推进“千村示范、万村整治”工程纪实》，人民网，http://cpc.people.com.cn/n1/2018/0425/c419242-29948179.html，2018-04-23。

“三农”问题、实施乡村振兴战略的全方位筹谋和政策安排。作为总书记的习近平日理万机，改革发展稳定、内政外交国防、治党治国治军，都需要他精心谋划，科学决策，但他始终不忘农村的变化、农业的发展，始终牵挂着农民朋友的生活状况，所以他制定了精准扶贫、精准脱贫政策和实施乡村振兴战略，这也成为他施政纲领里的重中之重。他说：“扶贫始终是我工作的一个重要内容，我花的精力最多。”2012 年 12 月，习近平来到河北阜平县骆驼湾村、顾家台村看望慰问困难群众、考察扶贫工作。2013 年春节前夕，习近平到甘肃定西渭源县元古堆村临夏回族自治州东乡族自治县布楞沟村考察，在贫困户家中用瓢盛出水缸里的水品尝，询问粮食够不够吃以及低保、看病、孩子上学等问题，2013 年 11 月，他来到湖南省湘西土家族苗族自治州的贫困县花垣县的贫困村十八洞村实地调研，看望慰问贫苦的苗族老大娘、老大爷，并与贫困村民座谈，首次提出“实事求是、因地制宜、分类指导、精准扶贫”。2014 年习近平来到内蒙古伊尔斯镇看望 74 岁的困难林业职工。2015 年习近平来到云南昭通鲁甸县看望受灾困难群众，到了贵州遵义花茂村考察。2016 年，习近平赴贵州和江西考察，在江西井冈山市茅坪乡神山村贫困户家询问家庭收入，家里种什么、养什么，吃穿住行有什么困难。2017 年，习近平去了山西吕梁兴县调研深度贫困村脱贫攻坚大计。① 由此可以看出习近平对农民朋友浓浓的情怀。

① 《习近平深入吕梁山区调研深度贫困地区脱贫攻坚大计》，中国新闻网，https：//www. chinanews. com/gn/2017/06 -23/8259176. shtml，2017 -06 -23。

第四章　实施乡村振兴战略中的产业兴乡

产业兴乡是实施乡村振兴战略的首要任务和关键所在。没有兴旺的产业，乡村就没有办法“造血”，不能“造血”，乡村的一切发展都只能是空谈，完全依靠上级部门的“输血”，那终究不是长久之计。因此，各地一定要把产业的发展作为乡村振兴的头等大事来抓，想尽一切办法，也要建立适合当地特点的具有一定成效的产业，这是乡村致富的根本，要像当年推行联产承包责任制一样大力推行产业振兴。当然，产业兴乡不是简单易行的事情，需要各个乡村的村党组织和全体村民精心筹划、齐心协力，既尊重客观规律，又充分发挥主观能动性；既激发内生动力，又创造外部条件。只要乡村有了产业发展的内生动力，加上外部政策的支持和上级部门的帮助，产业兴乡就一定能够实现。

一、目前产业兴乡的状况

通过中央一系列的农业产业扶持政策，加上多年的扶贫开发，各地在农业产业的发展上都有长足的进步，取得了很多成就。当然，各地因不同的自然条件、环境因素以及劳动力因素等差异，发展也是参差不齐。东部地区农村的产业发展相对良好，中部地区农村发展相对较好，西部地区农村的产业发展相对落后一些。湖南位于中部地区，其农业产业的发展总体上处于较好水平。

（一）就全国来看，产业兴乡还处于初级阶段

一是全国农业产业增加值呈现上涨势头，全国休闲农业产业和乡村旅游业发展态势良好。据《中国统计年鉴》（以下简称《年鉴》）和《中华人民共和国2019年国民经济和社会发展统计公报》（以下简称《公报》）的数据显示，2019年第一产业增加值70467亿元，增长3.1%，第一产业增加值占国内生产总值比重为7.1%；截至2017年，全国国内旅游收入是45660多亿元，其中住宿和餐饮业收入是9276亿元，而全国休闲农业产业和乡村旅游业经营收入达到了6200亿元之多。在2017年召开的第一届全国休闲农业产业和乡村旅游业大会上，农业农村部推介美丽休闲乡村有150个，精品景点2160个。①

二是龙头农业企业稳中有升。截至2017年，国家重点龙头农业企业总共1131家，主要分布在东部沿海地区和传统农业大省的四川省、河南省。从龙头农业企业的营业收入来看，2017年，高于45亿元营业收入的龙头企业有103家，15亿元至45亿元营业收入的龙头企业有150家，2亿元至15亿元营业收入的龙头企业有444家，8000万至2亿元营业收入的龙头企业有101家，低于8000万元营业收入的龙头企业有35家。

三是食品制造业和食品加工业成为涉农上市公司的主要类型。截至2017年，我国涉农上市公司121家，占总上市公司比重约4%，涉农制造业69家，农业52家。其中，食品制造业和食品加工业各占31%。规模以上农产品加工增加值比上年增长6.5%。2019年农副食品加工业增加值比上年增长1.9%。

---

①《中华人民共和国2019年国民经济和社会发展统计公报》，中国政府网，http：//www. stats. gov. cn/tjsj/zxfb/202002/t20200228_ 1728913. html，2020－02－28。

四是全国农村网络零售业发展迅猛。截至2017年底，全国农村网络零售额达到12449亿元，全国农村网店达到985.6万家，带动就业人数超过2800万人。2017年淘宝村数量达到2118个。

五是种植业方面，据《年鉴》和《公报》统计，粮食总产量连续五年稳定在12000亿斤以上，2019年全年粮食产量66384万吨，比上年增加594万吨，增产0.9%。全年棉花产量589万吨，比上年减产3.5%。油料产量3495万吨，增产1.8%。养殖业方面，除了猪肉产量4255万吨，下降21.3%外，牛肉产量667万吨，增长3.6%；羊肉产量488万吨，增长2.6%；禽肉产量2239万吨，增长12.3%。禽蛋产量3309万吨，增长5.8%。牛奶产量3201万吨，增长4.1%。初步形成了东北和长江流域水稻加工、黄淮海优质专用小麦加工、东北玉米和大豆加工、长江流域优质油菜籽加工等产业聚集区。初步构建起国家农产品加工技术研发体系框架，突破了一批共性关键技术。

六是农业机械有所增加，大中型拖拉机产量为27.8万台，比上年增加5.9%。

七是全国农民工总量29077万人，比上年增长0.8%。其中，外出农民工17425万人，增长0.9%；本地农民工11652万人，增长0.7%。

八是农产品价格上涨14.5%。农、林、牧、渔业固定资产投资增长0.7%。

九是2019年谷物及谷物粉进口1785万吨，比上年减少12.8%。但大豆进口8851万吨，比上年增加0.5%；食用植物油进口953万吨，比上年增加51.5%。

（二）以湖南省为例，湖南产业兴乡也还是处于初级阶段

一是农业产业增加值继续增大。据2020年3月17日，湖南

省统计局、国家统计局湖南调查总队公布的《湖南省 2019 年国民经济和社会发展统计公报》（以下简称《统计公报》）初步核算，2019 年全年地区生产总值 39752. 1 亿元，比上年增长 7. 6%。其中，第一产业增加值 3646. 9 亿元，增长 3. 2%；第二产业增加值 14947. 0 亿元，增长 7. 8%；第三产业增加值 21158. 2 亿元，增长 8. 1%。按常住人口计算，人均地区生产总值 57540 元，增长 7. 1%。第一二三产业对经济增长的贡献率分别为 3. 6%、44. 4% 和 52. 0%。全省三大产业结构比例为 9. 2∶37. 6∶53. 2。在农业产业内部看，农林渔业比上年有所增加，牧业有所下降。据统计，全年农林牧渔业增加值 3850. 2 亿元，比上年增长 3. 5%。其中，农业增加值 2124. 0 亿元，增长 3. 6%；林业增加值 319. 2 亿元，增长 9. 4%；牧业增加值 916. 3 亿元，下降 2. 2%；渔业增加值 287. 5 亿元，增长 7. 1%。①

二是农业结构调整和优化取得成效。从种植业看，主要作物粮食和棉花种植面积和产量都有一定程度的减少，而油料、蔬菜、糖料、茶叶的种植面积和产量都有所增加。据《统计公报》统计，2019 年粮食种植面积 461. 64 万公顷，比上年减少 13. 15 万公顷；全年粮食产量 2974. 8 万吨，比上年减产 1. 6%。全年棉花种植面积 6. 3 万公顷，比上年减少 0. 09 万公顷；棉花产量 8. 2 万吨，比上年减产 4. 5%。油料种植面积 136. 55 万公顷，增加 2. 08 万公顷；油料 239. 2 万吨，增产 2. 0%。此外，蔬菜种植面积 131. 32 万公顷，增加 4. 83 万公顷；蔬菜 3969. 4 万吨，增产 3. 9%。糖料种植面积 0. 74 万公顷，增加 0. 003 万公顷；烤烟

---

① 《湖南省 2019 年国民经济和社会发展统计公报》，红网，https://baijiahao.baidu.com/s?id=1661467004497068454&wfr=spider&for=pc，2020-03-18。

18.4万吨，减产2.5%；茶叶23.4万吨，增产8.7%。

从养殖业看，除了猪肉产量比上年有所下降，牛、羊、禽肉、禽蛋、牛奶和水产品产量都比上年有所增长。据统计，全年猪、牛、羊、禽肉类总产量456.8万吨，比上年下降15.3%。其中，猪肉产量348.5万吨，下降22.0%；牛肉产量19.0万吨，增长6.1%；羊肉产量15.9万吨，增长6.7%；禽肉产量73.4万吨，增长22.9%。生猪出栏4812.9万头，下降19.7%；牛出栏162.5万头，增长6.4%；羊出栏971.5万只，增长6.6%。年末生猪存栏2698.3万头，比上年末下降29.4%；能繁母猪存栏248.0万头，下降34.5%；牛存栏410.4万头，增长6.5%；羊存栏712.2万只，增长6.6%。禽蛋产量114.7万吨，增长8.8%；牛奶产量6.3万吨，增长1.6%；水产品产量254.4万吨，增长3.0%。

三农产品加工企业数量、规模和产值都在不断上升。2018年，全省农产品加工企业数量达4.98万家，其中省级以上龙头企业755家，比2016年增长16.3%；农产品加工业完成销售收入1.65万亿元，比2016年增长22.2%；农产品加工业产值与农业总产值比达到2.4:1，比2016年提高0.2个百分点；休闲农业经营收入达到441亿元，比2016年增长37.8%。

二、湖南乡村产业发展面临的困境

湖南农业产业发展虽然处在不断上升的趋势中，但其发展中出现的短板是显而易见的，大而不强，多而不优，创新性不够，动力不足。产业的发展到了一个瓶颈期，需要有新的发展引擎来带动，当前产业壮大和兴旺遇到不少困难，面临着诸多困境。

（一）产业结构单一，没有优势与特色

湖南省农村地区有一定农业产业的地方，多数呈现结构单一的特点。

从种植业看，产业主要以种植粮食作物水稻为主，加工业也以加工水稻为多。湖南阳光相对充足，雨水比较充沛，土地水网相对发达，多水田，土壤墒性好，适合种植水稻，素有“湖广熟、天下足”之美誉，是有名的“鱼米之乡”。所以产业突出表现为水稻种植为主以及围绕着水稻的加工业。水稻既可以种植双季稻，还可种植三季稻，目前很多农村地区因为青壮年劳动力外出打工，只剩下留守老人、妇女和儿童在家，他们绝大多数只种植一季稻，够吃就行，不再从事其他产业，安于现状。少数种田能手转包他人的稻田，具有一定土地规模，利用机械作业，成为种粮产业大户。种植其他粮食作物和经济作物的很少，从我们调查的三十四个行政村的情况看，种植玉米的为9%，种植小麦和大豆的均为1%，种植烟叶的为3%，种植水果的为2%。种植农产品加工业大都以水稻加工为主，有50%的行政村几乎没有任何加工业。湖南著名水稻加工品牌有常德的金建米业，衡阳的角山米业、金雁米业等。

从养殖业看，少数家庭还养一些鸡鸭，以前家家户户养生猪的情况早已改变，主要是专业户养猪。调查显示，有48%的行政村有养猪专业户，有21%的行政村有养鸡专业户，有17%的行政村有养鱼专业户，其他特色养殖就少很多。养殖农产品加工业更加少，具有肉食品加工专业户的行政村仅占5%，更没有肉制品品牌。湖南著名肉制品加工品牌有临武县的舜华鸭等。

（二）乡村产业发展存在不平衡性

各地在鼓励和支持农村产业发展的过程中都不同程度地出现抓重点避普遍，抓容易避难点，抓样板避一般，这就不可避免地出现了产业发展的不平衡性。可是实施乡村振兴战略，不是几个特别地方的振兴，几个重点地方的繁荣就可以了，而是整个农业和所有农村的振兴，是整个农业的现代化，是工业化、城镇化、信息化、农业现代化“四化同步”的现代化。在乡村振兴的道路上，同样要求每一个民族都不能少，每一个地区都不能少，每一个农民家庭都不能少。

一是重点扶持的特色村、示范村发展前景不错，而被忽视的一般村发展动力不足。通过我们的调查发现，凡是被各地政府列为重点扶持的村，发展都不错。这些重点扶持的村有的原来是特困村，没有任何支柱产业，有的没有任何特色，但就因为地方政府重视，资金、技术、人才都集聚起来了，产业得到扶持，资金得到利用，特色得到挖掘，很快就变成了示范村、特色村。如湘西自治州花垣县的十八洞村、怀化市溆浦县的山背村、麻阳苗族自治县的楠木桥村、邵阳市隆回县的崇木凼村、衡阳市衡南县的工联村等，但这些示范村毕竟是少数，体现不了真正的乡村振兴面貌。

二是城边村、镇边村发展态势良好，偏远村发展停滞不前。凡是大中小城市周边的村都可以作为城市的后花园，发展都市农业。如为城市进行规模生产蔬菜、瓜果，养殖和加工肉类禽类鱼类产品。因为城市的管网可以延伸到城边村中，在养殖方面，牲畜和禽类的粪污处理可以纳入城市的“三废”处理工程建设，城市便利的自来水可以提供给周边农村地区，而且因为距离城市近，交通运输费用低，保鲜不成问题。城边村还可以兴办休闲产业和观光产业，如种植鲜花供人欣赏，开办钓鱼场所、农家乐等。如衡阳市蒸湘区雨母山镇幸福村发展花木、农家乐、旅游产业，村里收入良好，类似的村庄很多。但更多的偏远乡村就难以模仿城边村、镇边村的模式进行类似的产业发展，很多偏远村的产业发展处在观望状态中。

三是交通便利的集中连片村发展状况良好，分散孤立的小村庄发展状况不佳。近些年，在打赢脱贫攻坚战中，一些虽然交通不便但集中连片的落后村，也得到了政策的惠顾，交通、水利等基础设施建设取得较好成绩，由此也带动了相应产业的发展。但分散孤立的小村庄由于投资成本加大，部分基础设施建设一时难以改观，由此导致产业发展也大受影响。

（三）乡村产业发展存在不充分性

一是具有特色潜力却没有挖掘，具有优势潜力却没有壮大。例如，湘南地区的油茶就没有得到很好的挖掘。湘南地区多红壤，属于亚热带季风气候，很适合油茶生长，多年来都没有得到很好的开发利用。衡山、雪峰山、武陵山脉的高山气候很适合茶叶、药材、水果生长，似乎也没有得到很好的利用。

二是没有自然特色的农村地区无资源挖掘，没有创造条件开发。其实并不是没有任何资源挖掘，而是懒得去创造挖掘，有的地方看起来是荒山秃岭、寸草不生，但绿化起来就是财富；有的地方岩石裸露、杂草丛生，但开发起来就是风景，正所谓“绿水青山就是金山银山”。

三是很多农村的承包地抛荒，没有很好地利用起来。这些荒芜的土地有的原来很肥沃，现在却无人耕作。如果创新体制机制，有好的产业致富带头人，能够让这些抛荒土地变成产业基地，也不是不可能。从我们调查的三十四个行政村的情况看，土地荒芜率在10%以下的占比达40%，土地荒芜率在10%—20%的占比达21%，土地荒芜率在20%—30%的占比达26%，土地荒芜率在40%以上的占比达13%。没有种粮大户行政村的占比为11%，没有养殖大户的行政村占比达17%，没有农产品加工业的行政村占比达44%，没有休闲产业和旅游产业的行政村占比达52%。

（四）乡村产业发展缺乏规模性

一是没有充分运用现代化、信息化、集约化、市场化的力量；二是没有将特色产业与特色加工业结合起来，没有注重科技和机械装备的力量。湖南省的农业龙头企业数量少、规模小，产业加工能力和水平低，效益不高，知名度也不高。具有一定影响的有：岳阳市的正虹饲料集团、株洲市唐人神肉制品集团、常德市金健米业、长沙市农作物种子的亚华种业、湖南杂交水稻隆平高科集团、湖南制药正清集团、湖南米业盛湘集团、衡阳市金雁米业集团、祁东县黄花菜集团、衡山县店门镇的草席、郴州临武的舜华鸭，等等。这些龙头企业虽然在湖南影响大，但在全国而言，影响就小了。怎样将农产品变成高附加值、高科技下的特色产品，还是一大难题。

（五）乡村产业发展缺乏完善的体制机制

一是缺乏政策支撑体制机制。农村产业兴旺主要还是靠政府的良好激励政策和帮扶政策。由于现在农村很多行政村里基本上没有多少集体经济，创办产业有很多难处。首先，创办什么产业，挖掘什么潜在资源特色，怎么选好产业发展方向，怎么坚定信心和决心，这是第一个难题；其次，创办产业需要大量的资金，缺乏资金、技术、人才、销路，等等，这产业怎么做下去，这又是一个难题；最后，如果创办产业出现严重亏损情况，谁来买单，谁来赔付，这是更大的难题。基于此，就使得很多想发展产业的人望而却步。现在政府能不能做到对每一个农村行政村都像对待扶贫村一样，拨付产业兴农专项启动金进行“造血”，保障“一村一品”或者“几村一品”的实现，还要做到农产品合作社能否建立起来，能否保证产品有销路，保证不亏损，这是一个疑问。由于农村地区太广大，要做到大撒“胡椒粉”，或者“大水漫灌”，需要庞大的资金，显然这还有难度。

二是缺乏社会资本支撑体制机制。解决政府大笔投资产业兴农的问题可以撬动社会资本流向农业。但问题是，那些社会资本会那么轻而易举就流向农业、帮助农村发展产业吗？资本具有逐利性，没有较大利润空间的投资，是很难吸引拥有很多资本的人进行投资的。农业是一个投资风险大、投资回报低、投资回报周期长的产业，使用什么样的思想宣传和道德教育激发各种社会闲散资本支农兴农，是一个问题。所以要撬动社会资本流向农业还有很大难度。

三是缺乏金融支撑体制机制。市场经济条件下，银行金融机构也是自主经营、自负盈亏、自我约束、自我发展的法人实体，放贷也有逐利性和避险性。不具备担保条件，这些金融机构不会轻易贷款给农民兴办产业。因为万一农民办产业出现亏损或者失败，金融机构也会面临连带经济损失；相反，它把资金贷给工业产业或者第三产业，往往相对比较安全放心。所以要使银行金融机构敢冒风险支撑农村产业发展还有很大难度。

四是缺乏科技支撑体制机制。农村产业发展如果得到强有力的科技支撑是再好不过的事了，不过问题是，农村地广面大，需要科技支撑的地方实在是太多，估计科技也照顾不过来，正所谓“僧多粥少”。一方面，农业科技人才难觅，每年全国就那么一点农校大学生毕业，而且他们毕业了不一定愿意再回到农村去发挥自己的专业特长；而现有的农科院所的农业专业技术人才紧缺，一个人负责一个村的农业产业指导都会把人累坏，更何况可能要指导好几个村的产业孵化和创新发展。另一方面，农民自己寻找科技发展产业，有可能不知道怎样找到自己需要的科技人员、科技设备与科技指导，漫无边际地寻找势必徒劳无功、缘木求鱼。所以说，将科技与农业产业对接起来还有很大难度。

五是缺乏产业发展带头人支撑体制机制。产业兴农还缺乏产业发展带头人，很多村镇很难寻找合适的产业发展带头人。有些乡村地区发展产业并不难。例如湘南地区很多山冲的田园荒芜，土地无人耕种，山地无人经管，却没人想法子解决问题，其实可以针对“空心村”现象，把这些荒芜的土地、无人经管的山地收回村集体，田地可以流转，山地可以请人种植果树、林木，三五年或者七八年以后，将会是一笔很大的收入。但为什么没有人去做呢？第一个原因是乡镇与村支两委缺乏发展产业规划与擘画，他们担心出错，不愿意确定产业发展带头人，万一规划出来的产业农民不愿意，或者到时候产业亏损农民找麻烦，干脆多一事不如少一事。第二个原因是村里年富力强、有些知识的人都往城里发展了，乡村留守人员往往都是些老弱病残，无力承担产业发展带头人的重任。第三个原因是少数村干部与党员发展产业有顾虑，也是担心亏损，怕到时候吃力不讨好。所以，找到合适的产业发展带头人也有难度。

三、走出湖南产业兴乡困境的途径

解决产业兴乡困境的途径有很多，只要各级政府和领导干部真正把农业农村农民问题放在一切工作的重中之重，能够始终心里装着农民、脑里热爱农村，急农民之所急，想农民之所想，就有办法解决。

（一）产业发展的擘画需要进一步科学化，做好统筹规划

湘北洞庭湖区域和湘江、资江、沅江、澧水流域以及各支流的平原地带要确保种植水稻，可以设置水稻种植带。配合国家粮食战略，为保障国家粮食安全服务，“中国人的饭碗任何时候都要牢牢端在自己手上”。但作为以种植水稻为优势的产业，要注重规模化、机械化、科技化种植，还要与水稻加工结合起来。为优化产业结构，可以间种优质棉花、油菜等。适当发展水产养殖业，兼顾发展特种水产、水禽养殖以及水产品的加工。

湘中地区既有平坦地区又有雪峰山，可以设置茶叶、果木带。高山地区可以营造生态林、种植特色水果、药材，平坦地区可以种植时蔬瓜果、花卉苗木，发展畜禽产品以及瓜果加工、药材加工。

湘南地区以丘陵为主，土壤多为红壤、黄壤，适合油茶、楠竹生长，可以设置油茶楠竹带。山丘可以大量种植油茶苗，平坦地也可以种植烟叶。五岭山区可以营造风景林，种植特色水果、药材。

湘西武陵山脉多高山地区，气候湿润，可以设置适合种植的生态风景林，种植果木、茶叶、药材等，缺水的地方可以种植烟叶，可以设置特色果木带、茶叶烟叶带。平坦一些、土质松软的地方可以种植反季节蔬菜、瓜果等。可以养殖草食畜禽类产品等。

湘东可以重点种植蔬菜、时鲜瓜果、花卉苗木，养殖畜禽产品等。

省会城市周边一小时车程范围内、市县级城市半小时车程范围内的农村地区可以发展都市农业，以为城市“菜篮子”工程服

务的产业为特色，重点发展蔬菜、时鲜瓜果。

大抵形成长株潭集约型现代农业发展区域，洞庭湖适水农业发展区域，衡阳、永州、郴州、邵阳、娄底等专业型优势产业发展区域和怀化、湘西、张家界资源型特色农业发展区域。

还要大力推进农业专业化、标准化生产，规模化、集约化经营，加大农产品规模生产基地建设，大力发展农产品机械化加工业，形成粮食（饲料）、畜禽、油料、果蔬、棉麻、茶叶、淡水产品、竹木加工八大主导产业。

（二）多方考察选好产业，因地制宜扶持产业，精心培育壮大产业

首先，多方考察选好产业。有的产业有社会效益，如营造生态林、风景林等；有的产业有经济效益，如种植蔬菜、瓜果、油菜、烟叶，养殖鸡鸭鱼、猪牛羊等；有的产业兼具社会效益和经济效益，如种植药材、油茶，发展休闲产业、旅游产业等。各地在实施“一村一品”过程中，一定要派村干部或者村民代表到一些特色村、示范村进行深入考察，乡镇也可以请教有关植物学、畜牧水产学、气候学、土壤学专家会诊把脉，确定产业发展方向和实施途径。

其次，因地制宜扶持产业。各地都可以大体做到以下几个方面：争取每个行政村都实行“四子”：“绿化生态林子，种植花果园子，繁荣集体院子，发展加工厂子”。各地都要发展有社会效益的产业，要有无偿发展林业事业的奉献精神，大力植树造林，在此基础上发展有经济效益的产业，培植各种风景林木树苗、果苗、药材等。最后再发展短平快具有明显经济效益的产业。

再次，精心培育壮大产业。要实现“三个统一”：粮食生产和特色生产的统一，种养业与加工业的统一，集体经营与分散经

营的统一。在适合种粮的地方，以粮食生产为优势主导产业；在不适合种粮的地方，以一两项种植业为特色产业。养殖业围绕种植业选择发展方向，以种促养。加工业又围绕种养业选择合适的发展方向，以种促加，以养促加，争取由粗加工向深加工发展，尽力增加科技含量，增加农产品附加值。该规模化、集约化生产的就集体经营，该个体化、自由化生产的就分散经营。

最后，还得解决“三大矛盾”。“三大矛盾”主要是土地的适度规模集中与家庭土地承包分散的矛盾，产业用工的适当集中与青壮年劳动力缺乏的矛盾，产业发展资金的需求与现实资金紧缺的矛盾。这就需要充分掌握好政策、运用好政策，发挥各方面的积极作用。

（三）发动群众集思广益，充分挖掘当地资源特色

首先，它山之石可以攻玉，要善于吸取别人的成功经验。有些农村具有自然风景特征，通过挖掘和政府扶持，发展了产业，实现了乡村的美丽蝶变。例如花垣县双龙镇十八洞村，2013 年时人均纯收入只有 1668 元，改革开放三十多年了依然贫困，直到习近平总书记到访以后提出“精准扶贫”要求，这里的发展如日中天。改善了交通，开发了旅游，搞起了猕猴桃种植基地，办起了“公司 + 农户 + 基地”的苗汉子合作社，到了 2019 年，实现了人均年收入 14688 元，村集体经济突破 100 万元。只用了短短 6 年时间，就发生了翻天覆地的变化，人还是那些人，地还是那些地，为什么以前没有想到开发旅游、办种植基地、搞合作社呢？这令人深思，发人深省。类似的特色村和示范村还有溆浦县葛竹坪镇山背村，该村原来也是一个贫困村，还是一个雷击村，在省市县各级政府的支持下，2001 年实施了防雷工程，随后他们修建了宽畅的盘山公路，修筑了梯田，种植高山稻田，造就了一

片田园风光，发展了旅游观光产业；他们还种植了适合当地气候的金银花，办起了金银花产供销合作社，全村 1900 人脱贫致富。隆回县虎形山瑶族乡崇木凼村利用花瑶特色风俗、对山歌、抹泥巴婚俗，开发休闲产业，利用村内古木参天的白栎林、梯田、古寨等发展风景旅游业，利用传统的挑花工艺和艳丽的服饰文化建设最美少数民族特色村寨。这些村寨都利用了传统的少数民族文化和独特的民族风俗，依托奇异的自然风景，发展乡村旅游产业，实现了乡村的美丽蝶变，成了湖南省的特色示范村。

其次，没有自然资源与自然风景挖掘，也可通过挖掘生产潜力，发展产业，实现乡村产业的振兴。例如耒阳市马水镇燕中村土壤适合种植烤烟，他们就建起了烤烟种植基地，使贫困户脱贫。耒阳市三都镇洪塘村土壤适合种植油茶，他们就建起了油茶种植基地。衡东县荣桓镇杉木村开发 2400 亩油茶林，建立油茶基地。衡南县谭子山镇工联村种植烟叶与柑橘，发展生猪养殖、大胆引入奶牛养殖，规模扩大到 150 头，又创办汽车运输公司、鲜牛奶加工公司，实现产供销一条龙，农工贸一体化。所以一定要在没有自然资源和自然风景需要挖掘的前提下，创造条件，深入挖掘生产潜力，发展产业。

最后，通过抱团取暖的方式，获取发展产业所需要的资金、技术和人才等要素。例如麻阳苗族自治县兰里镇横喇村采取抱团发展模式，2016 年，29 户贫困农户将贷款资金 145 万元归集到一起，成立横喇黄桃种植专业合作社，按户自主经营，发展种植黄桃 300 亩，由合作社负责统一流转土地、提供技术指导，加强管理服务，由龙头企业负责产品保底价收购。到 2018 年时，实现了户均增收 4 万元。麻阳苗族自治县谭家寨乡组织该乡 9 个村（其中贫困村 4 个，非贫困村 5 个）的 2000 多名村民，形成连村联创模式：由楠木桥村大学生村官产业园牵头，组建宝库岭农业发展有限公司，整合资金 2248 万元在楠木桥村建立 2000 亩联合创建产业扶贫基地，种植富硒刺葡萄、猕猴桃等特色农产品，实现年人均增收 7000 元以上。

（四）推动农村形成土地集约化、经营规模化、生产机械化、加工科技化、农民职业化的产业发展进程

一是土地集约化。土地集约化是实现经营规模化、生产机械化的前提条件。如果还是一小块一小块归属不同的承包户经营，将不利于规模化、机械化生产经营。这就要求实行土地的再承包，即土地流转，实行土地的所有权、承包权、经营权的“三权分置”，这就是要求土地流转，实现土地的“三权分置”的意义所在。当然、土地是农民的命根子，要从实际出发，尊重承包户的意愿，因为党的十九大提出“第二轮土地承包到期后再延长三十年”，所以土地流转不能侵犯农民的土地承包权。但这并不意味着承包户可以将其土地不经营而抛荒。土地流转必须既尊重农户的意愿，还要保证土地流转后的受益权，是按股分红，还是支付流转费，都必须依照合同进行；是流转给村集体，还是流转给合作社，还是流转给产业大户，都要从本村产业发展的大局、全局出发，要达到双赢的效果。在一些地方，土地适度流转的条件已经成熟，城镇化过程中，有些村已经成了“空心村”“空壳村”，这些村子的土地往往处于或耕或荒以至无人耕作的状态，及时将其土地流转，可以发挥土地出产效益。

二是经营规模化。村集体、村合作社或者产业大户得到流转过来的大片土地，就可以实施规模经营，这就要求经营何种产业要科学化，是依然经营种植业，生产水稻、小麦等粮食作物，还是经营蔬菜、瓜果等经济作物，抑或是改变土地的使用性质，改为在土地上实施规模养殖，这些都要反复论证、反复研判，集体协商、集思广益；经营产业还要可持续化，不能有短期行为，要保证土地的土壤肥力、墒情不被破坏，特别是耕地，其耕作性质不受影响，要从长计议，经营大户不能任性而为。

三是生产机械化。村集体、村合作社或者产业大户在实行规模经营的过程中，要根据当地实际和客观条件，充分使用机械化作业。如果是种植业大户，要先行进行农田机耕道路的整治，进行水利灌溉和排水设施的建设，充分使用节水技术，在翻耕、育种、播种、插秧、除草、杀虫、收割等全过程中都尽可能使用现代机器设备；土地面积广大的区域可以使用大型的机器耕作，土地面积狭小的区域可以使用小型农机具耕作，有些地方可以推广使用无人机施肥、喷洒杀虫剂、防病剂，尽可能使用有机肥料和有机杀虫剂。不仅要提高产量，还要保证优质化。养殖业大户要尽可能避免使用耕地养殖牲畜禽类，要充分利用山坡土地、旱地进行规模养殖，在厂房的建设和养殖的保温、供水、喂料投递、病害防治、清洁卫生、排污过程中，要科学规划，通过生态环评，利用现代养殖技术和机械化作业。

四是加工科技化。尽可能做到减少初级农产品出售，增加经过深加工的高级农产品科技附加值，提高收益。要研究进行怎样的技术加工，引进成熟的机器设备和加工技术，农产品的保鲜、仓储、加工、烘干、包装、运输都尽可能使用现代科学技术和机器设备，以节省人工成本，减小劳动强度。有一些农产品如水果、蔬菜、小鱼、肉类很容易加工成罐头、干货，包装成土特产，价格翻好几番。当然，这要做好相应的宣传和广告，并且尽可能做成品牌，成为名牌。

五是农民职业化。城镇化推动一些农民进城落户成了市民，农业现代化要使没有离开土地的农民成为职业化的农民。一方面，种田能手、种植业养殖业大户成了产业兴乡的最先受益者；

另一方面，土地被流转出去的农民既有一份土地流转收入或者参加专业合作社得到土地入股分红，又可以直接参加具体的产业生产经营活动获得一份劳动收入。将来发展趋势是集体农庄、私人农场交织出现，农民将成为农场主、土地股东和农业工人，到时候，农业将成为令人向往的产业，农民将成为令人羡慕的职业。一些市民都可能愿意重新回到农村经营土地，那时候乡村振兴就见成效了。

（五）壮大集体经济，增加农村资产，通过集体力量兴办产业

首先，盘活原有集体资产办产业。土地作为最基本的生产资料，在社会主义改造完成后就是公有，属于公有制中的集体所有制形式，在实行家庭联产承包责任制之前，农村的土地都是集体经营的。除了土地之外，那时还有很多额外的集体固定资产，如集体仓库、养猪场、养牛场，村办的渔场、水库、林场、茶场、药材场、果园，还有村办碾米厂、榨油厂等加工厂，有村办的卫生室、小学。虽然有这么多家当，但因为是大集体生产，出现出工不出力的现象，所以农民吃不饱饭。在实行家庭联产承包责任制之后，这些集体资产有的闲置，有的变卖，有的分给了农民个人，到如今绝大部分行政村里基本上没有什么集体资产了。而兴办产业必须有一定集体资产作为原始积累和经济支撑。所以有条件的行政村要尽可能盘活原有集体闲置的资产，收回分给个人不用的场地及其附属建筑物，变卖的没有毁掉的场地如卫生室、学校可以入股形式重新收回，作为本村发展产业的基础。

其次，将抛荒的土地山岭收归集体办产业。一些村民将距离村庄较远的土地山岭抛荒，弃池塘、渔场、水库不用，水利设施废弃，行政村可以根据实际情况，收回产权、林权、水利权，可以重新确权，将抛荒土地、闲置的设施收回集体，聚集成为集体

资产，重新发包或者出租给种田能手、种植与养殖专业户，作为发展产业的初始资金与资产。一定时候集体产业壮大了，就有了更多资金回报村民，增加村民福利，建设更多公共设施。

再次，通过流转土地归集体办产业。有些留守老人和妇女耕种土地效率实在太低，不如说服其将自己承包的土地流转给村集体，按流转土地的多少让其持有相应股份，按股分红。村集体根据产业发展要求，将原来抛荒的土地与流转出来的土地聚集起来，统筹规划，发包和出租给种植大户实施集约化、规模化、机械化生产经营，实现双赢效果。

最后，通过合作社集体组织形式办产业。农业合作社是集体经济的实现形式，是联系村民、产业大户的纽带，必须大力培育。行政村可以组织本村村民加入相应的合作社，实行“村集体＋合作社＋农户”或者是“合作社＋产业大户＋农户”的形式，将村民原有的土地、山林、水塘等资产统一归并到合作社，合作社按照责权利要求由产业大户统一生产经营合作社的土地等资产，村民按资产的多少拥有相应的股份，按股分红，村民也可参加合作社相应的劳动，领取劳动报酬。

（六）要完善产业兴乡的体制机制

其一，要完善政策支撑体制机制。要将产业示范村建设和产业普惠村建设结合起来，设立普惠村产业发展资金。各市县都要设置乡村产业振兴普惠村建设资金专款，给每个村子围绕着“一村一品”，少则拨一二十万元，多则拨三五十万元，作为乡村产业启动金，一般一个乡镇也就二三十个行政村，一个县也就二十几个乡镇，总拨款不到1亿元。相信全省每个县都拿得出来，关键是要有这个魄力和智慧。这个资金在行政村党支部的谋划下支撑“一村一品”或者其他特色产业，即使产业发展受损，也归政府买单，无须村民担忧。

其二，要完善社会资本支撑体制机制。规定社会资本投入农业农村产业发展可以减免增值税，可以降低企业注册本金额度和其他条件限制，减少环评、消防等其他企业负担，可以获得经济利益以外的社会利益。可以通过宣传和鼓励使社会资本投入农村农业产业发展成为荣誉事业或者慈善事业，让投入农业的企业家获得更多社会褒奖和荣誉称号。

其三，要完善金融支撑体制机制。可以支持各种金融企业在农村设立小型分支机构，利用金融杠杆，助催产业兴农。对发展农村产业的小微企业给以土地或者村集体资产为担保的低息贷款或者贴息贷款。也可以通过政府担保和强力推进措施，促使金融机构通过与村民或者村合作社签订贷款协议的形式扶持农村产业发展。事实上，农民很多小额贷款并未造成金融部门的呆账、坏账。如麻阳苗族自治县政府制定“风险补偿金”措施，推动银行从以往重视“家庭资产担保”向“信用资产担保”倾斜，“免担保、免抵押”，不仅助催了农村产业发展，还确保了小额贷款“收得回”。

其四，要完善科技支撑体制机制。要大力扩大农业林业院校的招生规模，恢复和升级地市级农校，培育更多面向农林牧渔专业发展的大学生，并制定鼓励农校大学生到农村就业创业、其他专业大学生到农村发展的优惠措施和激励机制。要增加农业科研机构的科研人员数量，稳定农科人才队伍，提高农业科技人员的地位与待遇，促使农技人才扎根农村、帮助农民产业发展发挥应有的才干。

其五，要完善产业发展带头人支撑体制机制。乡镇和村支两委要大胆培育产业带头人，利用现有的农村党员干部、回乡的农校大学生、打工回来的年轻人，将其发展为产业发展带头人。

第五章　实施乡村振兴战略中的生态环境

生态宜居是乡村振兴的前提条件，是广大农民群众对建设美丽乡村意愿的集中体现，要求农村生态文明建设要有一个质的飞跃和提升。我们不能以为环境污染、资源浪费主要是在工业发达的城市，农村一些地方的环境污染、生态破坏有的曾经达到触目惊心的地步，经过近些年的治理，生态文明建设曾经受到影响的地方有了相当程度的进步，但农村切不可大意，要守好农村这片净土。当前，一些农村地方的人居环境依然还存在一些问题，走出环境污染的困境，还有很长的路要走，要真正实现天蓝、地绿、水净，下大功夫改善农村人居环境很有必要。

一、目前乡村生态环境的状况

农村人居环境的改善是实施乡村振兴战略的必经之路，也是广大农民的迫切愿望。2018 年 2 月，中共中央办公厅、国务院办公厅印发了《农村人居环境整治三年行动方案》，在党的政策指引下，经过地方各级政府和广大农民群众的共同努力，农村人居环境总的情况有很大改善，很多农村的道路得到硬化和拓宽，农民住房得到改造，水利工程建设得到很大发展，缺水状况得到很大改善，垃圾污水得到妥善处理，空气、水和土壤的污染大大减少。

（一）全国农村人居环境取得很大改善

一是乡村公路得到水泥硬化或者铺了沥青。通乡镇公路得到拓宽，通村通组公路得到硬化，下一步是通自然村公路的硬化。据《2019年交通运输行业发展统计公报》，截至2019年底，农村公路通车里程达到420.05万公里，其中县道里程58.03万公里、乡道里程119.82万公里、村道里程242.20万公里。

二是农民住房得到改造。很多自然条件不好的整村得到搬迁和安置。据《中华人民共和国2019年国民经济和社会发展统计公报》，2019年，全国农村地区建档立卡贫困户危房改造63.8万户。另据国家发改委数据显示：截至2020年3月底，我国累计建成易地扶贫搬迁安置住房266万余套，实现搬迁入住建档立卡贫困人口947万人，搬迁入住率达99%。

三是水利设施得到改善，节水措施得到加强。全国全年新增耕地灌溉面积27万公顷，新增高效节水灌溉面积146万公顷。全国全年总用水量5991亿立方米，比上年下降0.4%。农业用水下降0.5%。

四是植树造林取得重大成果。全年完成造林面积707万公顷，其中人工造林面积365万公顷，占全部造林面积的51.6%。森林抚育面积773万公顷。截至2019年底，国家级自然保护区474个。新增水土流失治理面积5.4万平方公里。

（二）湖南省农村人居环境不断向好

湖南省目前农村人居环境有了很大改善，大部分的乡村公路得到水泥硬化或者铺了沥青，很多水渠水塘水库得到加固和重新利用，农民的危房改造取得重大成果，该扶贫搬迁的村民也实现了搬迁和统一安置，很多村民原来的土坯房或者老旧木屋换成了坚固的砖混结构房子，农村垃圾和旱厕改造也有很大成绩，很多农村的天更蓝、水更清、山更绿了。

一是乡村公路得到较大改善。2019年湖南省农村公路里程

201551 公里，同比 2018 年增加 427 公里，其中县道 36195 公里（同比增 181 公里）、乡道 57009 公里（同比增 157 公里）、村道 108347 公里（同比增 89 公里）。建设自然村通水泥（沥青）路 1.66 万公里。

二是贫困户住房搬迁和安置工作取得很好成绩。据 2020 年 3 月 5 日湖南省人民政府新闻发布会上数据公布，“十三五”易地扶贫搬迁建设任务已全面完成，建成了住房 18.7 万套、集中安置项目 2764 个，安置区基础配套设施和公共服务设施基本完善；69.4 万搬迁群众搬进了新房子，其中 51 个摘帽贫困县搬迁 54.6 万人，占搬迁总任务的 78.7%；有 97.4% 的搬迁对象实现脱贫。

三是缺水状况得到很大改善。据《湖南省 2019 年国民经济和社会发展统计公报》，2019 年湖南全年新增农田有效灌溉面积 3.02 万公顷，新增节水灌溉面积 3.87 万公顷；开工各类水利工程 7.5 万处，投入资金 267.0 亿元，完成水利工程土石方 10.2 亿立方米；提质改造农村公路 5445.8 公里。

四是植树造林取得实效。截至 2019 年底，全省森林覆盖率达到 59.9%，森林蓄积量达到 5.82 亿立方米，湿地保护率达 75.8%。2019 年完成造林面积 126 万多亩。

五是垃圾污水得到妥善处理。2018 年底，湖南卫生厕所普及率进一步提高到 75.3%，农村无害化厕所普及率达到 24.4%。到 2019 年底，湖南累计关停取缔“散乱污”企业 1563 家，关停不安全小煤矿 48 处，完成 117 万户农村改厕任务。

二、湖南乡村生态环境面临的困境

农村生态文明建设虽然有很多进步，但忽视农村生态保护、破坏生态环境的现象依然存在，有些农村的环境污染形势依然严峻。

（一）农村人居环境有很多待改善的地方，环境污染的状况依然存在

有些农村为了发展经济，不惜以牺牲环境为代价。有些地方滥伐树木、滥采地下矿产资源，造成水土流失，水源、土壤环境污染、生态破坏等问题依然存在。

1. 河流和湖泊的污染困境

矿产资源主要在山区农村，如何处理采矿和环保的矛盾是乡村振兴需要解决的重要问题。一些企业为了自身的经济利益，乱排乱放“三废”，使得河流与湖区的水质受到污染。沿河、沿湖一些农村小型五金加工企业因为资金不足、节能减排技术落后，或者是为了节省生产成本，往往偷排“三废”，给大气、水、土壤造成污染。

（1）湘江流域的污染情况

根据2015年省人大常委会水污染防治法执法检查发现的部分水污染问题比较严重的区域及点源清单（共计点源117个）。[①]其中对湘江流域上游地区构成严重污染的问题主要有：

郴州市临武县甘溪河、陶家河流域70多公里长的河道被含重金属尾砂淤塞，流域内上万亩土地受到重金属污染，治理进度滞后，问题长期难以解决。香花岭镇部分采石场严重破坏了山体和植被，存在地质灾害和水污染风险。宜章县饮用水源地黄芩岭水库的上游，矿区废水及生活污水直接排放。

永州市零陵区石期河流域堆积的尾渣达500万吨以上，废弃采坑1000个。祁阳县畜牧场及其周边区域规模养殖场和养殖散

① 《2015年省人大常委会水污染防治法执法检查发现的部分水污染问题比较严重的区域及点源清单（共计点源117个》，ttps：//max. book118. com/html/2017/0913/133716200. shtm，2017－09－13。

户均未配套建设污染防治设施，废水废渣直排周边沟渠、池塘，对地表和地下水造成严重污染。

衡阳市的常宁市水口山矿务局六厂属于涉重企业，且处于敏感区域。按照省市县三级环保部门平时监管及本次检查情况，该厂生产时，现场氨气味道很浓，无组织排放情况严重；对其外排废水监测，数据显示 pH 值超标，同时在线监控设施部分数据缺失，运行不正常。以上情况说明企业虽然采取了一系列措施，但仍存在超标排放、在线设施运行不正常等问题。

株洲市醴陵县南门口二圣河黑臭水体该区域有近 30000 居民，每天产生近 5000 吨生活废水均汇入二圣河，未经收集处理的废水直接进入下游水体，二圣河内水体发臭，引起周边居民强烈不满。

经过近些年的治理，情况有些好转。2019 年，全省达到或优于Ⅲ类标准的水质断面比例为 95.4%，比上年提高 0.9 个百分点。说明还有 4.6% 的监测断面还没有满足Ⅲ类标准。

（2）洞庭湖区域的污染情况

根据湖南省人民政府办公厅关于印发《洞庭湖生态环境专项整治三年行动计划（2018—2020 年）》的通知（湘政办发〔2017〕83 号）[①]，洞庭湖污染严重的问题主要有：

农业面源污染：畜禽养殖污染，畜禽规模养殖场污染防治设施配套率仅 56.91%。水产养殖污染，天然水域水产养殖投饵投肥现象仍然存在。化肥施用强度偏高，施肥方式落后，化肥当季利用率低，农田氮磷养分流失严重。农药利用率低，使用总量

① 《洞庭湖生态环境专项整治三年行动计划（2018—2020 年）》的通知（湘政办发［2017］83 号），中国政府网，http：//www.yueyang.gov.cn/zcfg2/content_1263278.html，2017－12－29。

大，亩均用量超过全国平均水平的20%。农药包装、农膜等农业废弃物及以稻草为主的农作物秸秆利用率低，其中稻草利用率在80%左右。农业生产对村域地表径流造成污染，导致农村水体富营养化严重。

工业面源污染：部分工业企业存在污染治理设施不配套，设施运行不正常，甚至存在偷排、超标排放的问题。还有15个省级工业园区未按要求建成污水集中处理设施和自动在线监控装置。部分工业企业未按要求实施清洁生产审核，化工、造纸、纺织、印染等重点行业25家工业企业未完成清洁化改造。

生活污水直排：部分市县存在污水直排。湖区乡镇，污水处理设施覆盖率14%，湖区无害化卫生厕所普及率45%，仅7个县完成农村环境综合整治整验收工作。湖区非正规垃圾堆放点310处289万立方米，无害化、减量化和资源化利用率低。

垃圾渗滤液污染：湖区部分填埋场渗滤液处理能力不足，填埋操作不规范，导致渗滤液排放不达标。

水源地存在隐患，水源保护区内还存在排污口和违规建设项目，黑臭水体现象普遍，地级市建成区还存在39条黑臭水体，县级和村镇黑臭水体现象比较普遍。

农村饮水水质达标率和自来水普及率低，湖区农村自来水水质达标率仅66.3%，还有161.27万人需进行饮水安全巩固提升。沟渠塘坝淤塞严重，湖区有5.93万公里沟渠、10.91万口塘坝淤塞严重、灌排不畅。

血吸虫病防治。湖区钉螺面积占全国的1/2，血吸虫病控制、阻断任务重。

具体片区的水质情况是：华容河六门闸断面水质2016年3个月为劣Ⅴ类，4个月为Ⅴ类，4个月为Ⅳ类。东风湖、吉家湖沿线均未护砌，淤积严重，淤泥发臭，对城市市容造成恶劣影响，总磷超标严重，2016 年水质状况为 V 类。珊珀湖片区总磷严重超标，2016 年水质状况为劣 V 类。冲天湖—马家河片区总磷严重超标，2017 年水质状况为劣 V 类。安乐湖片区总磷严重超标，2016 年水质状况为 V 类。大通湖片区总磷严重超标，2016 年水质状况为劣 V 类。沅江七湖流域片区总氮、总磷严重超标，2016 年各湖为Ⅳ类及Ⅴ类水质。黄家湖片区总磷超标，2017 年 5 月起为Ⅳ类水质。桃花江流域片区总磷超标，目前水质为Ⅳ类。

2. 垃圾与不卫生旱厕污染

大多数乡村没有垃圾收集转运站，也没有无害化垃圾填埋场，生活垃圾被随意丢弃在河沟、塘湖或者低洼处，招致许多蚊蝇乱飞、老鼠和蛆虫到处爬行乱跑，造成村民健康卫生隐患，影响环境美观，遇到大雨，这些污染物会被冲入下流河道，污染水体。目前农村的无害化垃圾处理率还相当低，解决农村垃圾污染的问题还需要很长的时日。

还有一个环境卫生问题是农村旱厕。很多乡村的村民为了省钱，厕所一般都建得非常简陋，设施很不完善，没有水冲厕，围墙用的是土砖头砌就，或者是木板隔挡，四周透风，茅草盖顶，所以又叫茅坑、茅厕。好的厕所虽然用上了红砖、盖了瓦，但因为是旱厕，一年四季的粪便甚至多年的粪便都留在粪坑里，蛆虫满地爬行，蚊子、苍蝇满天飞，臭气熏天、蚊蝇让人困扰，特别是在夏天，此种情况更甚。

农村有的厕所非常靠近住房，热天蚊蝇横飞，雨天污水横流。村民饲养的鸡鸭也往厕所跑，弄得满是尘土污物，且苍蝇蚊子很容易飞到村民家里，叮咬人们身体、污染村民的食物。一些农民朋友饭前便后不洗手，吃饭不讲究，边吃边在外面聊天，殊不知饭菜可能已经被蚊蝇所污染。有的吃过饭菜后不收拾，由此带来一些病菌，例如伤寒、痢疾、蛔虫病、钩虫病、霍乱或血吸虫病等，侵袭人们的身体，从而导致生病。据相关资料表明，80%以上的传染病是由厕所粪便污染和饮水不卫生引起的，与粪便污染相关的疾病有30多种，厕所问题导致蛔虫病感染率达29%，血吸虫病感染率达77%，这严重影响了村民的身体健康。

农村有的厕所还兼顾了圈养猪等牲畜、关养鸭等家禽的作用，就是连茅圈，有些村民可能认为此种厕所有利于集聚粪便用作农家肥料，这虽然方便收集肥料，但也导致小孩上厕所很不安全，特别是猪等牲畜以及鸭等家禽在不洁净的环境中喂养，影响牲畜与家禽的生长，而且很容易感染各种病虫害，特别是容易造成猪瘟、禽流感等传染病，甚至可能造成人畜共患疾病。

所以，湖南的“厕所革命”还有很长的路要走。

（二）农村在经济发展中产生环境问题的原因分析

1. 河湖水域的污染原因分析

（1）河湖流域的少数企业缺乏环保责任

市场经济条件下的企业经营目的是追求利润的最大化，在市场经济的大潮中，市场经济规律如价格、供求及竞争机制等支配着人们的经济行为活动，往往导致经济行为人追求经济利益的最大化。这势必带来一系列的环境问题，如能源资源的浪费、环境的污染、生态的破坏等。企业为了追求利润就会想方设法降低生产成本，而处理废渣、废水、废气这“三废”是既需要技术也需要资金。一些无良企业家就选择乱排或者偷排。为了躲避环保部门的检查和处罚，其手法也是五花八门，有的趁黑夜排放，有的铺设暗管排放，有的遮盖伪装排污涵洞的排污口，有的索性贿赂环保执法人员。

（2）一些村民缺少环保意识

环境问题，是指由于人类的生产和生活活动，使自然生态系统遭到破坏而失去平衡，最后直接或间接影响到人类的生存与发展的一切客观存在的问题，包括环境污染、生态破坏、人口剧增和资源枯竭等问题，一些村民对此认识并不深刻。有些村民随意抛弃废弃物，在草地、湖边或河道边随意排放生活污水，随意丢弃白色垃圾；有些村民封建思想严重，不分时间和场合焚烧冥钱，燃放爆竹；有些村民对破坏环境的行为不抵制，表现出事不关己高高挂起的态度。

（3）农村环保难度大，政府相关部门缺失环保监管机制

一是农村地域广阔，河湖众多，环保部门很难监管到位；二是有些环保部门的执法干部责任意识淡薄，抓环保不过硬，怕影响经济发展，执法不严格，有的行政执法工作人员碍于情面，甚至接受说情就放过破坏环境的行为；三是制度不健全，对破坏环境的行为没有具体的处罚措施，巡检不经常，对经常性的环保检查不当一回事；处罚不严明，对乱排偷排行为没有起到震慑作用。

2. 农村垃圾和旱厕污染原因分析

（1）认识不到位

有些村民对垃圾处理旱厕改造积极性不高，处于消极应对状态。有少数人由于封建旧思想与落后意识根深蒂固，一时难以想通和配合政府进行垃圾厕所改造。同时也要看到，有些先富裕了的村民，因为外出打工或者做生意赚了钱，就会砌混凝土小洋楼，用上自来水和室内冲水厕所，过上和城市市民一样的生活。再有些村民已经进了城，融入了城市社会，对于原来家里的垃圾与旱厕，就会不怎么爱管。还有些村民因为各种原因，没有赚到

足够的钱，既不能进城买房，又不能砌混凝土小洋楼，只能住着原来的老旧房子，长期留守在家里的是老人、妇女和小孩，在室外随意倒垃圾、使用旱厕，有的村民习惯了旧式生活方式，简单又方便，不会管它卫生不卫生。而这些留守的弱势群体，难以承担这种费力、费时的事。他们甚至还会因为自己的房子还没有改造好而产生抵触情绪，对他们而言，处理垃圾、改造厕所是无所谓的事情。

（2）资金难到位

垃圾处理、改厕工作进展总体较慢。根据国家民政局统计，截至 2017 年底，全国共有 69 万多个行政村，261 万多个自然村。2019 年 8 月 9 日《中国家庭发展报告》显示农村家庭大约有 2.8 亿个。如果每个家庭和自然村的垃圾处理和厕所改造都靠国家投入资金，显然很不现实。农村垃圾的收纳、清运与处理相比城市难度要大得多，主要是一些农户日常清理垃圾的习惯没有养成，自觉性要差一些，另外农村收纳垃圾点主要设立在公路旁，存在点多又分散、收纳时间长、清运路途遥远等困难。目前，大部分垃圾处理、旱厕改造只存在于风景区、休闲度假村等特色农村地区，其他农村没有得到足够资金进行改造。据 2018 年 8 月 9 日的中国发展网报道，作为厕所革命的主管部门，文化和旅游部从 2015 年到 2017 年，共完成全国新改建厕所 50916 座，国家旅游发展基金累计安排 10.4 亿元，各地安排配套资金超过 200 亿元。文化和旅游部在 2017 年底印发了《厕所革命新三年行动计划实施方案》，到 2020 年底全国要再新建、改扩建旅游厕所 6.4 万座，推进厕所在地区间、城乡间、景区内外合理布局。[1] 不难看出，国家和地方配套资金大部分是解决重点地区、重点人群、旅游地区的厕所的新建、改扩建，对于广大而分散的、没有旅游特色的农村地区，更多地还得靠省市县三级政府的努力。据同期国家卫生健康委员会公布的调查结果表明，农村卫生厕所的普及率仅为 23.83%，，其中无害化卫生厕所普及率为 22.74%。由此说明，资金难到位是一些农村旱厕改造迟滞的关键问题。

（3）将旱厕改造成水厕，有些农村缺乏水源等硬性条件

没有水源，就无法建造自来水设施用自来水冲厕，如一些喀斯特地貌和高原地区的村子，这些地方的生活用水非常珍贵，有的靠接雨水解决饮用，用水冲厕自然不敢奢望；有的农村地区地下水开采困难，打井成本大，人们仅仅保证吃喝用水，也不能改水厕。有的农村缺乏会技术的青壮年劳动力，打井引水、建造水厕都是很繁重的体力活，同时也要求一定的技术。现在很多有体力、有一技之长的年轻人都到了城市和沿海地区打工了，所以，改水厕还很难找到劳力。

（4）缺乏技术，改厕的具体规划也有难处

如改厕的建造标准怎么把握，施工怎么规范、质量怎么保证，改在哪里，既方便如厕，又方便农事，不能建在前不着村、后不着店的地方，怎么设计，建多大规模，还有困难的问题是污水管道怎么埋设，往哪里排污，化粪池怎么建，排放的污水怎么处理，等等。如果使用无害化的三格式、双瓮式化粪设备，其规格、容积、抗压与贮粪池的标准怎么把握，后期的养护机制怎么

① 国家旅游局办公室：《关于印发〈厕所革命新三年行动计划实施方案〉的通知》，中国政府网，http：//wlt. xinjiang. gov. cn/wlt/ghxx/201712/90b42b，2017 - 12 - 22。

建立，等等。

(5) 缺乏公共厕所的统筹安排

其实要真正做好改厕，需要公共力量的投入，需要基层政权组织的统一部署、统一规划和统筹安排，不仅要有公共资金的投入，还要有人力物力的投入。可是很多农村地区基层组织领导乏力，缺乏有能力的带头人，加上集体资金紧缺，又没有多少年轻人可以调动，干部想的是“多一事不如少一事”，所以，没有坚强的基层领导来统筹安排，改厕确实会遇到不少难处。

三、走出湖南乡村生态环境困境的途径

（一）湖南走出大片河湖污染困境的途径

一是加强农村环境意识宣传。要在农村开展宣传古代儒家“天人合一”的环境思想以及现代环保理念对现代经济发展的启示与意义，要宣传外国在经济发展中重视保护环境的经验与忽视环保的教训，要宣传改革开放以来我国经济发展中节约资源、保护环境的有益经验与浪费资源、破坏环境的沉痛教训。本省的电视广播报纸要增加农村环保问题栏目，加强对河湖沿岸问题企业的曝光率；学校课程要增加环保内容，从小就培养学生的环保意识；农村相关领导干部要加强环保培训，增强工作的针对性；政府有关部门要在农村大力发展环保组织、建立环保团体、开展绿色运动。

二是强化农民环保责任。要在农民中强化以下环保责任：合理、有效、节约利用能源资源的责任，减少煤炭、木材烧饭的使用量；利用新的、绿色的、可再生的能源资源的责任，使用沼气、液化气、电饭煲、电磁炉做饭菜；减少、降低化学物质等污染物使用的责任，减少农药、化肥、化学除草剂等使用量，多使

用有机肥、有机杀虫剂，减少化学洗涤剂的使用量；保护空气、土壤、水资源及生物多样性的责任，加强饲养牲畜、家禽等养殖场的动物粪便的无害化处理。

三是建立环保协调机制，加强监督检查。要在农村建立完整的环境保护的管理模式，包括：养殖场企业选址布局的环保规划论证与审批机制；企业运行过程中的环保普查监督机制；问题企业的整改措施落实机制；科技与资金对环保的支撑机制；法律、行政、经济手段与道德伦理手段对环保的协同机制；问题企业与主管部门的责任追究机制等。

四是健全违犯环保法规、破坏生态的处罚制度，加大执法处罚措施力度。要健全符合本省农村实际并能促进本省农村经济发展的环保的技术、资金与物质的鼓励性规章制度以及对能源资源节约利用和新的绿色能源资源利用的农村企业与个人进行奖励的措施；制定浪费能源资源、污染环境的罚款、增加纳税和吊销营业执照等惩罚性规章制度以及对污染物排放超标的企业实行整改以致关停的强制性措施；制定对饲养动物粪污乱排放进行处罚的具体措施等。

（二）湖南走出农村垃圾与旱厕污染困境的途径

一是要提高认识、提高整体农民的思想素质和健康意识。村民对国家帮助农民进行垃圾处理与改厕这一新生事物，由怀疑，到观望，再到信任，有一个转变的过程。垃圾处理与改厕，各基层党组织要发挥领导中坚力量，共青团、妇联等基层群团组织要发挥会动员、能办事的优势，党员干部要率先垂范，积极进行宣传发动，通过村村通广播、悬挂宣传标语、印发和发放宣传单、走村入户座谈与做思想工作等形式，让群众了解垃圾处理与改厕的意义、内容、建设标准和补助标准，支持垃圾处理与改厕各项工作。通过宣传发动，也了解农户不愿垃圾处理与改厕的原因、垃圾处理与改厕的难处以及不利条件，消除消极与不良情绪，打消不必要的顾虑。通过举办垃圾处理与改厕展示活动、培训班、示范班，让农民群众认识垃圾处理与改厕对于整治污浊的环境卫生，防治传染病，搞好大众卫生健康，改变不良生活习惯的重要性，知晓垃圾处理与改厕的过程和技术要求，激发群众垃圾处理与改厕的积极性和主动性。

二是加大资金投入，提高对垃圾处理与改厕农户资金的补助标准。省市县要共同投入配套资金，将脱贫攻坚与垃圾处理、改厕结合起来，将防治返贫与乡村振兴融合起来。政府设立改厕专项资金，群众相应出资，政府出大头，群众出小头，贫困户垃圾处理与改厕资金可以全部由政府兜底。现在中央和省级政府都出台了垃圾处理与改厕补助政策，各省都根据实际拿出了方案和补助标准，并且逐年提高补助金。按照中央农办等 8 部委《关于推进农村“厕所革命”专项行动的指导意见》，根据《2019 年湖南省农村户用卫生厕所改（新）建工作方案的通知》（湘农联〔2019〕31 号），湖南省计划在 2019 年改厕 1015493 户，每户奖补 500 元的标准，但此标准略微显得低了一些。市县也要相应出台配套垃圾处理与改厕补助措施，湖南省要求要建立“以市县为主，中央和省级奖补、多元投入”的垃圾处理与改厕改造资金筹措机制，将垃圾处理与改厕经费纳入地方财政预算。有些地方政府采取由政府提供原材料与设备，村民只出力的方式，措施也很好。对于集中连片的中心村需要建公共垃圾转运箱与公共厕所，就要按城市居民公共设施建设标准，由政府全额出资或者引入社会资本进行建设，但不要浪费资金追求豪华。分散的自然村和农户垃圾处理与改厕经费，除了政府补贴外，还需农户自己掏一部分资金。

三是必须解决供水的问题，这是将旱厕改造成水厕的难点。农村地区只要有水源，就有办法提供自来水，可以通过沟渠引水、也可以打地下水井，在高处建水塔、水箱，用水泵抽水到水塔、水箱方式实现自来水，由此可以促进厕所入户进院。湖南多数地方并不缺水源，不需很多资金，只要采取措施引水，旱厕改水厕并不困难。但湘西地区缺水农村地方较多，例如永顺县的两岔乡好些村都严重缺水，必须由上级政府投入巨资实行梯级提水方能解决问题，单靠当地政府则很难解决这一难题。就全国而言，缺水地方很多，例如西北地区的河西走廊、新疆吐鲁番地区，西南的云贵高原地区等，这些地方必须把改厕与改水结合起来，否则，只能采取利用生物降解技术进行改厕。

四是提供专业化技术支持。垃圾处理与改厕中，重点实现对粪污的无害化处理与排放。基层党组织要根据村民实际，统筹设计、采购、施工、验收，可以聘请专业人士或社会专业机构对垃圾处理与改厕进行设计、规划和指导，利用和推广国家已经开发的垃圾处理与改厕方法和技术，解决排污通道和化粪池的问题，兼顾农田、土地施用肥料的实际，突破严寒、缺水条件下改厕技术难关。如利用装配式三格式化粪池、四格式化粪池和双瓮式化粪池，采用脚踏式冲水格局，做到“新陈粪便分离、厌氧密闭反应、酸碱发酵降解、沉降杀灭虫卵、分层分类处理”。再如利用生物降解技术，依靠微生物降解粪尿污物，既节水，又可节省铺陈管道的费用。据报道，上海纪明环保科技有限公司研发的“鸡鸣”智慧生态厕所，降解粪尿污物，且无异味，效果显著。张家口科技有限公司打造的ECO方便器也是一款无水冲、零排放、无污染、无异味、杀毒灭菌的智能环保厕所。这些专业技术必须有专人负责、专门机构来指导，也可以采取政府购买服务的方式来实现。

五是要建立社会化管护机制，不搞形象工程。垃圾处理与改厕后，要按期管护，接受群众监督。要建立垃圾处理与改厕档案、管理台账，定期进行设备检修、定期收运粪渣，实现资源利用。要充分运用市场机制的作用，引进社会资本参与垃圾处理与改厕管护，建设专业化、职业化垃圾处理与改厕管护服务队伍。垃圾处理与改厕是惠及广大农户的大事，绝不能集中所有资源只搞几个示范村，造造盆景就了事，绝不能搞形象工程、样板工程、政绩工程，要滚动推进，以点带面，做到应改尽改，不留遗漏，不留死角。

只要基层党组织发挥战斗堡垒作用，干部群众齐心协力，拧成一股绳，一定能够取得垃圾处理与改厕的全面胜利，换来美丽乡村新生活、新气象。

第六章　实施乡村振兴战略中的乡村文化

乡风文明是乡村振兴的思想保证，是社会主义精神文明建设在农村的总要求，重点是弘扬社会主义核心价值观，保护和传承农村优秀传统文化，加强农村公共文化建设，开展移风易俗，改善农民精神面貌，提高乡村社会文明程度。乡风文明是建立在良好文化的基础上，所以要加强农村的文化建设、思想道德建设，既要在文化的硬件设施上下功夫，又要在文化的软件上下功夫；既要有文化活动的组织、设备与场所，也要有文化传播的图书资料、途径与措施。只有广大农民群众通过各种文化活动，提高了文化素质、思想道德素质，乡风文明才能有较大提升。

一、目前乡村文化的状况

我们党历来重视文化建设，“五位一体”的总体布局就有文化建设方面，要求推动社会主义文化繁荣兴盛。“四个自信”就有一个文化自信，中国特色社会主义文化是激励全党全国各族人民奋勇前进的强大精神动力。经过多年不断努力，我国的文化建设取得了很多重大成果。即使是在范围广大、地域辽阔、人员分散的农村地区，我们的文化建设也是硕果累累的。

（一）就全国来看，农村文化建设取得重大成就

一是农村社会主义思想道德建设取得重大进步，社会主义核心价值观深入人心。农民的科学文化素质和思想道德素质普遍提

高，文化自觉、文化自信得到加强；中国特色社会主义先进文化深深影响着农村大地，农村意识形态领域牢牢地被社会主义思想意识所占领，农民一心向着党、一心跟党走的信念更加坚定；封建迷信思想不断消除，崇尚文明科学的生活方式不断提高，移风易俗新风尚已经形成；尊老爱幼、互帮互助、邻里和睦的道德情操普遍弘扬；勤劳节俭、杜绝浪费的生活习俗得到加强；和谐家风、村风、乡风、镇风日益涌现。农村文化一片祥和之气，成为普遍现象。

二是农村公共文化建设有很大进展。随着脱贫攻坚取得重大成效和乡村振兴战略的深入实施，农村经济进一步发展带动文化的进步，农村公共文化设施建设也有很大发展。据《中华人民共和国2019年国民经济和社会发展统计公报》，截至2019年末，全国文化和旅游系统共有艺术表演团体2072个，有线电视实际用户2.12亿户，其中有线数字电视实际用户1.98亿户。年末广播节目综合人口覆盖率为99.1%，电视节目综合人口覆盖率为99.4%。这里不难看出，农村的艺术表演团体大量增加，广播节目、电视节目几乎实现了全覆盖。同时农村有线数字用户逐年增多，“村村通”让广大农村能够通过高清电视、有线网络及时收看党中央的指示精神、了解国家的大政方针，能够实时通过电视观看很多故事影片、科教、纪录、动画等节目，接受文化熏陶，通过村广播了解各级政府的惠农政策和各项举措。甚至有的富裕的村子还有村级图书室、展览室。

三是农村文化收入有很大增长。统计显示，2019年全年全国规模以上文化及相关产业企业营业收入86624亿元，按可比口径计算，比上年增长7.0%。这里面也有一部分属于农村文化产业的收入。农村也已经有很多农民通过网络进行线上支付、网络购物，有的办起网店，推销自家生产的生态农产品。

四是农村传统文化得到继承，新的文化形式不断涌现。很多文明村镇能够深入挖掘当地传统风俗文化以及民族文化，并以传统文化为内核，赋予新时代精神的文化形式，既传承了先辈们的优秀文化精髓，又讴歌了现代人的美好生活。有的村子还办起了文化活动团队，有舞龙队、腰鼓队、民族舞等文艺团体。

（二）就全省来看，湖南农村文化建设成效显著

一是湖南农村文化设施建设有较大发展。据《湖南省 2019 年国民经济与社会发展统计公报》，截至 2019 年末，全省有艺术表演团体 510 个，群众艺术馆、文化馆 145 个，公共图书馆 140 个，博物馆、纪念馆 121 个。这里面农村艺术表演团体，群众艺术馆、文化馆，农村图书馆也占了一定比例。随着农村的经济发展和政府对农村投入的增加，农村公共文化设施日益增多，农民的文化生活越来越丰富多彩。

二是湖南农村文化信息畅通，“村村通”工程完成情况很好。统计公报显示，湖南省广播综合人口覆盖率 99.36%，高于全国 0.26%，比上年提高 0.34 个百分点；电视综合人口覆盖率 99.72%，高于全国 0.32%，比上年提高 0.08 个百分点。说明农村群众收听广播和收看电视都不成问题。湖南有线电视用户 802.2 万户，湖南农村有线电视用户有很大增长空间。

三是非物质文化传承有较大进展。湖南少数民族较多，国家级非物质文化遗产保护目录 118 个，省级非物质文化遗产保护目录 324 个。湘西苗族的手工艺刺绣，苗族、土家族、瑶族的银饰服饰文化，对歌、民族舞蹈等都是很好的非物质文化遗产。如隆回县的崇木凼村有着少男少女对歌定情的习俗，吸引很多游客到此旅游，感受和体验这一敦厚而朴素的民风；永州江永的女书，脱胎于方块汉字，外形呈长菱形的“多”字式体势，一般书写在

纸片、布帕、扇面上，妇女聚在一起“读纸”“读帕”“读扇”；女书作品一般为七言诗体唱本，内容多以诉苦为主，是一种自娱自乐的苦情文学。这些非物质文化值得很好保护和传承。

四是农民科技素质有较大提升。有些农民能够使用高科技节水浇灌技术、大棚种植蔬菜技术，使用无人机施肥、杀虫技术，会使用网络销售农产品，说明这些农民的科技文化素质非常高，已经能够适应现代化农业发展需要。

五是农民的健康素质也有较大进步。有些农民喜欢打球、游泳、钓鱼等体育运动，有些地方农民开展斗牛活动和其他劳动竞赛，很多地方农民常年自发组织划龙舟比赛、舞狮比赛、拔河比赛，形成了积极向上的健康心理和生活氛围。例如怀化靖州苗族侗族自治县的二凉亭村建斗牛场，举行斗牛比赛，每次都能吸引附近上万群众观看，丰富了农民群众的生活。

六是农村文化产业也在不断培育和发展中。有些地方农民成为工艺美术的能工巧匠，如树根盆景雕刻、石雕，有些农民从事表演艺术业、农民导游业、旅游业、花卉艺术业，文化产业不仅解决了农民就业问题，也使其精神生活得到不断充实。如通道县坪坦乡皇都村，这里的侗族民俗文化产业非常出色，村里有寨门、鼓楼、凉亭、农民剧院，农民的演出表现出丰厚的历史文化习俗，反映了美丽的古代传说，体现侗族劳动生活情调，吸引着四方的游客。这里还有别具特色的饮食文化、侗族服饰与刺绣艺术等。

七是“送文化下乡”活动持续开展，效果明显。每年各级政府组织各单位送科技文化书籍、送剧团下村巡回演出，送艺术演出队下村表演文艺节目，组织电影队下村放电影，送电影放映机，帮助一些村建立图书资料室、科技室，创办阅报墙、科技培训学校，等等。

二、湖南乡村文化面临的困境

虽然我们的文化建设总体上取得了令人满意的成就，但存在的问题与不足也不少，再进一步向前发展也面临着一些困境，需要我们谨慎对待，努力改进方式方法，早日解决问题，完善不足。就湖南而言，经过调查发现，我们面对的困境也不少，需要认真查找原因。

（一）湖南乡村文化面临的困境

一是文化设施建设有待进一步加强。很多偏远地区的行政村基本上没有公共文化设施，没有图书室、阅览室、展览室、读报栏，有些落后行政村甚至连村活动室的场所都没有，连村委办公、村民议事的地方都没有，哪里还会有文化室；另有一些较富裕的行政村里虚设一些文化设施，在村委活动室楼房各房间虚挂牌号，要么是无人问津的空室，长期落锁，图书室、阅览室无图书、无期刊杂志，展览室里无供人观赏的物件，读报栏里无报纸，要么是这些文化设施里面放的是陈旧的书报杂志。调查显示，有45.4%的被调查村民反映自己行政村里几乎没有文化设施。

二是群众性文艺活动有待强化。现在很多农村地区很难看上一场电影、看上一场戏，传统的春节灯会、舞狮子、舞龙灯，端午节划龙舟比赛等群众性文艺活动也变少了。有些村委因为村里不富裕，没有经费组织村民开展群众性文艺活动，村里没有体育艺术社团等群众性文艺组织，自发组织的文艺团体与文艺活动也少。有些行政村富裕了，却一门心思把全部精力放在经济发展上了，出现物质文明一手硬、精神文明一手软的情况，形成生活好起来了、民风却衰退了的不良现象。有些村委不知道群众性文艺活动怎么抓，害怕不伦不类，拉不出，打不响，反而出洋相，不会挖掘本地区、本民族的传统艺术、特色文化，也不敢推陈出新，创新文化样式，认为多一事不如少一事。调查发现，有46.4%的村民反映本村没有农民的文艺活动。

三是婚丧嫁娶的相互攀比、讲究排场陈规陋俗盛行，赌博恶习有待根除。有些村民随着物质生活的好转，却不努力补充精神食粮，不读书、不看报，导致精神空虚，价值观扭曲，性情剽悍霸蛮，在大肆挥霍物质财富中展现自己挣钱的本事、显示社会地位的提高。调查发现，有65.5%的村民反映乡村存在婚丧嫁娶红白喜庆大操大办的现象，有33.5%的村民反映有不同程度的赌博现象存在。特别是打纸牌、打麻将现象盛行，还有的买卖“六合彩”，甚至还有的吸毒贩毒。有些村民本来也没有很多钱，但是看到别人家红白喜庆大操大办，也产生跟风意识，生怕别人笑话自己没本事，借钱大操大办红白喜庆。我们在调查中发现很多这样的例子，有的村民为了给儿子娶亲，四处向亲朋好友借钱，给女方送彩礼，办风风光光的酒席，等婚事办好后，因为分担债务问题，闹得家庭鸡犬不宁，有的甚至闹得要离婚；也有的村民有年老的父母亲要赡养，或者老人生重病要住院治疗，却借口有困难，想方设法逃避赡养义务，逃避送患重病的父母住院，等到老人撒手人寰之后，做儿女的借钱大操大办老人的丧事。这只能让人嗤之以鼻，根本换不来好的口碑。

四是信仰迷失，封建迷信盛行。有的乡村没有很好地弘扬社会主义核心价值观，村民信仰迷失，寄托迷信以安慰精神的空虚，有部分村民迷信鬼神达到痴迷地步，患病求神灵，消灾求神灵，发财求神灵，家里装神龛，有一种电子香案可以一年四季香火不断。有些地方的迷信组织相当完善，起房修缮有风水先生，婚宴嫁娶有算卦先生，生病患病有巫师，老人去世有法师。有些迷信组织借村民家里红白喜庆大肆敛财，村民不知上当，还得表示感谢。村民信仰的迷失导致邪教组织有机可乘，进行渗透，有些邪教组织还披上科学的外衣伪装起来，以气功健身为名迷惑群众，把宗教与迷信混淆起来，将宗教与邪教等同起来，进行半公开的或者隐蔽的邪教活动。

五是传统文化没有很好挖掘。有些农村有很好的民族民间传统文化，有些是无形的文化遗产，这些有待深入理解、挖掘和保护。有些民间技艺的掌握、传统习俗传承，并非易事，现在具备特殊的民间技艺的艺人为数不多了，有些技艺受制于“传内不传外”的旧观念，而民间艺人可能因为自己无后或者后人根本不愿意学习而失去传承机会；有些技艺学习艰难而经济收入不高，无人愿意拜师学习，就会失传；有些技艺只能依靠口头和行为的传承，不能用文字记载下来，属于非物质文化遗产，不加保护，也会失传。调查中，我们了解到，已经有一些民间技艺遗憾失传的例子，如湘西的“蛊”技艺、“赶尸”中的防腐技艺、湘南的五岭山区的“避毒蛇咬伤”技艺等都已经失传。

（二）湖南乡村文化面临困境的原因分析

一是对文化的重要性认识不到位。一方面，在领导干部思想中出现的认识偏差。一些地方的农村基层组织出现重视产业筹划和发展、轻文化发展的思想。有些村干部思想上还是那种“仓廪实而知礼节，衣食足而知荣辱”的观念，认为经济搞活了，大家伙有钱了，个人的思想文化素质自然就提高了，荣誉礼节自然也就形成了；有的认为“产业发展实打实，文化发展花架子”，文化建设没必要，文化活动是可有可无的。另一方面，一些地方的村民文化观念淡漠，对文化建设的意义出现认识上的偏差。有的认为“经济能鼓钱袋子，文化不能当饭吃”，甚至有些人对文化的含义都不能认识清楚，认为有文化就是会读书，“有文化就是多认识几个字，能够考好学堂”，对于民俗民风与文化扯到一起感到不可理解。对文化认知的偏差与困惑，普遍形成了对文化基础设施建设不积极、不支持，对文化组织与文化活动不热情、不参与。

二是对乡村文化建设经费投入不足。农村文化设施建设应该纳入同城市公共设施建设均等化的轨道中，不能认为农村太广大、太分散，所以太难办就放弃投入。要提升整个民族的文化恰恰重点在农村，乡风的文明程度恰恰昭示着整个民族的文明程度。目前，各地普遍存在文化建设资金短缺的问题：第一，很多行政村集体财产太少，集体收入来源缺乏，即便有一些收入，也会将其投入到村民的民生工程上去，很少投入到文化建设上去；第二，很少有社会资本投入到农村的文化产业中去，投入的动力不足，社会资本一般会投向有知名度的风景区的文化设施建设上，会投入有经济回报的实体产业中去，但投入到分散的偏远山村的文化设施上目前还不太现实；第三，政府对乡村振兴的投入也主要在产业与民生上面，对文化的投入可能相对要缓一缓，但这一缓，就影响了当前乡风文明的进一步提升。

三是文化下乡的常态化机制没有形成，对农村的社会主义核心价值观的宣讲力度不够。第一，“文化下乡”面不广，“文化下乡”也仅仅是一阵子的事情，没有长期广泛地开展，效果只是在点上，没有在面上，没有形成一套广泛的长效机制。第二，对农村的文化宣讲也没有形成广泛的长效机制，没有专门的宣传队，也没有形成一个社会氛围，一些农民的心里没有真正确立社会主义核心价值观，所有的家风、民风、村风不好的问题，都是村民精神空虚的集中体现。要是像二十世纪六七十年代“破四旧”那会儿，什么样的封建迷信、奢侈浪费、赌博斗殴都会销声匿迹。

四是农村文化人才缺失。跟产业问题一样，农村缺乏文化带头人。文化人才都流失了，这与目前的农村人口现状不无关联，农村年轻力壮的、有一技之长的人都去城市打工了，剩下来的大都是老弱病残的、没有什么技艺的留守老人、妇女等，一些农村成了“空心村”。没有了文化人才的农村，就失去了活力，失去了文化存在与发展的价值，失去了文化的“魂”。二是一些年老体弱的民间艺人即使留在农村，也没有年轻人来继承他的技艺，后继无人。在一些民族地区有传统文化要靠这些人挖掘，但因为精力不济也只得作罢。

三、走出湖南乡村文化困境的途径

要走出湖南乡村文化建设出现的困境，必须加强农村干部和广大村民对文化建设重要性的认识，要深入推进社会主义核心价值体系建设，进一步弘扬良好的思想道德风尚；要加大对农村文化建设的资金投入，建立覆盖全社会的公共文化服务体系，努力实现城乡公共文化服务均等化，加强农村公共文化基础设施建设；加大文化下乡力度，大力发展农村文化产业；培育更多的农村文化人才，发展壮大农村文化人才队伍。

（一）社会主义核心价值观要占领农村思想阵地

我们讲的社会主义核心价值观是指富强、民主、文明、和谐，自由、平等、公正、法治，爱国、敬业、诚信、友善。社会主义核心价值观以马克思列宁主义、毛泽东思想、邓小平理论、“三个代表”重要思想、科学发展观和习近平新时代中国特色社会主义理论为指导思想；体现在中国共产党领导下，走中国特色社会主义道路，实现中华民族伟大复兴的共同理想；弘扬以爱国主义为核心的民族精神和以改革创新为核心的时代精神；树立社会主义荣辱观。要甄别古代文化和外来文化的积极方面、进步的因素与消极方面、落后因素，对消极、落后、倒退的文化，要大胆批判和剔除。要让尽善尽美的思想内容、人民群众喜闻乐见的艺术形式占领广播影视、报纸杂志、新闻出版、演剧舞台以及互联网等当今文化的主阵地，以发挥宣传理论、教育群众、启迪智慧、净化心灵、丰富生活的积极作用。农村地区要从农村干部抓起、从村民家庭抓起、从娃娃抓起、从学校抓起。农村干部要以身作则，率先垂范。

（二）要在农村中大力弘扬中国传统文化

中国传统文化浩如烟海，但良莠不齐，精华与糟粕并行，先进与落后同在。有相当一部分文化从远古开始、源远流长、生生不息，成为我国优秀传统文化的重要组成部分；还有一部分与前者相伴相生、时隐时现、时长时消。如在五千多年的发展中所形成的以爱国主义为核心的团结统一、爱好和平、勤劳勇敢、自强不息的伟大民族精神，就是我国优秀传统文化的重要内容和重要伦理特质，而所谓的“三从四德”“三纲五常”和迷信思想就成为我国传统文化的典型糟粕。我们在认知、感受和接受古代文化的时候，一定要按照毛泽东同志所说的吸收其精华、剔除其糟粕、推陈出新的原则来进行。

1. 传统文化以爱国主义为主旋律和核心

爱国主义是中华传统文化最大的伦理特质。从盘古开天辟地、女娲补天、精卫填海的神话故事，到燧人氏教人钻木取火、神农氏教人耒耜的民间传说；从尧舜的禅让、大禹治水的美丽传说，到周公吐哺、天下归心的历史故事，都体现了远古时代的中华祖先智慧、勤劳、善良的伟大品格。特别是伟大的爱国主义诗人屈原，他以不朽诗句“长太息以掩涕兮，哀民生之多艰”“路漫漫其修远兮，吾将上下而求索”，表现自己的爱国情怀。自此以降，爱国志士仁人层出不穷。范仲淹的“先天下之忧而忧，后天下之乐而乐”，反映了诗人忧国忧民的伟大品质。岳飞的“三十功名尘与土，八千里路云和月”“壮志饥餐胡虏肉，笑谈渴饮匈奴血”，表现了扫荡外敌入侵的激越雄壮的感情。文天祥“人生自古谁无死，留取丹心照汗青”体现了不能扫除入侵之敌、宁死不屈的悲壮情愫。谭嗣同“我自横刀向天笑，去留肝胆两昆仑”，反映了为变法而献身、视死如归的感人品格。这些可歌可泣的诗句和伟人的爱国思想情怀感染着一代又一代人们，成为千千万万中国人奋发向上、百折不挠、自强不息的精神支柱，成为中华民族生生不息、发展壮大、走向富强的精神动力。

2. 传统文化以贵“和”求“谐”思想为基调和价值追求

以和为贵，追求和谐，是中国传统文化的又一个伦理特质。孔子很看重“和”，他说：“礼之用，和为贵。”墨子也强调人与人之间要和谐，要“兼相爱”“爱无差”。孟子则很重视“人和”与“中道”，他说：“天时不如地利，地利不如人和。”“老吾老以及人之老，幼吾幼以及人之幼。”这些传统文化中的和谐思想影响至今，极具思想价值。

3. 传统文化以尊“仁”重“义”的儒家思想为主流

儒家伦理思想有很多优秀的方面，需要我们大胆吸收。其思想特质有：一是重仁重义。孔子重视“仁”，要做到“仁”，就必须“爱人”；孔子也重义，而且重义轻利，他说：“君子喻于义，小人喻于利。”“不义而富且贵，于我如浮云。”孟子也是重义轻利的，为了义，可以舍生取义。这些人伦要求即使在今天也是适用的。二是崇志尚节。儒家把追求仁当作人最大的志向与气节，不惜为此而舍弃自己的生命。孔子认为："三军可夺帅也，匹夫不可夺志也。"又说："志士仁人，无求生以害仁，有杀身以成仁。""朝闻道，夕死可矣。"孟子说："吾善养吾浩然之气"，做到"富贵不能淫，贫贱不能移，威武不能屈"。三是重孝贵礼。儒家认为，对父母与先祖尽孝是人伦的基础。孔子主张做人要温、良、恭、俭、让。

4. 传统文化以崇道尚真的道家思想相映衬

一是崇尚自然。道家的创始人老子把道归结为世间万物的本原，指出："道生一，一生二，二生三，三生万物。"。他指出人要依照自然法则行事，"人法地，地法天，天法道，道法自然。"他还主张人的性情要有水的柔性，"上善若水。水善利万物，而不争。"二是心胸豁达。道家的另一代表人物庄子要求人不要违背天性，要保持人的本真，安享一种清净逍遥的自由境界。这些思想都闪烁着智慧的火花，值得今人参悟。

（三）让广大农民群众理解中国传统文化对当今文化建设的启示，大力提倡和谐文化

我们讲的和谐文化是指社会主义和谐文化。社会主义和谐文化是指在社会主义核心价值观领引下，与构建社会主义和谐社会相适应的，以满足不同民族、不同社会阶层的多层次、多样性的文化表现形式。社会主义和谐文化尊重民族差异性，在不背离社会主义核心价值观前提下，允许不同风格、不同习俗、不同主题的文化载体和样式存在，真正做到"百花齐放"，特别是对于那些能表现少数民族地区民情的文化，更具民族性的民间文化，要大力挖掘和扶持。社会主义和谐文化包容层次性，文化的发展与经济的发展既有适应性，又有不一致性，地区有分，城乡有别，文化有高雅，也要有通俗，所谓雅俗共赏，"阳春白雪"与"下

里巴人”共存，能够体现大众性的文化，也是文化的奇葩，要着力发展。社会主义和谐文化要体现创新性，文化的生命力在于创新，文化样式要不拘一格，对于那些新奇，富有表现力、吸引力、感染力，不受死的框框所约束的具有反映科学性的文化，都要鼓励发展。当然也要反对有碍社会和谐健康发展的宣扬色情、暴力、迷信和邪教的腐朽文化。

（四）不断培育表现农村发展和农民生活情趣的精品力作

社会要营造一种氛围，让文化工作者在一种自由、没有后顾之忧的环境中搞创作，创建精品力作不断涌现的环境氛围和制度机制。文化工作者自身要深入农民群众、深入农村基层、深入农村生产生活，做到“三贴近”；还要不为物质利益所迷惑，能够静得下心来，潜心身投入文化精品的创作之中。政府不仅要在农村图书馆、文化站、演艺厅等文化设施的硬环境建设上花功夫；还要在图书出版、影碟发行、艺术家的培养以及艺术家的社会保障等软环境建设上倾注精力。艺术家的作品出来后，还要积极推介、宣传，不要吹毛求疵。要充分调动文化工作者的积极性、主动性和创造性。要把抓文化工作与抓经济工作一样重视，抓精神文明与抓物质文明一样重要，坚持“两手抓，两手都要硬”。

（五）重点支持乡村文化设施建设，自觉服务农村

要做到城乡文化争奇斗艳、雅俗共赏，必须加大对农村的文化建设公益性财政支持力度，大力加强农村公共文化设施建设。要以农村和贫困地区为重点，加强乡镇文化馆和图书馆、乡镇综合文化站、村文化室建设，深入实施广播电视网络村村通、文化信息资源共享、农村电影放映、农家书屋等文化惠民工程，要扩大覆盖面、消除盲点、提高标准、完善服务、改进管理。加大对

革命老区、民族地区、偏远地区、贫困地区文化服务网络建设的支持和帮扶力度。就是说，文化的服务和投入要以人为本，具有人性化。现在的问题是：乡镇人口相对集中，文化设施建设还比较容易，到了村这一级，农村居民分散，文化设施建设就难了；就算资金问题解决了，但行政村与自然村的文化设施该如何布局也是很头疼的问题，需要当地政府领导根据实际拿出智慧来解决，当然前提是资金要到位。文化工作者要自觉服务于农村、服务于贫困地区的人们，既要积极参加“文化下乡”等活动，又要建设这些活动的长效机制。

（六）农村文化产业要积极做大做强，并自觉履行义务

要支持农村中小文化企业发展。推动文化产业与旅游、体育、信息、物流、建筑等产业融合发展，其实就是要求把农村文化产业的发展提到新的经济增长点的高度来看待。要把农村文化产业化和农业现代化、城镇化、信息化结合起来，和第三产业其他行业结合起来。要运用现代高科技手段来发展，特别是电子信息技术、卫星通信技术、互联网技术等。要建立有效机制激发相关企业自主融入这一产业，并自觉依照法律法规进行生产、经营活动。要按市场经济规律合法定价、竞争、纳税，并自觉履行环保等义务，既提高经济效益，又提高人们素质、提高社会效益；既净化人们心灵、净化社会环境，又净化自然环境。

（七）要大力培育更多的农村文化人才，发展壮大农村文化人才队伍

除了“空心村”，在集中连片的自然村里，还是具备壮大文化人才队伍的可能。一是要培育乡村文化管理员，通过文化管理员发掘文化能人。可以确定村支部的宣传干部作为专职文化管理

员；也可以遴选热心公益活动、有一定文化素养的村民担任文化管理员。其职责就是发现和培育文化新人，组织开展文化活动，成立文化社团。二是通过广泛发动农民群众推选文化后备人才。需要文化管理员到更多的群众中去调查了解，让群众推举有技艺的人才，推选性情活泼开朗、可以造就的年轻人作为后备人才。三是加强对文化能人与文化后备人才的培训。可以将推选的后备人才送到上级文化部门进行“对路”的才艺培养，使其成为以后的文化“带头人”，通过文化“带头人”向更多的人传授技艺，从而壮大农村文化人才队伍。四是要搭建乡村文化发展平台，通过开展形式多样的文化活动作为“文化舞台”，让更多的文艺爱好者得到锻炼和发展。五是采取各种激励措施鼓励返乡创业就业人员兼职参与文化协会与文化活动。

第七章　实施乡村振兴战略中的乡村治理

有效的社会治理是乡村振兴的政治保障，是要推进乡村治理能力和治理水平现代化，让农村既充满活力又和谐有序。农村也要深化改革，积极推进农村的制度体系建设，包括农村治理的各项体制机制、法律法规安排；积极推进农村在运用各项制度管理农村社会事务的能力，包括改革发展稳定的能力。农村的和谐稳定，关系整个国家的长治久安，一定要正确处理各方面的关系，坚持依法治村，把农村的自治、法治与德治有机结合起来；坚持从严治党，把农村的党建工作搞好，防范农村党员干部的消极腐败；要坚持不懈地开展农村的扫黑除恶斗争，打击“村霸”与宗族势力，保持农村良好的社会政治生态。

一、目前乡村治理的状况

我们党在进行国家治理的过程中，从没有忘记农村的社会治理，在依法治国的进程中，从没有忘记依法治村。经过这些年的不断努力，我国的乡村治理取得了一个又一个成就，提升了一个又一个台阶，其成效有目共睹，呈现一片大好形势的局面。

（一）全国的乡村治理成就喜人

2019 年 6 月 23 日，中共中央办公厅、国务院办公厅发布《关于加强和改进乡村治理的指导意见》（以下简称《意见》），农业农村部在解读《意见》中指出，近些年，我国在推进乡村治理体系和治理能力现代化方面成效显著，以党组织为核心的农村基层组织建设进一步加强，乡村治理内容逐步充实，乡村治理手段不断创新，乡村治理体系进一步完善，农村基本公共服务显著改善，农村社会保持和谐稳定，广大农民的获得感、幸福感、安全感不断增强。[①]

1. 农村治理体系和治理能力现代化取得新成效

一是农村治理体系得到完善，乡村治理的制度化、规范化得到强化。以党组织为核心的农村基层组织建设进一步加强，以基层党建引领乡村治理成效显著。绝大部分行政村能够坚持把党建引领乡村治理，把基层党建摆在首位，把党员发挥模范作用摆在主位。农村治理体系不断得到完善，村党组织全面领导村民委员会、村务监督组织、集体经济组织、合作社组织以及其他经济组织。村党组织充分发挥战斗堡垒作用，能够加强基本队伍、基本制度、基本保障等建设，成为联系农民群众的桥梁与纽带，绝大多数的留守农村的党员同志能够坚持党性原则，履行党员义务与职责，发挥先锋模范作用；村委会能够履行基层群众性自治组织功能，管理本村的各项事务，村干部大都能够成为农民群众的贴心人，为群众解决实际问题；村民的自我管理、自我教育、自我服务能力显著提高。对那些经济比较落后与贫困、组织比较薄弱与松散的行政村，上级会选派政治水平高、管理能力强、具备一定科技知识的下派干部、包村干部或者大学生村官，指导本村的发展和各项工作，绝大多数本村干部能够和下派村干、包村干部、大学生村官协调一致，同心同德，并能够接受下派村干、包村干部、大学生村官的指导与建议，下派村干、包村干部、大学

---

① 《关于加强和改进乡村治理的指导意见》，中国政府网，http：//www.gov.cn/zhengce/2019－06/23/content_ 5402625.htm，2019－06－23。

生村官一般也能够虚心了解实际情况，接受本村干部的意见。驻村第一书记能够和原村委书记和班子所有成员理顺关系，共商发展大计，共谋乡村治理。由此形成了较为合理、较为完善的乡村治理体系与治理机制。

二是农村基层干部的治理能力得到加强。绝大多数村干部的思想政治素质有很大提高，具有群众观点，会走群众路线，他们能够着力群众需求，善于问计于民。党的十八大以来，村干部的行事风格少了形式主义、官僚主义的东西，多了实事求是、踏实干事的做派和作风，中央“八项规定”能够落到实处，不吃拿卡要，要求群众做到的事自己首先做到；很多村干部能够把群众的利益放在第一位，把群众的幸福感、获得感、安全感放在心上，尽量把好处让给群众，自己不向组织伸手要好处；绝大部分党员村干部能够严于律己，勤于村务，坚持党性原则，严守党的纪律，反对消极腐败，保持清正廉洁的品格，成为全心全意为村民服务的好党员、好干部；绝大多数驻村干部，舍小家为大家，为乡村的振兴呕心沥血，拼命苦干，其奋斗精神可歌可泣，有些驻村干部牺牲在乡村振兴的第一线，根据国务院扶贫办提供的数据显示，截至 2019 年 6 月底，全国共有 770 多人牺牲在扶贫岗位上，他们永远被乡亲们怀念和铭记。

2. 乡村治理内容不断充实，全面推进自治、法治、德治有机结合，多措并举增强了农民的安全感

在自治方面，很多农村创新了许多方式方法，比如，规范村级组织工作事务，切实减轻村级组织负担；增强村民自治能力，健全党组织领导的村民自治机制，全面实施村级事务阳光工程，推进村级事务及时公开。在法治方面，全面依法治国在乡村取得很大成效，依法治村不断推进，法治宣传教育在农村得到加强，村民的法律服务得到进一步完善，村民尊法、学法、守法、用法风尚逐步形成。在德治方面，村规民约、村民道德公约等自律规范得到加强，传统道德得到进一步弘扬，新乡贤得到培育并发挥应有作用。

3. 乡村治理手段不断创新

各地大力推广“枫桥经验”和“积分制”政策。“枫桥经验”是浙江诸暨市枫桥镇创造的经验，[①] 即“党政动手，依靠群众，预防纠纷，化解矛盾，维护稳定，促进发展”，做到“小事不出村、大事不出镇，矛盾不上交，就地化解”，有效帮扶刑满释放人员，积极管理外来务工人员，取得了社会治安好成效；“积分制”是以积分管理为主要形式，从村民最关心、最迫切的身边事入手，将乡村重要事务量化为积分指标，对村民日常行为进行评价积分，并根据积分结果给予相应激励。积分制切合农村实际、简单易行，凸显了农民在乡村治理中的主体地位，培育了文明乡风、良好家风和淳朴民风，提高了乡村治理效能。“积分制”政策推动了解决乡村“关键小事”。[②]

4. 严厉打击黑恶势力、宗族势力，成效显著

农村的黑恶势力是阻碍乡村治理的元凶，过去在一些农村，他们曾经称霸一方，左右村里很多事务，妨碍村干部工作，欺压普通农民群众。他们不同意办的事情，村干部没办法办成，他们要想办的事，村干部和群众无法阻止。他们有的与宗族势力勾结，有的把村干部拉下水，严重干扰乡村的发展。宗族势力也是影响农村社会治理的因素，他们靠人多势众，常常干预村干部决

---

① 《人民日报评论员：让“枫桥经验”在新时代发扬光》，人民网，http：//opinion. people. com. cn/n1/2018/1113/c1003 -30396430. html，2018 -11 -13。

② 《我国乡村治理政策体系初步建立 积分制助力解决乡村“关键小事”》，《人民日报》2020 -08 -03。

策，妨碍正常的干部选举。近些年，通过打黑除恶专项斗争，黑恶势力受到毁灭性打击，宗族势力也逐渐退隐，村干部也清除了队伍中受过刑事处罚、存在“村霸”、涉黑涉恶、涉邪教等问题的人，在村干部选举方面，坚决打击贿选行为。据统计，2018年，全国公安机关共打掉涉黑组织1292个，恶势力犯罪集团5593个，破获各类刑事案件79270起。① 2019年，全国依法打掉涉黑组织2848个、涉恶犯罪集团9304个，破获刑事案件350719件。② 这里面很大一部分是在农村取得的战果。

5. 农村社会总体保持和谐稳定，乡村治理典型村镇、示范村镇不断增多

在全国开展“千村百乡”乡村治理示范村镇创建活动，初见成效。中央农办、农业农村部、中央宣传部、民政部、司法部等五个部门在地方创建的基础上，联合认定100个示范乡镇和1000个示范村，这一活动还在有序开展。广大农民的幸福感、获得感、安全感不断增强。

（二）湖南的乡村治理取得较大成就

在全国乡村治理取得良好进展的大形势下，湖南的乡村治理也多措并举，呈现向好的势头，不断取得佳绩。

1. 统筹谋划乡村治理实施方案

乡村地域宽广，情况复杂，乡村治理内容相当丰富，治理手段也应多样，不能搞单打一，因此，省里决定统筹谋划，多部门

---

①《全国公安机关打掉恶势力犯罪集团5593个》，新浪网，https://news.sina.com.cn/sf/new/fzrd/2019-01-31/doc-ihqfskcp2024293.shtml2018，2019-01-31。

②《2019年，全国依法打掉涉黑组织2848个》，搜狐网，https://www.sohu.com/a/363812224_100068302，2019-12-31。

联动。2018 年 7 月，省农业委牵头，联合湖南省民政厅、省委组织部、省司法厅、省财政厅、省文明办六部门出台《湖南省乡村治理三年行动实施方案（2018—2020 年）》，对乡村治理的六个重点方面，从全省大局上进行全面规划设计，这六个方面内容是：村级组织夯实提升、村级民主制度健全、村级公共服务完善、村民自治实践深化行动、社区治理创新实验区创建以及农村“幸福社区”示范创建活动，以此全面提升湖南乡村治理和服务能力。[1]

2. 体制机制不断健全和完善，坚持依法治村

乡村治理必须依法进行，必须有健全的体制机制，并且要随着形势的发展和要求的提升不断完善。针对乡村治理中的突出问题，经过认真的调查与研判，省里决定对农村的婚丧喜庆、村规民约等主要方面问题实行制度约束与规范。2018 年，湖南省民政厅联合省文明办、省纠风办、省农业农村厅、省公安厅，在全省开展文明节俭操办婚丧喜庆事宜工作，编印《违规操办案例警示录》和《移风易俗典型示范案例》，制作《殡葬改革系列宣传片》。组织全省党员干部签订文明操办承诺书，指导村居将文明操办婚丧喜庆事宜纳入村规民约。要求村村成立红白理事会，制定红白事办事章程，要移风易俗，不得大操大办。2019 年，湖南省民政厅又联合中共湖南省委组织部等七部门下发《关于进一步做好村规民约和居民公约工作的实施意见》，部署开展村（居）规民约修订工作。2020 年，民政厅会同省司法厅在全国率先制定出台《关于开展村规民约和居民公约法制审核的指导意见》，全面规范村规民约制（修）订合法性审查的内容、程序和目标要

---

① 《湖南省乡村治理三年行动实施方案（2018—2020 年）》，中国政府网，http：//www. moa. gov. cn/xw/qg/201902/t20190221_ 6172485. htm，2018 - 10 - 22。

求，部署安排对全省村规民约制（修）订和法制审核清查工作进行“回头看”，进一步夯实了党的执政基础、创新了基层治理，淳化了乡风民风，促进了社会稳定和谐。[①] 研究制定基层群众性自治组织依法自治事项清单，形成《有关村（居）民委员会的法律条文汇编》，切实为基层群众性自治组织放权赋能松绑，进一步健全党组织领导的自治、法治、德治相结合的城乡基层社会治理体系。

3. 学习全国先进经验，开展示范乡镇、示范村建设

湖南积极推广乡村治理“枫桥经验”和“积分制”政策，“枫桥经验”和“积分制”政策是相当成熟的经验，全国很多地方都在实行，湖南借助这些乡村治理的好经验，取得了很好的效果。例如，在湖南津市实施“积分制”，51 个村和农村社区里建起“绿色银行”，对垃圾分类量化积分，为每个农户发放“绿色存折”，推动农村垃圾分类处理率达到100%，从而使津市农村卫生治理有了很大进步，“积分制”还带动了其他治理方面的改进。[②] 湖南还根据全国乡村治理的要求，争创乡村治理的典型，开展示范乡镇、示范村建设，2019 年湖南有五个乡镇获“全国乡村治理示范乡镇”殊荣，它们是：长沙市宁乡市大成桥镇、衡阳市珠晖区茶山坳镇、邵阳市邵东市灵官殿镇、岳阳市临湘市羊楼司镇、郴州市嘉禾县晋屏镇。湖南浏阳市沿溪镇沙龙村、衡阳县西渡镇梅花村、湘西州花垣县双龙镇十八洞村等 49 个村获得“全国乡村治理示范村”殊荣。此外，常德市石门县推行社会交

① 《关于进一步做好村规民约和居民公约工作的实施意见》，中国政府网，http：//www. yueyang. gov. cn/mzj/7440/7443/content_ 1579012. html，2019－06－06。

② 《乡村治理“积分制”积出满满幸福感》，http：//bbs. thmz. com/forum. php?mod = viewthread&tid = 2966415，2020－08－05。

通治理行动南北镇试点工作，结合农村地区交通事故特点，采取召开屋场会、广播会等方式，“以案说法”讲述身边发生的事故案例，警示驾驶人安全文明出行。

4. 依法治村取得骄人成绩

在各项制度的指引与规范下，全省广大农村立即行动起来，认真学习各项制度与法规，对照执行，件件落实，到 2019 年底，全省村规民约覆盖率、修订率均达到 100%。新增 2000 张照料护理床位，建设 3000 所农村留守儿童之家，为 50% 以上生活不能自理的特困人员提供照料护理服务，农村养老服务设施覆盖率达到 60% 以上。到 2020 年，全省每个村将平均拥有不少于 5 个社区社会组织，农村老年协会覆盖 90% 以上的村，乡镇（街道）社会工作站实现全覆盖，社会工作专业人才占总人口 1‰，注册志愿者人数占居民人口 13%。这些骄人成绩都是经过全省广大农村干部和农民群众依法治村、共同努力取得的。

二、湖南乡村治理面临的困境

在看到湖南乡村治理总体形势向好向上的同时，也应该看到，湖南乡村治理中存在的不少问题与不足，再向前迈进将面临着一些困境。要认真分析面临的困境，查找产生这些困境的原因，为最终走出困境找到最佳途径。

（一）湖南乡村治理面临的困境

1. 基层组织力量薄弱，有些党员干部治理能力欠佳

一是有些乡镇党委领导方式科学性不强。一些乡镇党委还是难以把握好管理与治理的区别，仍然沿袭过去管理的惯性思维模式，不能有效行使乡村的系统治理、源头治理以及综合施策，出

现某些越权或者“搁权”现象，难免导致乡镇政府权力与村委会自治权的一些矛盾与冲突。例如，有某些个别镇在选配村干部时，对一些村缺乏认真考察，过度干预村干部的选举，希望选出乡镇认定的干部，而在另一些村则是放弃指导，走过场，完成名义上的选举，结果选出来的村干部，镇里不满意，村里也不高兴，群众也有意见；而一些乡镇在对村务工作、产业发展方面，强制推行乡镇决策，却对村干部提供服务、指导与帮助不够，有些派驻村里的干部，群众长期见不到他们的影子，群众叫不出驻村干部姓什么。二是有些村“两委”、村干部之间缺乏团结协作，相互不能很好配合，有些村的驻村干部与本村干部也难以磨合。在处理党务工作、村务决策、财务管理以及其他事务时产生矛盾纠葛，出现各自为政、相互争权的现象；有的村干部依靠宗族势力、拉拢群众作后盾，打压竞争对手。三是有些村干部的奉献精神不强，一心只想着个人利益。当乡镇给村干部的待遇很低时，都不愿意当村干部，要辞职不干，只管自己的一亩三分地，导致村里事务无人管，群众利益受损；当乡镇给村干部的待遇较高时，都抢着要当村干部，并为此大显神通。调查显示，在湘南某乡镇，当乡镇一年给村干部的工资补贴低于3000元时，没有多少人愿意当；当乡镇一年给村干部的工资补贴是3000至5000元的时候，村干部勉勉强强有人当；当乡镇一年给村干部的工资补贴超过8000元时，就会有人抢着当。说明有些村干部容易受利益的驱使。四是村工作机制不健全，民主渠道不畅通，不充分让村民发挥自治权力，不走群众路线，遇事不发动群众、依靠群众。有些村搞不成“一村一品”，有些村搞出来却发展不下去，就是村事务缺乏群众基础、缺乏群众监督的结果。调查中发现，某镇有某些村想依照镇政府的思路发展油茶产业，但没有充分发动群众，导致没有多少群众响应，事情不了了之；另有一些村搞了一点，群众担心亏本，最后半途而废。五是村事务公正公平公开的制度建设不完善，工作不透明。制度建设是依法治村的重要一环，但有人也戏谑说："制度是写在纸上、挂在墙上、说在嘴上，就是不会落实在行动上的东西。"有些村里就连写在纸上、挂在墙上给人做做样子的制度都没有。没有制度的尊严就没有思想敬畏，就没有行为约束，有些村干部也因此而"翻跟斗"，因为违纪或腐败问题而受到应有的惩罚。2019 年 12 月，临澧县合口镇楠桥村有 7 名干部在路灯安装中因存在集体违规违纪行为而受到处分。2020 年 4 月，沅江市纪委监委通报 3 起扶贫领域腐败和作风问题典型案例，即沅江市四季红镇四季红村原驻村帮扶工作队队长违反工作纪律问题，沅江市草尾镇民主村原党支部书记、村主任违反工作纪律问题，沅江市泗湖山镇泗湖山社区原党总支书记、主任违反工作纪律问题。

2. 有些村民的自治意识薄弱，治理的主体弱化

村民自治的主要内容是民主选举、民主决策、民主管理、民主监督。但留守农村人员绝大多数是老人、妇女、儿童，即农村"386199"队伍，儿童不能参加农村民主自治的各项任务安排，而老人、妇女年龄偏大，身体偏弱，学历层次偏低，文化水平偏低，他们的健康素质和文化素质不高，决定着他们的自治意识不强，影响着民主自治的质量和成效。其实就是作为自治主体的村民多数是老弱病残者，自治的主体弱化了，形成不了强大的自治的阵势与合力。特别是有些自然村出现"空心村"现象，更是影响着整个行政村的自治进程。在民主选举方面，村民的选举很大程度上带有随意性，一些村民认为谁当村干部都是一回事，他们把心思主要放在自家的经济生活上，对村事务关注度、热情度不高；一些村民体弱多病、精力有限，对村集体事务主动性、积极性降低；对于村干部的选举只是流于形式。我们对村干部的调查问卷统计显示，有46.9%的村民对选举不积极踊跃。在民主决策、民主管理、民主监督方面，村民的自主自治意识更是淡薄，在民主决策上，很大程度是村党支部和村委会说了算，然后再告知全村群众，有的甚至连告知的义务都免除了；在民主管理上，由于对法规、制度、政策以及村规民约的宣传学习不够，一些村民连基本的法律准则和社会主义道德规范都不清楚，他们只能根据陈旧的法规认知和道德标准对村里发生的一些事情作出感性的是非评判，甚至连基本的法规认知和道德标准也发生偏差或者不符合新形势要求，其评判都不正确；在民主监督上，村民对村务知之甚少，有些村民长年不去村活动室走一遭，村里的事务公开没公开，公开及时不及时，或者公平不公平、公正不公正都不清楚，有些村务都是靠口耳相传，才略知一二，怎么谈得上监督。可见乡村的自治还有很长的路要走。

3. 有些村民的法治意识薄弱

虽然总体上湖南很多农村的村民有了很强的法治意识，很多行政村在依法治村道路上取得骄人成绩，但是也有少数村民的学法、知法、懂法思想意识不强，尊法、用法、守法的行为能力不强。仍有极少数村民意气用事，霸蛮作风，遇事不问青红皂白，不会以理服人，不会用上法律武器。有的地方依然时不时地出现村民之间、村干部与村民之间的矛盾、纠纷与冲突的不良情况。例如上级政府有政策对改水、改房、改厕有一定的以奖代补的资金发放，个别村有些村民或许是对政策没有搞清楚，或许是“等、靠、要”的思维习惯，以为政府又要像农业补贴一样见者有份，向所有村民统一发放补助，自己没有改水、改房、改厕却嚷着要村里给补助；或者改的未达到一定要求，没有补助、少了补助就吵吵闹闹，产生冲突，把上级的好事办成坏事。还有的城边村、镇边村或者开发地沿线的村民，对政府开发征地、撤迁补助标准不满意，产生对村干部的怨恨，不是通过协商、调解和法律渠道，而是采取非法报复行为。还有的村发生村民因为对行政村解决水质、土壤等污染，不执行对垃圾、废水的处理而受到教育与处分不满与村干部产生冲突的问题。另有少数村村民依靠黑恶势力、宗族势力称霸一方，影响其他村民正常生活等问题，有的村里发生恶性刑事案件，因为种种原因未能及时处理，造成一定程度的不稳定因素问题。

4. 有些村民的德治意识薄弱

虽然绝大多数农村在社会主义核心价值观的引领下，乡风文明取得了进步，但仍然有少数地方的有些村民道德风尚低下，行为方式落后，出现受到道德谴责的情况。调查了解到少数农村在“三德”方面还有不少问题与不足：一是社会公德方面。有些村民公德失范，不顾村规民约，肆意妄为。例如有极少数村民违背公俗良序，趁别人的男人或者女人出去打工很少回家，想方设法勾引他人，使其与之发生不正当男女关系，甚至强奸对方，破坏他人婚姻与家庭；有些村民赌博成瘾、赌输借钱再赌、导致债务缠身，引起家庭破裂、子女失去照顾或者失学辍学的严重后果；有些村民不注意勤俭节约，喜欢铺张浪费，在婚丧喜庆方面好攀比、讲排场、喜奢侈，导致不良社会风气蔓延；有些村民与邻里不和睦，纠纷不断，甚至大打出手；有些村民喜欢贪小便宜，爱干一些偷鸡摸狗的腌臜事，等等。二是职业道德方面。有些村民职业操守不强，为了自己的承包地或者产业利益，损害他人的生产设施或生产成果；有些村民在村合作社或者村里其他经济组织里工作不认真负责，偷工减料；有些村民在自家开设的农资商店里贩卖假农药、掺假化肥、掺假农作物种子，坑害其他村民，导致被害村民农业生产减产甚至绝收；有些村干部违背为官道德和政治纪律，搞贪污腐败，造成小官大贪的恶劣影响。三是家庭美德方面。少数村民脾气暴躁，缺乏家庭美德，一遇不顺心之事就实施家暴；有些家庭婆媳不和、子女弃养老人或者大人弃养孩子，等等。由此可见农村的德治还有很多要改进的地方。

（二）造成乡村治理困境的原因

1. 乡村治理的体制机制没有健全到位

首先，乡镇与行政村的领导体制没有很好理顺。有些乡镇没有适应治理新形势的要求，没有实现由管理下面的行政村到治理下面的行政村的转变，对于怎样既把全镇一盘棋的发展要求传递给行政村去落实，又充分发挥行政村的主动性、创造性，缺乏行之有效的方法；同时一些行政村受行政化思维方式束缚，不能自主地发挥行政村的自治功能，不能充分调动和发挥村民的自治作用，唯上不唯下，唯令不唯实，行政村的事务失去了群众基础。其次，行政村不能从本村的实际出发，不会能动地制定本村社会治理的各项规章制度，不能发动群众制定村规民约，不能正确地把握上级指示和村民要求的切合点，不会吃透政策精神并转化为通俗易懂的群众语言，不会深入群众中去学会思想沟通，不能有效地找到本村治理的合适方式与方法。有些行政村里拿不出一本规章制度的小册子，没有村规民约的宣传墙，没有村务公示栏。再次，行政村的党建工作薄弱，村党组织建设机制不健全。有些人口少的行政村村党员少，加上一些党员常年在外打工，村党员民主生活会开展不起来；有些人口多的行政村虽然有一定党员数量，但有些村支部书记对党建工作不重视，民主生活会也不能正常开展。这样党组织的战斗堡垒作用和党员的先锋模范作用得不到发挥，乡村治理没有很好的掌舵人和带头人，就没法有效进行。这些都是乡村治理出现困境的原因所在。

2. 乡村治理的基础设施未完善，对村民的教育培训未到位

凡是整体经济相对落后、村集体资产薄弱、不重视乡村治理的行政村，村里的各项公共基础设施得不到应有的建设和完善，乡村的治理状况就要差很多。有些村连起码的村支部召开办公议事活动的场所都十分简陋，甚至缺乏，没有村广播室以及其他文化活动设施；有的虽然有但没有专人负责管理，村活动室经常大门紧锁，见不到人，最后一公里的“村村通”工程没有真正做到位；一些分散偏远得不到整体搬迁的自然村没有通公路、通光纤网线，村民行路难，听不到村里广播的声音，上级的政策和村里的要求得不到及时宣传，这些都增加了乡村治理的难度。村民的文化水平低，对政策的了解能力不强，就需要得到村里应有的教育和培训，但是，村里既没有相应的教育培训设施，也没有能够开班组织村民进行集体培训的义务教师，村民接受不到法治知识、传统道德规范和社会主义核心价值观的熏陶，就不能真正明白像村里的选举、议事、监督等事情是应该积极主动去做的，而像参加迷信、加入邪教、参与赌博是当今不能去做的，不接受应有的学习，他们的言行只能是率性的、非理性的。这是村民的自治、法治与道德意识及素质得不到提升的主要原因。

3. 一些村干部对法规、制度、政策宣传不到位

如果不能开班培训村民，就应该及时对法规、制度、政策进行宣传。但是有些村没有广播员，村支书或者村主任也不去充当广播员，不能通过广播对上级法规、制度、政策以及本村的村规民约进行宣传解读；村干部又不去村民中广泛进行面对面的解释

和表达，而在执行中却强迫群众遵守照办，很容易造成群众抵触情绪。例如，某些村在新一轮土地确权中，不向村民解释确权的意义、重要性、有关要求以及有什么好处，直接上门要村民拿出户口本、原来的土地证才能确权，不然后果自负，并派人重新丈量土地，有些村民见不到政策文件，就不积极配合，还与村干部发生争吵。可见，法规、制度、政策宣传不到位也是乡村治理出现困境的重要原因。

4. 村干部对农民的关爱不到位

有些村干部工作方法不细致，不会与村民以心换心，不重视村民的日常生活与疾苦，不走家串户，不会嘘寒问暖，不会体现对村民痛痒的爱心、生活的关心、语言的暖心、情绪的细心；有些村干部对群众有好处的事情不闻不问，要麻烦群众的事情就找上门，让群众很烦心；有些村干部不对真正困难的群众进行帮扶，反而只是帮助其亲朋好友，让群众很寒心。例如某些村干部把住着别墅式房子、开着小汽车的亲戚当作低保户上报经济补助，反而把真正生活困难的群众放着不管，不让其吃低保，群众只得忍气吞声。这样的情况下，无论如何也没有办法实现乡村治理。

三、走出湖南乡村治理困境的途径

要使湖南乡村治理有效，就必须针对目前乡村治理中存在的各种问题与不足、矛盾与冲突，研究和探索行之有效的方法和措施，努力走出乡村治理面临的困境。根据我们的实践调查，认为必须在乡村党组织建设、治理体系建设、村干部治理能力建设以及干部与群众的自治、法治、德治意识的提高、素质的加强等方面下功夫。

（一）加强基层党组织建设，完善乡村治理体系

乡村治理要达到有效的目的，一定要强化党的领导。党组织建设是关键，体制机制建设是保证。要保证党对农村基层民主政权的领导，并通过一系列的制度机制的创设，保障治理措施的实施。

1. 加强乡村党建工作，增强组织力量

要健全村党支部建设，首先，要把政治建设摆在乡村治理系统党的建设的首位。要使村所有党员坚定政治信仰，站稳政治立场，执行政治路线，提高政治能力，选择村干部一定要突出政治标准。其次，要把思想建设作为乡村治理系统党的基础性建设。村党员干部要抽出时间学习基本的政治知识，学习马克思主义基本理论，特别是习近平新时代中国特色社会主义思想，要搞清楚并确立正确的世界观、人生观、价值观，要在思想上与非马克思主义思想意识作斗争。再次，要抓好乡村治理系统党的组织建设、作风建设、纪律建设。在组织建设上，要把乡镇任命与村民选举有机结合起来，选择政治立场坚定、生产技能过硬、愿意为村民奉献、具有创新精神的好干部，在作风建设上，要求党员干部善于团结同志、密切联系农民群众、生活作风正派，在纪律建设上，要求党员干部严守政治纪律，遵守法律法规，严格执行上级政策，清正廉洁。最后，要把制度建设贯穿乡村治理系统党的建设的始终。村党支部虽然是最小最基层的党组织，但作为党的细胞，必须健康发展。党组织要认真执行党内法规制度、严格党内政治生活，要自觉遵守制度、捍卫制度，要“把权力关进制度的笼子里”，筑牢不敢腐、不能腐、不想腐的防线。

2. 创设乡村治理的体制机制，理顺治理的各种关系

理顺村与乡镇政府之间、村领导班子内部成员之间以及村干部与村民之间的关系，根据村实际情况，制定好各项制度与村规民约。首先，要有村党支部书记、村委会主任抓乡村治理的主体责任制度。不管党支部书记与村委会主任是分设还是兼任，都不仅负有抓好本村的产业发展、壮大集体经济的职责，还有抓乡村自治、法治建设、道德建设的职责，要“守初心、担使命”，把实现好、维护好、发展好全村群众的根本利益作为己任，及时解决群众最关心、最现实、最直接的利益问题，当好掌舵人和领头羊的角色；要会团结一班子人，善于处理与乡镇和村民的关系，把对上负责任与对群众负责统一起来，善于与班子各成员同心协力，共同谋划、共同部署村里各项工作，善于走群众路线，遇事多与群众商量，一切为了群众，一切依靠群众。其次，要落实党支部纪检与村委监督责任。不管是党支部单设纪检委员，或村委会单设监督委员，还是将二者合并，都必须要有人担负起监督的主体责任，并有相应的制度与职责。要把监督作为一种使命、一种约束、一种爱护、一种警诫，通过监督，使村务工作公平、公正、公开和透明，充分保障农民群众的利益不受侵害；通过监督，杜绝农村工作的形式主义、官僚主义、享乐主义和奢靡之风。再次，要落实每一位村干部的工作职责，要将主管与分管相结合，相互配合，各负其责。党员村干部要发挥先锋模范作用，以身作则、率先垂范，非党员村干部也要在发挥自己的优势与能力的同时，努力提高政治素养，不断锤炼自己，多为群众办实事，争取政治上有更大进步，共同为乡村的发展作出应有的贡献。最后，要有村民自治的制度设定。不管是村规民约，还是独立的村民公约，都应该在法律与法规的框架里具体和细化，要求

村民做到什么，不能做什么，还要有奖励和处罚措施，并且要把制度规章张贴起来，宣传好，落实好。

3. 加强乡村治理的基础设施硬件建设

如果说体制机制属于软件建设，那么一定的设施就是硬件建设了。在经济条件允许的情况下，行政村应尽可能加强公共基础设施建设，这些设施里就应该有社会治理设施。要设立乡村教育警示室，将因违犯国家法律法规的行为而受到惩处的案例、故事用图表或者漫画的形式张挂起来；要设立宣传栏、黑板墙，可以将移风易俗的要求、婚丧喜庆的规定以及正反两方面的例子用文字与数据表现出来。乡村社会治理与乡风文明是相辅相成的，一些文化设施建设也表现为社会治理的设施，例如要有村广播室，各个自然村都要由村里统一架设广播线和安装广播，有条件的行政村可以将广播线与光纤网线一起架设，村里安排专人制作本村的网站与网页，进行文化教育、社会治理的政策宣传；可以设立村民体育文艺娱乐活动室，取缔地下非法赌博场所、赌博游戏机，要查处封建迷信场所、地下邪教组织活动场所。

4. 增强村干部治理能力建设

要不断提高村干部社会治理的思想意识和能力水平，县与乡镇两级要有专门的村干部社会治理能力的培训基地，与科技产业培训、文化培训相一致、相统一，要定期或不定期地开班学习教育指导；要有乡村治理的相关书籍资料教材，并能够适时安排实习与实践活动，到乡村治理典型村镇参观考察活动，实践活动后要写出学习心得体会和实践考察的认识与收获；要将乡村治理的成效作为村干部考核的重要内容，与工资待遇进行挂钩。

（二）优化下派驻村干部工作

在新世纪新阶段，选拔优秀党员干部到村挂职，是新形势下我们党加强农村基层组织建设，培养锻炼年轻干部，推进政治建设的一项战略性举措。前些年，我国不少村级党组织都存在一个重要问题——缺乏一个好的带头人，特别是相对贫困和后进的村，其贫困落后的主要原因就在于村党组织缺少一个好的书记，发挥不了应有的作用。而一个好的村党支部书记对该村的发展起着非常关键的作用。

1. 下派村干给村级党组织带来的积极影响

下派的村干到村履职后，给村级党组织建设和村庄带来了新的变化。从全省的情况来看，选派村干给村级党组织带来的积极影响表现如下：

首先，增强了村级党组织的团结。下派村干到村任职以后，一般都是直接担任村支部书记或第一书记。这使原本缺乏领导核心的村级党组织有了主心骨。由于下派书记是在众多优秀党员干部中选拔而出，政治素质好，大多具有大专以上学历，至少有两年工作经验，年龄一般在 40 周岁以下，具有较高的理论素养和较强的开拓创新意识和组织协调能力，因此，他们比本村的村干综合素质和能力一般都强很多。此外，他们在任职村与其他村干和普通村民一般都没有利益摩擦和人际冲突。所以，他们很快就能够获得村中党员干部和村民的认可，原本涣散的村级党组织很快就能团结起来。就是“两委”冲突这个老大难问题也因挂职书记的到来而变得容易协调。

其次，提升了村级党组织亲民的形象。下派村干到村以后，每个月至少二十二天吃住在村里。他们必须走家访户，进行细致的村情民意调查，然后与其他村干和村民代表等一起制定出适合本村发展的工作计划。下派村支部书记吃住费用等由原单位补助或自己解决，不用村里负担，更不能随便在村民家吃住，加上下派村支部书记在领导水平、工作作风等方面比本村村干高得多、好得多。这些情况扭转了以往一些村干作风漂浮、吃喝成风的恶习，迅速重塑了村党组织的亲民形象。据一些下派村干村反映，村民对一些挂职书记无不称赞，其中最重要的原因之一就是他们在细节方面，如人品、礼节、作风等适应了村庄社会风俗人情。有的村民就很直率地说，他们其实也并不指望村干能带领大家发家致富，但绝对看不惯一些村干的“官”样。这说明我们不能片面强调村级党组织注重发展经济，而是提倡要有社会治理的综合成效。

最后，夯实了村级党组织“执政”的业绩。下派村干不仅给村级党组织带来了作风等方面的变化，更重要的是他们给村庄带来了一定的政策支持，开展了系列工作，创造出了不小的业绩。这些挂职书记到村以后，利用经济、政策和能力优势，积极谋求村庄发展，如健全制度、规范管理、发展经济、兴修水利、改善基础设施等。很多挂职书记到村任职后很快就规范了“两委”制度建设，确保支部活动正常化，积极发展年轻党员，推广优质良种，改造农网，加固塘堰，扶贫济困，建设路政，化解村际矛盾，解决村民用水问题等。一些挂职村干进一步加强村“两委”班子建设，帮助解决历史遗留问题，找到一条富民强村的好路子，培养了合格的党组织接班人，发展了一批德才兼备的年轻党员。他们积极发展壮大集体经济，改变村里贫穷落后的面貌，营造风正气顺、干事创业的良好氛围。这些村政业绩为进一步巩固村级党组织领导核心的地位奠定了基础。

2. 下派村干工作需要注意的问题

下派村干有效地加强了以党支部为核心的村级组织建设，密切了干群关系，促进了农村社会的发展。但是，作为一项权宜性政策，选派活动和挂职村干对村级党组织建设的促进作用还是受诸多条件的限制而得不到进一步发挥，需要引起各有关方面的重视。

一是下派村干个人作用有限。下派的村支部书记一般在村只待三年，然后回调到原单位。在有限的三年内，下派村支部书记想让一个处于瘫痪或半瘫痪状态的村级组织有彻底改变，这对他们任何人来说都是一个很大的挑战。他们第一年多数只能熟悉村情，解决一些遗留问题，制定些初步计划。大多时间也是忙于完成上级部门布置的任务。第二年主要完成上级任务，落实部分计划。第三年又忙着为回调做准备。很多选派村支部书记感叹，他们自己可以以身作则，树立良好形象，但要想使本地村干改变在村庄环境中形成的一些思维或习惯，需要一个较长的时期。其实，很多下派村支部书记在坚持基本原则的前提下，都采取了入乡随俗的做法，主动适应村庄社会的风俗人情，让人有种被村落同化的感觉。由于下派村支部书记开展工作很大程度上需要本地村干和村庄名望人士的支持，他们得非常小心地处理与这些本地村干的关系，结果在执行政策、落实计划时自己往往也做某些妥协或变通。至于对村中党员进行教育、培训等建设，均受经济、场所、文化程度和村庄传统等限制。所有这些均使得下派村支部书记很难在短时间内促使村组织建设有实质性改变。

二是下派村干的工作需要配套政策支持。由于受资源、资金、技术、村民素质等方面的影响，对于大多数村而言，下派的村支部书记很难在短短三年内在经济建设方面取得实质性成效。

通过“一事一议”方式讨论村政建设往往因资金缺乏或者意见不统一而流产。挂职期间想真正做些事情，至少需要上级政府和水利、交通、农业、金融以及帮扶单位等社会各级力量的支持。否则，面对村里千头万绪的事，他们心有余而力不足，在有限的三年内，只能注重一些短期效益。

3. 下派村干工作核心重在健全两委运行机制

从目前大多数选派村干村的情况来看，下派村干到村以后，他们的工作重点应该放在支部自身建设和帮助建立一套决策民主、管理科学、运行通畅、配合协调、监督有效的“两委”运行机制，这套机制主要包括选拔机制、决策机制、管理机制、激励机制和监督机制等。因为这套机制建立起来之后，下派村干即使回调，村级组织也有可能慢慢走上规范化、制度化建设之路，同时可以保证下派村干制定的政策的延续性。这是下派村干留给所在村级组织和村民最宝贵的财富，也是我们变“能人治村”为“制度治村”的重大转变。但是，当前很多地方的上级政府对下派村干部工作职责的首要要求却是带领群众找到适合本村实际的发展经济的好路子，积极推进农业产业结构调整，千方百计增加农民收入，努力壮大村集体经济。在考核村干年终业绩时，把是否促进村经济发展和增加农民收入以及是否拉到赞助或投资排在首位，结果这些短期的、硬性的现实考核目标使得下派村干到村以后，成了和本地村干一样的天天忙着完成各项任务和检查的具体事务主义者。因此，各级党委和政府应坚持科学的政绩观，结合各地区和各村的实际，为各村的下派村干制定出统筹规划、重点突出的挂职计划，并且要建立下派村干的长效机制。

（三）乡村治理要坚持群众自治

历史唯物主义告诉我们，历史是人民群众所创造的，要坚持群众观点，相信人民群众能够自己解放自己。在革命战争年代里，在毛泽东同志的领导下，中国共产党依靠广大人民群众特别是依靠农村中广大农民群众的支持取得了新民主主义革命的胜利，农民群众也使自己翻身得解放，成为国家的主人；在社会主义建设过程中，依靠农民的巨大奉献，我们逐步建立了比较完整的国民经济体系和工业体系；在改革开放的进程中，我们依靠农民的首创精神，推行了家庭联产承包责任制，极大地解放了生产力。如今在推进乡村治理的进程中，我们依然要相信农民群众有能力提高自己的自治水平，实现乡村的有效治理。

1. 农民群众是乡村治理的真正英雄

马克思主义告诉我们，人民群众是推动社会前进的真正英雄。马克思指出："历史活动是群众的事业，随着历史活动的深入，必将是群众队伍的扩大。"[①] 毛泽东同志也指出："人民，只有人民，才是创造世界历史的动力。"[②] 1941 年 3 月，毛泽东在《（农村调查）的序言和跋》中说："必须明白：群众是真正的英雄，而我们自己则往往是幼稚可笑的，不了解这一点，就不能得到起码的知识。"[③] 当前农村的社会治理就是农民群众自己的事业，只有当农民群众认识到这一点，明白了这个事业的重大意义，只有农民群众都行动起来，齐心协力，共同搞好乡村的自治，农民群众就将成为乡村治理的真正英雄。首先，农民群众是乡村物质财富的创造者。农民依靠土地辛勤地劳作，从土地上获得我们吃喝住穿等最基本的生活资料。没有农民群众的物质创造，乡村不可能前进，不可能进步，更不可能振兴；没有农民群

① 《马克思恩格斯全集》（第二卷），人民出版社 1957 年版，第 104 页。
② 《毛泽东选集》（第三卷），人民出版社 1991 年版，第 1031 页。
③ 《毛泽东选集》（第三卷），人民出版社 1991 年版，第 790 页。

众对生产工具的改进和生产技术的运用，就没有农村生产力的发展，就没有广大人民的生活改善，最终也会使得城市成为一具空壳。其次，农民群众是乡村精神财富的创造者。党领导农民群众在马克思主义思想的指导下，在社会主义核心价值观的熏陶下，从事着科学的先进的农业生产劳动；同时，农民群众农业生产经营的实践活动，也成为精神财富的创造源泉，不断地创造着精神财富，他们对生产规律的认知不断提升，对科学知识的掌握不断深化，他们对实践经验的总结不断丰富，使得社会的精神财富不断增长。最后，农民群众是推动乡村社会变革的决定力量。农民群众是农村社会的主体，一切好的变革举措，都必须让农民依靠自己的主观能动性的发挥，依靠唤起农民的自由自觉行动，才会取得好的效果。改革力量最深厚的源泉存在于农民群众的思想意识当中，只有依靠农民群众自主自觉的实践，才会迸发出变革的巨大力量。由此可见在乡村治理问题上，我们要相信，只要能够唤起农民自治的思想意识，依靠广大农民群众的治理自主自觉的行动，就一定会取得巨大成效。

2. 农民群众已经具备了乡村自治的基础

经过近些年乡村振兴战略的实施，农民群众的乡村自主治理能力已经具备了一定基础。首先，农民群众的自治意识总体上有了很大程度的提高。随着农村整体社会生产力的发展和农民群众的生活水平的巨大改善，农民群众的幸福感、获得感、安全感也有很大提高，农民对乡村自治的重要性有了较深入的认识，参与民主选举、民主决策、民主管理和民主监督的热情不断高涨，也获取了切合农村实际的好方法和好经验，为进一步提升农民自治能力打下了坚实的基础。其次，村民与村干部的关系也有了切实的改进。村民与村干部之间不再像以前那样冒出很多矛盾、对立与冲突，虽然部分农民群众的文化水平还需要进一步提高，但他们的思想道德素养和政治素质明显有了很大进步，其行为方式更加和善、理性和热情。出于对党的农村良好政策的感恩，对村干部有了更多的理解和尊重，一般情况下都会积极支持和配合村干部的工作，只要村干部在村民自治方面进行合适而恰当的引导，今后乡村自治的难度就会大大减小。最后，村民与村民之间的关系比以往任何时候都更加融洽。村民之间不再像以前那样争利逐利，或者为了一点小事而积怨，他们比以往任何时候都显得大方、大度和谦让，那是发自内心的相互友好和善良，左邻右舍的和睦相处、相互关照是司空见惯的事情。群众经济上的不断好转必将进一步激发农民参与政治、文化和社会风尚的热情和自治的积极性、主动性、创造性。

3. 走群众路线，放手发动群众进行多方面的乡村治理行动

农民群众的乡村自治要取得更大成效必须走群众路线，要进一步放手，以发动更多群众参与进来。群众路线就是一切为了群众，一切依靠群众，从群众中来，到群众中去。1943 年 6 月，毛泽东同志在《关于领导方法的若干问题》一文中指出："在我党的一切实际工作中，凡属正确的领导，必须是从群众中来，到群众中去。这就是说，将群众的意见（分散的无系统的意见）集中起来（经过研究，化为集中的系统的意见），又到群众中去作宣传解释，化为群众的意见，使群众坚持下去，见之于行动，并在群众行动中考验这些意见是否正确，然后再从群众中集中起来，再到群众中坚持下去。如此无限循环，一次比一次地更正确、更生动、更丰富。这就是马克思主义的认识论。"① 乡村群众的自治

① 《毛泽东选集》（第三卷），人民出版社 1991 年版，第 899 页。

也是如此，首先，要将群众关于乡村民主自治的意见（分散的无系统的意见）集中起来（经过研究，化为集中的系统的意见）。这是考验村干部治理能力的第一步。要充分、深入、细致地开展调查，要走家串户，没有遗漏，询问每一户家庭、每一个村民，不管是在家的，还是外出打工的（过年要回家的），要了解各方面的情况与村民的要求与动机，了解他们的不满和祈盼。村干部要有很高的政治素质、无私的奉献精神和崇高的思想境界，要善于分析和研究群众的意见，善于把分散的、零碎的意见集中化、系统化，并结合本村实际，找到实施意见的可行性，研究经过努力可以解决问题的办法和途径的可能性，有些疑难问题可以请专家和上级领导进行指导。其次，要到群众中去宣传解释，化为群众的意见，使群众坚持下去，见之于行动，并在群众行动中考验这些意见是否正确。村干部们要把乡村自治的集中化、系统化的意见到全村每家每户向每个人作宣传解释，让农民群众明白村干部实实在在的工作态度、解决问题的诚挚心情，了解当前可以立即行动的事情和今后的行动任务。当取得了群众的理解和支持以后，就要发动群众大胆地去做。最后，要再从群众中集中起来，再到群众中坚持下去。要不断总结群众实施乡村自治的经验教训，好的要坚持下去，不好的要及时纠正，要不断创新乡村自治的方式方法，不断丰富新乡村自治的内容，通过循环往复的总结与坚持，使乡村自治更具成效，使乡村更具活力。

（四）乡村治理要坚持依法治村

依法治村就是要在乡村让农民群众在民主、平等、自由原则的基础上，在遵守宪法、法律、法规的大前提下，按照上级政策行事，依照乡规民约治理，使乡村社会和谐、稳定、有序。

1. 严格遵守宪法、法律和法规，在法治轨道上进行乡村治理

宪法是国家的根本大法，法律是人民意志的集中体现，法规是政府的施政规范，它们共同构成了我国的法治体系。我国法治道路的最大特征是坚持党的领导、人民当家作主和依法治国的统一，人民是依法治国的主体，党领导人民制定法律，保证执法，带头守法；法律实施是人民意志的体现，法治是为了人民、依靠人民、造福人民、保护人民。首先，要宣传好法律知识。在这个问题上，可能很多农民群众对法律知识的认知和理解不是很深，一定要向农民群众宣传好宪法和相关法律的主要内容，使其能够贯彻好、执行好宪法和相关法律；要让农民群众明白在法律面前人人平等；任何人都必须维护宪法和法律的尊严，尊重宪法和法律的权威，都必须在法律范围内活动；要让法治的光芒照亮农村的每一个角落，要让法治的火焰焚烧掉每一寸黑暗、每一颗尘埃，让农村不存在法治的盲区。其次，要使农民群众积极投身到法治实践中去，自我管理、自我约束，并能够最大限度地发挥积极性和主动性。要使农民群众人人都能够尊法、守法、用法，要敬畏法律，并学会使用法律武器为村民自治服务，做到不违反法律，更不能漠视法律，践踏法律，进行犯罪活动；要敢于同违法行为特别是黑恶势力犯罪作斗争，要共同寻找和分析黑恶势力的动因，铲除黑恶势力存在的土壤，消除农村不稳定因素；要学会运用法律武器制止不法行径，伸张正义，使广大农民群众都能够成为社会主义法治的忠实崇尚者、自觉遵守者、坚定捍卫者。最后，要使农民群众在法治过程中，法治素质得到提升，法治能力得到加强，积极参与到乡规民约的制定和完善的过程中去。乡规民约是乡村自治的具体体现，是村民社会治理积极性主动性的突出反映，要鼓励和支持；但乡规民约不能与现行法律法规相抵

触，不能超越法律的许可范围，要加以正确引导，使乡规民约既在法律的框架内，又切合不同地区、不同民族、不同风俗习惯的实际，为当地的社会和谐稳定服务。

2. 坚持乡村治理与市场经济秩序相适应的原则

乡村的生产经营活动要走市场化的道路，是要按照市场规律、遵守市场原则的，所以要改变以往不适应经济社会发展的思维模式，坚持把乡村治理与市场经济秩序有机结合起来。首先，要严格遵守市场法制原则。计划经济体制向市场经济体制的转换意味着国家不再主要依靠行政命令，而是主要依靠法律来规范和调节经济活动。市场经济是法制经济，它要求用法律来规范和调整经济关系。所以不能用朴素的小农意识，把农村按照市场规律的生产经营许可操作行为视为违法行为加以抵制。其次，要坚守公平原则。在市场经济中，凡是要交换的农产品都是商品，不论是消费资料还是生产资料，不论是固定资产还是流动资产，其交换和流通按等价原则进行，自由竞争，优胜劣汰，奉行公平原则。要剔除农村中的封建思想，不要以传统的风俗习惯以及祖辈的规矩来定价交易。要反对农村中的欺凌霸蛮行径。在市场经济条件下，各利益主体在法律面前一律平等，受法律的同等保护和同等制约。再次，要坚持自由交换原则。随着农村市场经济的进一步发展，农村市场也有一只“看不见的手”调节着整个农村经济的供求。各利益主体的买卖行为都是自由选择、自由行动，他们必须享有自由的权利，不能强买强卖。当然自由买卖的行为不得违反法律。最后，坚持个体利益与社会利益相统一的原则。在市场条件下，允许各利益主体在进行交易的过程中，实现个体利益的最大化，但交易行为不得损害社会利益。例如，法律禁止毒品交易，在农村也一样，农民不能以无知为由种植毒品并进行交易，不能捕捉国家明令禁止的野生动物，不能用电击方式或者鱼雷爆炸方式捕捉鱼类，等等；当然也不能一味地强调社会利益而随意地侵犯个体利益，否则是不利于市场经济发展的。

3. 要相互监督，保证依法治村的有效实施

监督是对法治的维护与保障，没有监督的法治就会沦为空谈。由于人的认识的局限性，在法治的过程中不免会有片面性，甚至出现了偏差还以为是在正确的法治轨道上，所以，监督起着纠偏和“护航”的作用。首先，要设立专门负责监督的机构和人员。可以设立村民监督委员会，由村民选举出3—5名有一定文化水平、有威望、有能力而且正直的村民，制定相应的职责要求，主要内容有：适时公布村级财务状况；经费的预决算与收支；村务的决策和公共设施建设的列支；村民的意见及建议的收集与处理；村干部离任审计，等等。其次，监督者要掌握政策，善于信息引导，定期组织自查，及时协调并提供相应纠偏服务。监督者自身要提高素质，加强学习培训，要准确掌握相关法律法规和政策，监督要持续，形式要灵活，程序要合法，公开要及时。最后，要形成有效的监督机制。乡村可以建立五个层次的监督机制：一是有乡镇对村干部的监督；二是党员干部的内部监督；三是村民对村干部的监督；四是专门监督机构的监督；五是舆论监督。要形成乡村监督机制的合力，保证监督的有效性。

（五）乡村治理要以德治村

道德是指依靠教育、社会舆论和人们内心信念的力量来调整人们之间相互关系的原则、规范、准则等的总和。在乡村，村干部虽然不是什么“官”，但有些村干部却有“官瘾”，爱要“官威”，而没有“官德”。要以德治村，就要先从村干部的治村道德开始，由于村干部在乡村中的地位和作用，提高其道德素质，规范其行为作风，以起到在全村的引领与示范作用。

1. 当前村干部道德素质须进一步提高

在打赢脱贫攻坚战和实施乡村振兴战略的过程中，虽然总体上村干部的道德素质有了质的提升，但个别村干部在明大德、守公德、严私德上还没有做到严格要求自己，依然出现社会公德、职业道德、家庭美德方面的一些问题，存在形式主义、官僚主义、享乐主义和奢靡之风的“四风”问题，甚至出现以权谋私、权钱交易等腐败现象，这些都无疑须要加大村干部道德建设。首先，道德总是与物质利益联系在一起的。在农村实施市场经济的过程中，有些村干部忘记了干部大公无私的道德要求，放弃了集体主义原则。市场经济的负面效应，对物质享受和个人利益的追求使得一些村干部道德失范，迷失道德方向，导致不择手段侵吞公共资产、集体利益与他人利益。其次，道德也与世界观、人生观、价值观不可分。一些农村地区忽视精神文明教育，思想政治工作薄弱，忽视社会主义核心价值观的弘扬；一些农村党员干部丢弃了全心全意为人民服务的宗旨，导致精神空虚、信仰失落，放松了世界观的改造和思想道德修养，不顾社会公德，不讲职业道德，不修家庭美德，造成了思想道德滑坡。最后，落后思想道德的消极影响也在所难免。在一些农村，落后的消极的封建思想道德沉渣泛起，西方一些腐朽的庸俗的资产阶级道德也渗透进来，一些村干部不加辨别地一概接受，把优秀的传统道德和社会主义先进道德弃之不顾，正义与正气得不到弘扬与彰显。这些现象都说明进一步提高农村干部道德素质很有必要。

2. 提高村干部的道德规范要求

首先，村干部要坚持把全心全意为人民服务作为最高行为准则，继承和弘扬中华民族优秀传统，树立正确的世界观、人生观和价值观，着眼于坚定共产主义理想信念和培养良好的道德素养。为人民服务是干部道德规范的核心和基石。中国共产党自诞生之日起，就把为人民服务作为自己的根本宗旨，并将其确立为共产党人价值观和社会主义道德的核心。在乡村治理的过程中，村干部要正确处理个人利益同他人利益、同群众利益的关系。自觉地把个人的人生目标同全党、全民族的共同理想和目标结合起来，树立人民利益高于一切、以人民为中心、一切从人民利益出发的道德观和价值观。其次，村干部要坚持把集体主义作为道德规范的基本原则。在社会主义市场经济条件下，国家、集体、个人的根本利益是一致的，尊重干部个人的价值，促进个人的进步和发展是集体主义的应有之义。与此同时，坚持集体主义与反对个人主义是不可分割的，个人主义是剥削阶级人生观、价值观的道德核心，它的错误在于处理个人利益和集体利益的关系时，把个人利益作为基础，以个人利益为中心，甚至不惜危害和牺牲国家和集体利益，这显然是与干部道德要求背道而驰的。最后，村干部要坚持把社会主义义利观当作干部的重要道德原则。义利观是同整个社会的根本价值导向联系在一起的，是与干部的政治理想、道德核心相辅相成的。在社会主义市场经济条件下，必须承认并强调“利”在经济生活中的作用，但社会主义所强调的利不仅仅是个人利益，更重要的是国家利益、社会利益和最广大人民群众的利益，这种利益的理论表达就是“义”。特别是对于干部而言，社会主义的义和利是统一的，离开了国家的整体利益，任何个人利益都不可能实现。社会主义既维护集体利益，也保障个人合法利益，但提倡干部要服从整体利益、服从大局。

3. 加强村干部的道德修养

首先，村干部要增强政治理论的学习，提高思想政治觉悟。

对村干部来说，坚定的信念、高尚的道德情操都来源于理论素养的提高。在乡村治理进程中，一定要学习马克思主义基本理论，当前特别要学习习近平新时代中国特色社会主义思想，加强科学认识，积极改造主观世界。其次，村干部要提高道德实践的能力。把“道”运用于社会实践就是“德”。社会主义市场经济条件下，检验干部是否有德的标准就是实践。要克服在一些村干部中存在的害怕艰苦、躲避困难、脱离群众、脱离实际、贪图虚名、不干实事，以及官僚主义、形式主义倾向。要切实转变工作作风，脚踏实地，埋头苦干；公正廉洁，艰苦奋斗；掌握政策，求真务实。培育敬业之德、求真之德、实干之德。最后，村干部要强化人格的力量。道德示范作用是一个自上而下的过程，村干部对优良的道德身体力行，就可以以自己的榜样和模范行为来影响农民群众，他就有人格力量，就有威望。要为群众以养底气，淡名利以养正气，敢负责以养浩气，不媚俗以养骨气，做“一个高尚的人，一个纯粹的人，一个有道德的人，一个脱离了低级趣味的人，一个有益于人民的人”①。

① 《毛泽东选集》（第二卷），人民出版社1991年版，第654页。

第八章　实施乡村振兴战略中的社会民生

生活富裕是乡村振兴的主要目的，反映了人民群众日益增长的美好生活需要。首先要全面建成小康社会，以后将逐步走向富裕，而这将是一个比较漫长而艰巨的任务。虽然农村的民生建设有了很大发展，农民的生活水平有了很大提高，就业、教育、医疗、社会保障等方面都有很大进步，但脱贫攻坚战还在深入进行中，解决范围广大、情况复杂的农村地区的民生还需要下大气力。

一、目前乡村社会民生的状况

提高农民的民生福祉始终是我们党坚持以人民为中心的治国理念的体现。在党和政府的领导下，经过全党上下和广大农民群众的共同努力，我国农村的民生建设取得了有目共睹的巨大成就。

（一）全国农村民生建设成效显著

我们党坚持发展为了人民、发展依靠人民、发展成果由人民共享，在共享发展中不断改善民生，增进人民福祉。农村群众在共建共享中有了更多的获得感和幸福感，在生活水平、消费水平、就业、教育、医疗和社会保障等方面都有很大提高、很多改善。

1. 农民收入逐年提高，生活水平不断改善

中国的富裕离不开农村的富裕，正如习近平总书记所说的“中国要富，农民必须富”。农民是中国人口的重要组成部分，是劳动力的重要来源，是不可忽视的财富创造者。随着中国经济保持持续的中高速增长，中国农民的收入也大幅度提高，“十二五”期间，粮食产量实现“十二连增”，农民收入增幅连续6年高于城镇居民的增速。[①] 据国家统计局发布的《中华人民共和国2019年国民经济和社会发展统计公报》显示，2019年，全国农村居民人均可支配收入16021元，比上年增长9.6%，扣除价格因素，实际增长6.2%。农村居民人均可支配收入中位数14389元，增长10.1%。2019年贫困地区农村居民人均可支配收入11567元，比上年增长11.5%，扣除价格因素，实际增长8.0%。2019年，我国农村居民的恩格尔系数已经降到了30.0%。由此可见，我国农民整体生活水平已经接近比较富裕。

2. 农村民生体制机制建设加强，金融惠农政策取得新成效

自实施乡村振兴战略以来，全国各地都加大了兴农强农措施，各级政府建立各种民生体制机制，以投资、对口支援、科技产业扶持、扶贫资金援助等形式，帮助农村产业发展以及生产生活设施建设。在金融体制方面，国家制定很多惠农政策措施，刺激社会各种资金流入农业领域，帮助农村自主引入各种社会资金扶持农业；各地金融机构也按照国家优先发展农业的要求，对农村农业农民实行贷款倾斜政策，有的实行低息贷款，有的实行信用评级免担保、免抵押贷款措施，有的更是实现免息贷款。据国

① 陈锡文：《走中国特色社会主义乡村振兴道路》，中国社会科学出版社2019年版，第107页。

家统计局公报显示，2019 年，全国主要农村金融机构（农村信用社、农村合作银行、农村商业银行）人民币贷款余额 190688 亿元，比年初增加 20866 亿元。这些贷款既有大宗贷款，更有很多依靠信用制度免担保免息的小微助农贷款。这些政策措施大大促进了农业的快速发展、快速脱贫致富。

3. 农民的消费能力不断增强，消费结构和消费习惯日益改善

随着物质条件的改善和收入的增加，农民钱袋子慢慢鼓起来，农民的消费欲望与消费能力也逐渐增强，以前很少使用的大宗电器，如空调、全自动洗衣机、抽油烟机等也大幅度增长，农村私人小汽车保有量逐年增加。不仅物质消费能力增强，农村的精神产品消费也不断增加，农民的消费结构和消费习惯日益改善，很多农民家庭装上了光纤宽带，购买了电脑，使用智能手机，上网看电视、看新闻，阅读电子书籍。据国家统计局公报显示，2019 年，全国乡村消费品零售额达到了 60332 亿元，增长 9.0%。主要农产品粮油、食品类零售额比上年增长 10.2%，饮料类增长 10.4%。农村居民人均消费支出 13328 元，增长 9.9%，扣除价格因素，实际增长 6.5%。这些数据充分显示了农村巨大的消费潜力。

4. 农民的就业状况不断改善，农村贫困发生率不断下降

随着农村经济的不断发展，农民的就业也变得形式多样，很多农民亦工亦农，农闲时节外出打工，农忙时节回家抢抓生产；有些企业家在农村创业，农民可以实现在家门口就近就业。据国家统计局公报显示，2019 年，全国农民工总量 29077 万人，比上年增长 0.8%。其中，外出农民工 17425 万人，增长 0.9%；本地农民工 11652 万人，增长 0.7%。随着打赢脱贫攻坚战的深入进行，我国农村贫困发生率大大下降。公报显示，2019 年，按照每人每年2300元（2010年不变价）的农村贫困标准计算，年末农村贫困人口551万人，比上年末减少1109万人；贫困发生率0.6%，比上年下降1.1个百分点。由此看来，完成既定的目标，即到2020年底，实现农村全部贫困县与贫困人口双摘帽，贫困发生率下降为零，是板上钉钉的事情。下一步如何为实现“第二个一百年”奋斗目标开好局、起好步，为全面实施乡村振兴战略而努力奋斗。

5. 农村其他民生措施坚强有力，社会保障日趋完善

一是全国农村危房改造进一步推进。据国家统计局公报显示，2019年，全国农村地区建档立卡贫困户危房改造63.8万户。二是全国农村最低生活保障基本做到了全覆盖，至2019年底，全国3456万人享受农村最低生活保障，439万人享受农村特困人员救助供养。三是农民的受教育年限不断增加，九年制义务教育得到全面落实，义务教育学费与学杂费全免，农村大学生入学率不断提升，农村大学生助学贷款充分保证。四是农民的健康卫生状况得到很大改善，农村合作医疗制度得到全面实施。到2019年底，全国乡镇卫生院3.6万个，村卫生室62.1万个，乡镇卫生院床位138万张。五是农村人居环境大大改善，植树造林成效显著。2019年底，全年完成造林面积707万公顷，其中人工造林面积365万公顷，占全部造林面积的51.6%。森林抚育面积773万公顷。新增水土流失治理面积5.4万平方公里。

（二）湖南省农村民生建设取得较大成就

湖南省积极响应中央打赢脱贫攻坚战和实施乡村振兴战略的指示精神和要求，不断改善本省农村民生状况，大力提高农村群众的收入和生活水平，加大民生的各项建设力度，始终走在全国民生建设的前列。

1. 全省农民生活水平显著提高

湖南省虽然是中部内陆省份，发展条件不如沿海地区，但省委省政府高度重视农村居民的收入和生活水平，采取各种措施释放改革红利，在共建共享中增进农民福祉。据湖南省统计局发布的《2019 年湖南省国民经济和社会发展统计公报》显示，2019 年全年全省居民人均可支配收入 27680 元，比上年增长 9.7%；人均可支配收入中位数 22608 元，增长 9.2%。城镇居民人均可支配收入 39842 元，增长 8.6%；城镇居民人均可支配收入中位数 36036 元，增长 8.5%。农村居民人均可支配收 15395 元，增长 9.2%；农村居民人均可支配收入中位数 13920 元，增长 9.6%。城乡居民收入比由上年的 2.60∶1 缩小为 2.59∶1。农村居民收入增长高于城镇居民，城乡居民收入差距进一步缩小。

2. 全省农民消费水平不断提高

农村居民收入的增加必然带动其消费能力的增强，近些年本省农民的消费水平不断提高，大大改善了生活质量。据湖南省统计局公报显示，2019 年，全年全省居民人均消费支出 20479 元，比上年增长 8.9%。城镇居民人均消费支出 26924 元，增长 7.4%；农村居民人均消费支出 13969 元，增长 9.8%。农村恩格尔系数为 28.2%。农村居民的消费增长幅度也高于城镇居民的增长幅度，恩格尔系数说明农村居民的生活水平基本达到较富裕的阶段。

3. 全省农民就业状况不断改善

农村居民改变了单一的依靠农业生产就业的方式，有了更多的就业途径，其身份也发生了变化，大量的农民工涌现出来，农民工就业与日俱增。据湖南省统计局公报显示，2019 年，全省全年新增城镇就业人员 80.83 万人。农民工总量 1778.7 万人，比上年增长 1.2%。新生代农民工 963.1 万人，增长 0.4%，比上年提高 0.2 个百分点，其中城镇为 27.9%，农村为 28.8%。农民工的就业数量远远多于城镇居民的就业数量。

4. 全省农村卫生健康水平不断加强

政府加大对农村卫生条件的资金投入，改善缺水地区用水条件，加大垃圾处理力度，进行农村旱厕改造，农村居民的卫生条件不断改善，其健康水平也得到了加强。特别是改善农村基层卫生机构设施，增加农村医务人员工资水平，保证农村医务人员安心扎根农村。据湖南省统计局公报显示，2019 年，全省乡镇卫生院 2169 个、村卫生室 39504 个。乡镇卫生院拥有床位 10.5 万张。基本保证了农村居民小病不出村，大病不出乡。另据《2019 湖南经济社会发展情况和民生调查数据情况发布》（以下简称《发布》）的数据显示，[①] 2019 年，农村及城镇低保适龄妇女“两癌”免费检查 106.14 万人，基本消除村卫生室“空白村”1153 个。

5. 全省农村其他民生措施不断推进，社会保障体系进一步完善

一是农村基础设施建设投入继续增加，农村公路提质改造取得实效。据《发布》的数据显示，2019 年，新增自然村通水泥（沥青）路 1.62 万公里，提质改造农村公路 5445.76 公里，二是改造用水设施，建设农村自来水。据《发布》的数据显示，2019 年，新增农村自来水人口 133.46 万人。三是政府不断完善农村社会保障体制机制，在原贫困地区做到了“两不愁、三保障”落实到位，不打折扣，在非贫困地区的农村，也基本做到了保证生活

---

① 《2019 湖南经济社会发展情况和民生调查数据情况发布》，新浪网，http://hunan.sina.com.cn/city/gdyw/2020-01-19/detail-iihnzhha3462689.shtml，2020-01-19。

困难农村居民获得最低生活保障。据湖南省统计局公报显示，2019 年，全省获得政府最低生活保障的农村居民 134.3 万人，发放最低生活保障经费 35.8 亿元。全省获得政府最低生活保障的农村居民 134.3 万人，发放最低生活保障经费 35.8 亿元。切实保障了农村民生，增加了农民的福祉。

二、湖南乡村社会民生面临的困境

由于受到各种自然条件的限制和历史的原因，农民的民生难题不是一朝一夕可以解决的，农村存在的民生短板是不可避免的，认清这些民生难题与短板，了解农村民生面临的困境，也是非常必要的。

（一）湖南省农村民生建设面临的困境

一是农民的生活水平虽有很大提高，但与城镇居民的收入相比差距还很大，与全国相比也有一些差距。从 2019 年湖南省的统计公报与全国的统计公报的数据分析与对比中，可以看出，虽然我省农村居民人均可支配收入比城镇居民人均可支配收入增长幅度高 0.6 个百分点，农村居民人均可支配收入中位数比城镇居民人均可支配收入中位数增长幅度高 1.1 个百分点，但是我省城镇居民人均可支配收入比农村居民人均可支配收入多 1.59 倍。与全国相比，我省农村居民人均可支配收入还未达到全国农村居民人均可支配收入的平均水平，我省农村居民人均可支配收入中位数也低于全国农村居民人均可支配收入中位数，我省农村居民人均可支配收入比上年的增速也比全国的增速低 0.4 个百分点，中位数增速也比全国低 0.5 个百分点。我省农村号称“鱼米之乡”，城市工业也相当可观，为什么我省农村居民人均可支配收入比城镇居民人均可支配收入还有那么大的差距，比全国农村居民人均可支配收入还低，这是需要好好反思的。

二是有些农民的消费能力缺乏持续性。一些农民的消费没有后劲，消费一阵后出现“虚脱”。从2019年湖南省的统计公报看来，本省农村居民的消费能力比全国的要高一些，但是从我们走访的一些地方来看，一些农民存在虚荣心理，他们会把大把的钱投入到住房建设和装修上面，房子的外墙贴上瓷砖，门窗用铝合金做成，搞得很漂亮，而经过这样大的消费以后，大部分家庭就会显得很“虚脱”，家里就基本没有足够的钱购置大件家具与家电，所以家里的摆设很寒碜。也有一些农民的消费刚好相反，他们没有钱改造住房，就把钱花在购置很多家具和电器上面，家里摆设样样齐全，可是房子却显得很寒碜。一些老年农民的消费不足。他们连日常用品都省着购买，穿着更是很随意，舍不得花钱买件像样的衣服。在农村集市上，可以看到很多穿着朴素的卖东西的农民，他们挑着箩筐、篼箕，或者提着竹篮、麻袋卖自家产的农产品。在饮食方面，一些农民也很节俭，舍不得花钱吃好一点，虽说鸡鸭鱼肉这些荤菜在集市上可以随便买到，但他们也不会经常买着吃。

三是一些农民的农副产品价格虽便宜却难以销售出去。主要是一些农民自产自销的零碎农副产品价格低廉，譬如一些瓜果蔬菜，还有一些便于储藏的农家干货，那些农产品虽然花去了他们很多的劳动时间与精力，但卖不起价钱，卖出后得到的钱根本不值他们的劳动付出。更为难的是他们的农产品有时候面临卖不出去的尴尬窘境。在市场上，他们等上大半天，也无人问津，眼巴巴地望着熙来攘往的人群，如果不能把农产品卖出去，就只能失望地又把东西带回家。在农民的田间地头依然可以看到这种现象，一些瓜果和蔬菜烂在地上，瓜农菜农宁愿让瓜果蔬菜烂掉，也不愿意采摘回家，拿到集市上去卖，因为太便宜了。在一些果园，可以看到梨子、柑橘、柚子也无人采摘，地上有很多从树上掉下的果子，烂成一堆。原因只有一个，就是价格太便宜，卖不出去。

四是农民的就业不稳定。农民除了种植粮食以外，就是打工挣钱了。种植自家田地的粮食是不赚钱的，因为规模小，一年的收成可能抵不上外出打工一个月的工钱。但问题是好些农民工外出挣钱的工作是不固定的，收入也是不稳定的，有活干的时候，他们就有收入，甚至有比较高的收入；但是无活儿干的时候，只能闲着，没有了收入，但吃喝拉撒住行都是要花钱的，到回家过年的时候，发现也没能剩多少钱带回家。而且，农民工的工作都是又脏又累又苦的活儿，都是城里人不愿意干的活儿，譬如说淘粪、疏通管道、筑路、建筑楼房、搬运等，不管是酷暑，还是寒冬，只要有一份工作，就不会挑剔，还会觉得很幸运。能够在家门口赚到钱当然是求之不得的好事情，但这样的好事并不多见。

五是农民的受教育程度远低于城市居民。虽然政府提倡城乡发展要一体化，教育也要城乡均等化，但实行起来可能又走样了。随着年轻力壮的农民外出打工和农村人口老龄化加剧，出现了“空心村”现象；因为没有多少小孩上学，很多农村地区行政村里没有了小学，一个乡镇可能只有中心村或者镇上才有一两所小学，偏远山村的农家小孩上学要走很远的路，而搭乘私人摩托车又很危险，这样上学放学总要赶路的小孩，学习必然受影响。只要存在偏远山村的农家小孩上学，少数“上学难”的问题就无法真正解决。农村幼儿园设施稀少，在乡镇或者集中连片行政村有私人幼儿园，可是收费太高，村民很少把家里的孩子送去幼儿园。九年制义务教育虽然读书不花钱，但因为很多学龄期的儿童是留守儿童，父母不在身边，抚养自己的爷爷奶奶或者外公外婆年纪大了，要帮着干点活儿，回家再复习功课的时间就少了很多。如今农村的婚姻已经不如以前牢固，离婚率比较高，单亲家庭的少年受到伤害后，他们容易对学习失去兴趣，往往会萌生辍学的念头，甚至私自离家出走，或流浪或成为童工。

六是农民的健康卫生整体上还有待进一步提高。第一，一些地方的村民依然不太讲究环境卫生，村前屋后乱堆乱放杂物，很多自然村里没有规范的垃圾处理坑和垃圾填埋场所，没有污水排放沟，村前村后随处可见污物甚至出现家禽家畜粪便。我们的问卷调查显示，在自然村里没有任何卫生设施的占 20.1%，没有改厕改水等专项卫生奖补资金的占 17%。第二，农村卫生室或者卫生所没有做到全覆盖，一些行政村里缺乏基本的卫生设施，没有卫生室，没有受到正规医疗卫生专科学校学习的医务人员，缺医少药，一些村里还有医学知识匮乏的“赤脚医生”。2019 年，我们在湘南某乡村调研时，就了解到一位村医为一个感冒发烧的六旬老人打吊针而刚刚扎针就死亡的事件，村医赔了 3 万元钱从此歇业。第三，定点农村合作医疗建设难题。一方面，定点医院与医疗支出增长难题。将农民的合作医疗权利完全交给个别定点医院，难免会产生运转困难、药医串通等问题。有的定点医院出现医务人员套取他人医疗费，开“人情方”，与患者串通，将门诊病人伪造为住院病人，伪造可报销的项目药品，虚报医疗费用金额等不法行为，从基金的管理、医药费的报销，到药品和医药器械的采购等，在制度还不完善的情况下，都会导致一些道德水准低的人钻空子。定点医院由于其特殊的地位，药品价格有可能高于非定点医院，而服务质量反而不如非定点医院，有的参加合作医疗的患者就由此认为自己的医疗报销抵消了抬高了的医药价格，感到上了当，所以中途退出合作医疗；加上有些合作医疗的基础设施落后，医疗设备不全，医生的技术水平低，又有一些不合理治疗检查与不合理用药，使得患者不放心在定点医院就医。

另一方面，费用控制与公平性难题。农村合作医疗制度管理中还有一个非常棘手的难题，就是医疗服务费用的控制与公平性问题。在对参加合作医疗患者的补偿中，起付线、补偿比和封顶线是三个关键因素，它们直接影响农民的受益面和受益水平，也影响到基金的安全，现在还很难制定出科学合理的起付线和补偿比，以期达到既使农民真正受益而又不使医疗经费紧张的目的；有些地方干脆将其取消，实行住院单病种定额付费制，但这未能从根本上解决问题。农村合作医疗制度中还有一些很难解决的矛盾问题，影响到农民受益的公平性。例如卫生管理部门的双重身份问题。卫生管理部门既是农村合作医疗机构的管理者，在一定程度上代表卫生服务提供者，又是农村居民卫生服务购买者，要维护需方利益，倘若出现医患纠纷，它究竟替谁说话？农民是弱势群体，一旦他们的权益受到侵害，往往投诉无门。再如卫生费用与卫生资料的分配问题，存在着严重的城乡差距。城市人均卫生总费用远远超过农村的人均卫生总费用，城市的卫生资源也远远好于农村的卫生资源。

七是农村养老难题还没有得到有效破解。农村养老确实是一个老大难问题，调查中我们了解到，在很多经济相对落后的行政村几乎没有养老设施；问卷调查也显示，64.4%的行政村没有养老院。在乡镇，一般建有养老机构，有的叫“养老院”，有的叫“幸福院”，但有一个这样的问题，一些老人受封建思想影响很深，担心以后死在养老院，而不是死在自家屋里，未能“落叶归根”“魂归故里”，所以很多老人宁愿在自家受无人照顾之苦也不愿进养老院。使得一些乡镇的养老院只有寥寥几位老人，养老院成了摆设。

八是农村的社会保障体系还须进一步完善。农村的社会保障也成为城乡差别的一个重要方面。第一，农村的医保缴费和养老缴费农民觉得高了，缴费积极性不高，其实并不是高了，而是放在年底一家几口人医保、社保分别一次性缴费几百元、几千元，他们心理上承受不了，有意见。第二，农民的重大疾病的医治是指定的相对大一点的医院，一般是几个乡镇共用一个大医院接收医保患者的治疗，而对行动不便的患者来说，路途远，受折腾。第三，重大疾病的医疗报销程序和手续很麻烦，有的医疗报销还要凭借关系才能够做到。第四，农民觉得六十岁以后发放的养老金太少，养老金不足以养老。我们在湘南调查了解到，2019 年以前，农民六十岁以后能够拿到的养老金是一个月八十元，2019 年以后，一个月的养老金涨到了一百二十元。年纪超过八十岁、九十岁、一百岁又会有额外的养老补贴，年纪越大，补贴越多。但总体上补贴的数目不是很大。除非有自家儿女照顾，这点养老金是请不到他人来照顾自己的。

（二）造成民生建设困境的原因

一是没有提高对农村民生重要性的认识。虽然我们依然还是处于社会主义初级阶段，虽然民生建设和共享发展有一个从低级到高级、从不均衡到均衡、从不完善到完善的过程，但是这不能成为我们不重视农村民生建设、不解决当前农民民生面临的难题的借口。一些很现实、很紧迫的农村民生问题没有得到及时解决，应该是没有认识到农村民生重要性的结果，以为等到经济再进一步发展，这些问题自然就会解决，因而一再拖延。这里有县级决策部门民生目标导向不完善的问题，也有乡镇相关部门改善民生状况的措施落实不到位的问题，还有行政村基层组织和村民自身自主发力不够的问题，“等、靠、要”的思想还存在。所以，归根到底是思想认识不到位的问题。

二是缺乏农民稳就业的强有力措施。一些农民没有长期稳定的收入来源，就是没有稳定的就业。农民生活要富裕，最关键的是要有稳定的收入来源，不能仅靠种责任田和一时的民生补助来解决面临的民生难题，要制造“源头活水”，所以增加农民的就业机会并稳定已有的就业尤为重要。但当前，很多农村地方最苦恼的是产业发展乏力，吸纳农民就业的渠道不畅，措施有限。一些乡镇和行政村基本没有招商引资的动力、条件和政策机制，有些原来红火的乡办企业、村办企业因为各种原因在萎缩，农民企业家返乡返村创业的热度不大，农村大学生学有所成以后往往远走高飞，很少会回乡创业，村民自主创业存在缺文化、缺技术、缺资金等难题。

三是缺少强大的乡村集体经济支撑。这个问题在前面产业兴乡那一章也讨论过了，但从影响农村民生福祉建设方面来看，侧重点有点不一样。发展和壮大乡村集体经济有很多好处，但是我们一些乡村领导干部就是看不到这一点或者看到了也无能为力。从产业发展来看，可以把行政村想象为一个企业，没有集体经济就相当于企业没有公益金，无法进行生产再循环。换句话说，行政村若没有一定基础和实力的乡村集体经济支撑，想要发展某一产业就没有原始积累启动金和依托的资源、资产，想壮大这一产业同样受困于行政村没有一定规模的资金、资源和资产。从乡村民生福祉建设方面来看，没有集体经济就相当于企业没有公益金，企业没有了公益金就无法给工人发工资和其他福利。换句话说，行政村里没有一定规模的乡村集体经济，就不可能向本村村民发福利，也不可能对本村进行公益性建设。所以，一些本村村民就业、教育、医疗、养老、社会保障等难题，都可以归因于本村集体经济不强大，若完全依赖上级的解难纾困，就有点远水不解近渴了。

四是缺乏农村合作组织。没有组织成立农村合作社作后盾，就很难解决农副产品难卖的问题。农村成立生产经营合作社和供销合作社等各种形式的合作组织是乡村文明进步的标志。合作社经济和集体经济既有区别又有联系，是乡村发展的两翼。合作社经济是一种村集体经济的表现形式，可能村集体经济更带有行政强制性的意味，合作社经济更带有村民自愿性质。村集体经济覆盖的范围要广，其资产属于全体村民，经济利益为全体村民共享；合作社经济范围要小一些，只有加入的人才能享有其利益，当然，也可以是全体村民都加入的形式，那就等同于村集体经济了。合作社经济以其资金、技术、信息的规模性、共享性，使得加入的农户受益匪浅，从生产、储存、保鲜、运输到销售可以实现“一条龙”服务，可以实现对农户的生产技术指导，为产业发展提供相关信息，使种子农药化肥的采购不出差错，如果加上与一些公司合作，可以很容易解决农户的农副产品难卖的问题；特别是合作社有价格的谈判机制与稳价机制，可以使农户不受价格波动的影响，保证了农户的利益。有些合作社还可以实现对农产品进行深加工，增加农副产品的科技含量和附加值。但这样的好事情，有些村干部就是看不到，或者看到了也不努力去培育和发展。这样不免会让当地老百姓在农副产品的销售上要吃亏了。

五是缺乏扶持农村教育的信心。在城镇化过程中，一些村干部看到农村人口大量萎缩，青壮年劳动力外出打工，挣足钱的人就在城里买房，甚至拖儿带女进城安家，留守农村的儿童越来越少，从而对农村未来的教育失去信心，不再关心教育问题以及设施建设。一些农村老百姓对幼儿教育不重视，孩子一般都是由爷爷奶奶或者外公外婆带在身边，不会要求农村设立托幼机构；即使有的集中连片的大行政村建有幼稚园，一些家长也不会将小孩送去。农村幼儿园一般是私人开办，收费偏高，一些村民觉得不划算，负担太重，也不会将幼儿送去幼儿园。九年义务制教育阶段反正都是国家掏钱，村民都负担得起，所以村干部不会再有所关注；至于上学路途难的问题，那是个别家长的事情，自己想办法解决。学生考上大学以后，有国家助学贷款，也是不需要村里操心的；至于能不能学有所成后造福家乡，这是村里头管不了的事情，也就不瞎操心了。

六是缺少推进农村卫生健康建设的有效措施。一些卫生状况欠佳的村庄往往是因为村干部督促不力造成的。其实对于村庄卫生整治，上级都是有政策扶持的，都是有一定专项经费的，例如建设垃圾收纳坑、农户改厕都有奖补措施，关键是有些行政村没有很好落实。一些行政村自实行联产承包责任制以后就解散了属于村集体资产的村卫生室，以后也没有建立新的卫生室；在一些行政村里，几乎私人开的诊所取代了村卫生室。随着农村人口的逐渐减少，一些行政村又进行了合并，新的建制村有的建起了村卫生室，但新的村卫生室可能离一些农户比较远，农户去村卫生室看病很不方便，常常是村民自己去乡镇的私人药店买药备用。一些村一级的医生没有纳入正规医生的系列，很多乡镇卫生院都没有派驻行政村卫生室的常住正规医生，让一些“土医生”“赤脚医生”在村卫生室行医；这些“土医生”“赤脚医生”有的是在服兵役期间学习了一点医术，复原后被村里安排行医的；有的是在卫校学习了一些护理知识，后来通过自学考取了职业医师证而当医生的；还有一些游医与私人医生也有了一定市场，由此说明农村卫生系统管理上的混乱与疏漏。农村“土医生”与私人医生没有定期的培训进修，使得其医术陈旧老化。这就使得农村医疗事故在所难免。

七是缺乏完善的农村养老及其社会保障机制。随着人口老龄化加重和“空心村”的出现，农村养老和社会保障的难度也越来越大，虽然上级政府不断加大农村养老和社会保障的资助金额，但如果当地行政村不进行相应的配合，政府的资助就只会是杯水车薪。第一，集中连片的行政村应建而没有建养老院，只得让老人到乡镇的养老院去；第二，村干部不向老人做好思想政治工作，消除老人思想上“魂归故里”的封建残余思想，老人就不会自愿进入养老院养老，晚年的幸福就是一句空话；第三，农村老人缺乏居家养老的有效机制，农村的房屋价格低廉又难以销售，虽然现在农村实行宅基地有偿退出政策，但在很多老人的观念没有改变的情况下，实行老人以房养老还不现实。

三、走出湖南乡村社会民生困境的途径

在认清农村民生面临的困境之后，我们就要有的放矢，找到走出民生困境的途径。实施乡村振兴战略在民生建设上的要求就是要使广大农民群众生活富裕，让他们在改革发展中共建共享改革发展成果，实现社会公平正义，在幼有所育、学有所教、劳有所得、病有所医、老有所养、住有所居、弱有所扶等方面取得大实效，在共同富裕道路上取得新进展。

（一）要使各级地方政府统一思想，提高对农村民生重要性的认识，使广大干部特别是党员领导干部充分理解农民群众的利益是党的核心政治利益的重要部分，提高对农村民生建设的关心度、倾注度和支持度

人民对美好生活的向往，就是我们党的奋斗目标，人民群众的利益就是我们党的核心政治利益，而且是至高无上的利益。农民群众是人民群众的一部分，农民群众利益就是人民群众利益的一部分。所以必须关注农民群众利益的诉求，把农民群众的利益时刻牵挂在干部们的心头上，落实在行动上。从现实生活来看，农民群众的利益既有宏观利益，又有微观利益，有些利益是与国

家利益、社会整体利益联系在一起的，这些是国家、社会和民族的根本利益、全局利益和长远利益，这些就是农民群众的宏观利益。有些是农民群众的局部利益、近期利益和个人利益，这些就是农民群众的微观利益。农民群众的利益既有显性利益，也有隐性利益，显性利益侧重于看得见的物质利益，隐性利益侧重于看不见的精神利益。既然中国共产党人坚持以人民为中心、人民利益至上的利益观，那么各级政府在制定路线、方针、政策的时候，就要保证农民群众的利益，既要重视农民群众的宏观利益、显性利益，也不能忽视他们的微观利益、隐性利益，要从大处着眼、从小处着手，维护好、实现好、发展好农民群众的根本利益。

1. 要深入认识农民群众的利益是全面的利益

农村改革、发展的过程，也是农村利益调整的过程。利益调整，就是要在发展整体利益的前提下，合理调整国家、集体、个人之间以及不同群体之间的利益格局和利益关系。在农村利益关系调整过程中，就必须让农民群众感受到我们所做的一切符合他们的根本利益；要维护和代表农民群众的根本利益，充分调动和最大限度地发挥广大农民群众的积极性。而我们的党员干部能否树立正确的利益观，能否把农民群众的利益当作自己的核心政治利益，关系到改革、发展和稳定的大局，关系到乡村振兴战略的实现。

农民群众的利益是全面的利益。所谓农民群众全面的利益，就是指农民群众的经济、政治、文化、社会等各方面利益的总和。社会主义社会是全面发展、全面进步的社会。社会主义现代化事业是物质文明、政治文明、精神文明、社会文明和生态文明相辅相成、协调发展的事业。这就决定了农民群众利益必定是包括经济、政治、文化、社会、生态等各项利益在内的全面的利益。只有这些利益得到充分保证，农民群众的生活才能走向富裕、幸福之路。农民群众的经济、政治、文化、社会、生态利益是一个相互联系、相互促进的有机整体。其中，经济利益是基础，只有首先满足了物质生活最基本的社会需求，农民群众才能更好地追求和享受政治、文化、社会和生态利益。政治利益是核心，农民群众只有在政治意愿得到充分表达、政治权利得到完全保障的前提下，才能成为真正意义上的国家主人，才能充分享有对生产资料和生活资料的支配权，获得更多更高质量的经济社会利益，接受更多更好的科学文化教育和精神文化生活。文化利益是动力，农民群众只有文化生活得到发展、进步和极大地丰富起来，才可以为更好地追求和实现经济、政治和社会利益提供精神动力和智力支持。社会利益则是保障，农民群众只有实现了基本的社会利益，整个社会既安静和谐又充满活力，才可以为经济利益、政治利益和文化利益的实现创造良好的环境。生态利益是条件，农民群众只有生活环境舒适宜人，才能更好地从事各种经济、政治、文化和社会活动。这五者互为条件、互为依存、相互促进、共同发展。

在现阶段，使农民群众不断获得切实的经济利益，就是要在国民经济快速发展的前提下，努力增加他们的收入，完善社会保障体系，改善生活条件，提高生活质量，尽快让他们过上殷实的小康生活。使农民群众不断获得切实的政治利益，就是要发展社会主义民主政治，健全社会主义法治，保证他们充分行使民主选举、民主决策、民主管理、民主监督的乡村自治权利，依法管理好自己的事情，实现自己的愿望和利益。使农民群众不断获得切实的文化利益，就是要在坚持马克思主义指导地位的前提下，大力弘扬社会主义核心价值观，不断提高人们的思想道德和科学文化素质，实现人们思想和精神生活的全面发展。使农民群众不断获得切实的社会利益，就是要创新农村社会管理体制，化解农村社会利益矛盾，保障农村社会公共安全，营造公平竞争环境，激发农村社会创造活力，构建一个健康和谐而又充满创造活力的乡村社会。农民群众不断获得切实的生态利益，就是要使他们生活在生态宜居、环境美丽，天蓝地绿水清、干净整洁的新农村中。

为了保证农民群众的根本利益。这就要求我们的各项方针政策和具体工作，都应认真考虑和兼顾不同地域、不同阶层、不同方面农民群众的利益。从民族属性来看，要特别关心少数民族地区农民的利益。从自然属性来看，更要关注农村妇女、儿童、老弱病残等弱势群体的利益。从地理分布来看，要尽量照顾革命老区、边远地区和贫困地区的农民利益，只有这样，才能维护社会的稳定，实现共同富裕。改革开放以来，广大农民群众深切地感受到自己物质文化生活的显著改善，享受到经济社会发展的成果，因此改革和建设的积极性普遍提高。同时，由于各种主客观方面的因素，不同地区、不同群体和个人在享受经济社会发展成果的多少上是不同的，物质文化生活的改善程度也存在一定差异。解决这一问题，应从我国的基本国情出发，坚持鼓励一部分人通过诚实劳动、合法经营先富起来，以促进生产力的发展；又要坚持兼顾公平的原则，防止收入差距过分扩大，切实把不同地区、不同阶层、不同方面农民群众的特殊利益照顾好，使农民群众共享经济繁荣的成果。当前，尤其要注意解决好困难农民群众的生活问题。通过扩大就业和促进再就业、完善社会保障制度、推进扶贫开发等措施，努力使困难农民群众的基本生活得到保障，并逐步走上共同富裕的道路。

2. 要进一步认识农民群众利益不是一成不变的，而是变化发展的

农民群众经济、政治、文化、社会、生态利益的实现是一个不断完善的渐进过程。农民利益及其利益追求，本身就是时代不断进步的产物，农民群众利益的实现也总是具体的。随着我国改革开放的不断深入和生产力的巨大发展，农民群众的利益也在不断变化发展着。他们期盼有更好的教育、更稳定的工作、更满意的收入、更可靠的生活保障、更高水平的医疗卫生服务、更舒适的居住条件、更优美的环境、更丰富的精神文化生活，农民群众的民主意识、公平意识、法治意识、参与意识、监督意识、维权意识都在不断加强。所以要以对农民高度负责的态度，充分发挥乡镇党委和行政村党组织在促进改革、维护稳定、促进发展中的政治核心作用、战斗堡垒作用。以经常化、制度化、高效化的手段，关注农民群众的民生；体察其民情、尊重其民意，合理调配各种社会资源，保障农民群众各方面的利益；积极预防突发事件，及时处理利益纠纷，有效防范各种矛盾。要以改革促发展，以发展深化改革。通过大力发展生产力，为解决农民利益矛盾创造基本的物质条件；同时根据发展的趋势和要求，以体制创新来理顺农村社会各方的利益关系，为实现农民各方面利益提供制度保障。要综合运用经济手段、法律手段、政策手段使农村社会弱势群体得到妥善、公平的安置与救助，使农民不合理的负担切实得到减轻，使农村社会公共利益的实现趋于最大化、最优化。

各地各级党员领导干部都要摒弃以 GDP 为中心的政绩观，而要牢固树立以人民为中心的正确政绩观。诚然，各地领导干部要狠抓经济建设，始终坚持以经济建设为中心，大力推进改革开放，大力发展生产力，要有一定的发展速度，要有一定的发展规模，要注重一定的发展质量和效益，争取把各地的经济搞上去，

但不要忘记发展的目的是为了人民，是为了民生福祉。所以，领导干部要学会“弹钢琴”，善于把发展当作手段，把提高人民生活当作目的；要贯彻新发展理念，坚持把创新、协调、绿色、开放和共享统一起来，并最终落实在共享上面；要把发展和改善民生统一起来，并最终落实在改善民生上面；要把改善城市民生与改善农村民生统一起来，并重点落实在改善农村民生上面。不要搞形式主义，不要搞形象工程、面子工程与样板工程，改善农村民生不能是树立典型村、示范村那么简单，而是要使农村整体民生得到大的改善、质的提升。要落实普惠政策，使全体农民群众生活都富裕起来，在实施乡村振兴战略的道路上，不能让一个村掉队，在农民生活富裕的征程上，不能有一个农民掉队。

（二）要把发展与农民就业结合起来，大力增加农民就业岗位，稳定农民就业，增加农民收入

就业是最大的民生，解决农民的就业就是最大的民生任务。但是很显然，农民的就业与城市居民的就业存在很大差距，农民就业往往存在很多偏见，受到很大歧视，这是不公平的。一是认为农民种责任田，本身就是就业，不需要再就业，好像再就业就得到了额外的收入了；二是认为农民文化知识水平低，没有专业技能，不适合城市与工业就业要求；三是农民远离家乡就业，衣食住行受限，人口户籍受限，不会安心岗位，等等。所以农民的就业是相当困难的，为此，政府部门和相关职能部门要提高认识，在以下方面多下功夫：

1. 坚持农民就业机会均等公平原则

共产党人始终追求公平与正义，我们实现的社会主义制度就是在公有制基础上人与人平等的制度，并最终要实现人的自由全面发展。自由、平等、公正、法治就是社会层面的社会主义核心

价值观的重要内容。社会公平不仅指的是经济公平，而且广泛地涉及社会生活的各个方面，例如分配的合理、机会的均等、权利平等和司法公正，因而具有多方面的含义。它既包括机会公平、标准公平、分配公平，还包括起点公平、过程公平和结果公平。[①]农民群众不能因为地处偏远就失去公平与正义，不能因为知识水平低就理应受到歧视，农民文化水平低受到歧视恰恰是对农民的不公，是社会教育的失误，是公民权利的失责。由此更应该受到社会的眷顾和关心，更应该同城市居民一样拥有就业机会的均等与公平，更应该摒弃偏见，不能认为农民有承包集体土地就让其失去其他就业机会，因为目前来看，仅仅耕种责任田已经不可能使生活富裕起来，必须要其他形式的就业与生活来源。同时也要看到，社会主义市场经济体制的实施，本身也要求生产要素包括人力资源要素在城乡之间、工业、服务业与农业之间的自由流动，以增加社会活力。

2. **各地要制定积极的农民就业政策，取消有碍农民就业的一切不利政策，采取措施打破条块分割，消除行业陈规与藩篱**

虽然国家早就取消了行业“顶职”的不公平制度，但在一些特殊领域、特殊行业，依然存在内部招工招考、内部职工子弟受到照顾的陈规陋习。一些行业入职降低内部员工门槛、抬高外部人员进来的门槛。一些行业不管是公有制企业还是非公有制企业裙带之风盛行，农民工无法进入这些行业和部门就业。一些行业只能让农民工干又脏又累又苦的活儿，工资低廉，岗位不稳定，甚至长期拖欠农民工工资。遇到法律纠纷，农民工因为缺乏法律知识，有时候只得选择忍耐与沉默。在就业上，农民工就是一群弱势群体。所以不仅要在政策上保证农民工充分就业，还要在社

---

① 周育平：《新时期共产党人政治伦理初探》，研究出版社2006年版，第49页。

会层面上保护农民工受到关爱，在法律上，保障农民工权益不受到损害。

3. 消除城乡就业壁垒，改革传统户籍制度

传统户籍制度是城乡二元经济结构形成的根本所在。1958年，中华人民共和国颁布了第一部户籍制度，即《中华人民共和国户口登记条例》。此制度的确立，既有其深刻的历史原因和积极作用，也有其局限性，特别是到了当前，更有改革的必要性。其局限性在于将传统的户籍制度与土地直接联系起来，把城乡居民区分为“农业户口”和“非农业户口”，限制了农民的必要流动，加剧了城乡的割裂。这一传统户籍制度还与住房、教育、就业、医保、社会保障等利益挂钩，加大了城乡贫富的差距。如今在一些地方依然固守这一制度，给农民进城就业带来了极大的障碍，损害了农民的合法权益。所以，建立现代户籍制度，改革其不合理的方面，对于改善农民就业状况，具有极其重要的意义。

4. 各级政府要殚精竭虑为农民增加就业机会与岗位

采取多措并举促进农民就业。一是可以用支持产业发展的措施带动就业，以农村外部的力量推动农民就业。通过规划实施产业园、产业带，“一镇一品”“一村一品”等方式带动农民就业。二是通过培训农民职业技能，使其掌握一两门就业技术，能够自主择业或者创业。三是采用“以工代赈”的方式，通过财政转移支付让一些比较困难的农民就业，因地制宜，让比较困难的农村居民至少有一人被政府安排就业。例如通过退耕还林的方式增设护林员解决一部分农民就业，以退耕还湖的方式增设湖长制、河长制安排一些农民就业，还可以增设农村环境卫生员、保洁员，养老院安排护理员等方式解决一些农民就业。四是通过农业技术职业院校教育为农民子女回乡就业打下基础。五是要壮大农村集

体经济，增加农民公共服务设施建设。六是要培育和发展农村各种合作组织，增加农民各种福利。

（三）要重视农村的教育事业

学校教育是民生之魂。搞好农村的教育事业，也是实施乡村振兴战略的应有之意。大文学家高尔基说过："书籍是人类进步的阶梯。"农家孩子只有靠多接受教育，多读书，才能掌握更多的科学知识，才能消除贫困，不仅是消除物质的贫困，而且还能够消除精神的贫困。只有接受更多的教育，才能改变农村的贫穷落后面貌，才能改变农家子弟的命运，防止贫穷在代际间传递。所以，要重视农村的教育事业，只有农村教育得到健康良性发展，农家子弟的科学文化素质、思想道德修养才能有大的提高，才能成为可造之人，并进一步影响他们的父辈，使他们的父母有盼头、有奔头，有所期待、有所希望，使全家人的生活过得幸福美满、有滋有味。

1. 加强基础教育

一是采取"两条腿"走路的方针发展农村幼儿教育。要支持集中连片农村地区发展私人幼儿教育，在乡镇所在地可以由政府投资创办公立幼儿园，通过竞争降低托幼学费、杂费及其他一切费用，让普通农家幼儿能够上得起幼儿园。二是解决分散的义务教育阶段学生上学难问题，通过政府补贴，让校车或者具有资质的私家车接送通校生，解决小学寄宿生住校食宿各种难题。三是做好保学工作，防范农村孩子失学辍学现象。要做好孩子家长的思想工作，宣传义务教育法律法规和儿童权益保护的相关法律；及时帮助意外返贫家庭的学生入学，保障困难学生得到政府资助，防范因家庭意外事故、父母离异等家庭变故的孩子辍学，防止父母家暴孩子，保证每一个农村的孩子都能接受义务教育。四是大力发展面向农民子弟的职业教育与农业技术教育，加大力度资助来自农村的职教学生。鼓励农民子弟学有所成以后回乡创业。

2. 增强农村年轻教师力量，完善城市教师到农村学校轮教制度

农村学校生活条件、教学条件相比以前是好了很多，但是与城市相比，还是有一些差距，农村的饮食生活、购物、看病、文化生活等社会环境都不如城市，农村学校的教学设施与教学设备也落后城市学校很多，农村教师的住宿条件和设施也不够完善。由于年轻教师对生活条件和生活环境的需求比较高，导致优秀中青年教师往更大的城镇流失，优质教学资源更加缺失。因此，要建立有效机制，从制度上保证年轻教师进得来、留得住，安心在农村长期执教。要关心爱护年轻教师，倾听他们的呼声，解决他们的后顾之忧。要继续完善城市教师到农村学校轮教制度，要选派具有丰富教育教学经验的优秀骨干教师以及班主任教师定期定点去农村轮教，并以此作为晋级的条件。顶岗实习大学生也要安排去农村学校实习。

3. 提高农村教师待遇，减轻教师教学负担

农村教师工资水平普遍低于城市教师工资水平，由此导致农村教师社会地位不高，甚至找对象也成为问题。要提高教师工资水平和福利待遇，真正做到农村教师工资不低于甚至略高于当地公务员工资水平，而不是只停留在口头上；要解决好农村教师的住房困难问题，在乡镇要实施教师住房市场化改革，建设教师住宅小区，可以按照城市商品房标准建设好教师住房，教师住房可以进行市场交易，教师住房水电气等生活设施要齐全，使教师能

够安心从教。要减轻教师教学负担，不片面追求分数和升学率，不能违规补课；不追求各种评比评优和形式主义的赛事活动；作业布置要适度，既减轻学生负担，也减轻教师批改作业的负担；要加大素质教育力度，重视课程思政作用，增强课程思政效果，从娃娃抓起进行立德树人的教育。

4. 加强农村学校基础设施建设

加大投入建设乡村小规模学校和乡镇寄宿制学校标准化建设，做到生均建筑面积达标，教学设施基本齐全，校园环境优美，教室宽敞明亮，并有多媒体等现代教育设备；学生宿舍舒适卫生。要建好学校食堂，有专门的合格的采购员、炊事员，采购的蔬菜、肉食新鲜，无污染，煮熟的食物无变质，保证学生饮食健康卫生。要有防暑防寒设施，防止学生夏天中暑，严冬受寒，使农村学生也能在良好环境中学习。要有足够的体育设施，保证学校开足体育课，以增强学生体质。要有音乐、美术设备，提高农村学生的音乐、美术等艺术素质、艺术美感和艺术鉴赏能力。还要有一定的学生劳动场所，让学生接受劳动教育。

（四）要大力发展农村医疗卫生事业

医疗卫生是民生之基。生活幸福是以健康的身体为基础的，如果身体健康得不到保证，再怎么富有也是一场空。相比城市，农村的医疗卫生条件要差很多，不仅如此，有些农民对卫生健康的不重视，一些不良的卫生习惯更是让人不适，有些农民就是自家门前的不卫生状况也熟视无睹。由于一些农村医院数量不足，一些乡镇医疗设施不齐备，医生的医疗技术水平有限，农民患的一些慢性病、疑难杂症以及一些急性病不能及时治愈；加上农民的收入少，一些农民有时候生病了，也因为舍不得花钱，或者因为距离医院的路途遥远，往往是拖延治疗，结果小病拖成大病，大病拖成重病、绝症。所以加强农村医院建设，完善农村医疗设施，提高农村医疗技术水平，改善农村环境卫生，健全农村医疗保险制度非常重要。

1. 加强农村医院建设，完善农村医疗设施，提高农村医疗技术水平

要把农村医疗卫生设施建设列入县级以上政府财政预算，提高农村公共卫生和医疗服务的支付比例。大力改善农村乡镇医院设施，确保足够的床位和相关医疗设备，有能力诊疗当地农村最常患的病症以及普通疾病，能够处置一些急重症；要确保乡镇医院有足够数量有一定医疗技术的医务人员，要提高乡镇医务人员的待遇，解决住房条件，使其扎根农村卫生事业；要保证每一个行政村有一个公办村级卫生室或者卫生所，村级卫生室或者卫生所有一定的医疗设备，至少有一名正规医学院校毕业的合格医生，能够治疗常见病，能够处置基本的伤痛，也能够对急重症进行初步的处理；要建立对乡村原有学历层次不高的医护人员进行学历提升的体制，也有对其进行短期培训的机制；要鼓励农村当地考上医学院校的学生毕业以后回到家乡，为解除父老乡亲的疾患作出应有的贡献；要建立激励机制，通过引进愿意献身农村医疗卫生事业的医科学生来到乡村就业，造福乡民。

2. 改善农村环境卫生，提高农民卫生习惯

要加强环境卫生的整治，农村垃圾也要建立收纳箱，通过农村环卫工人归类收集，集中转运到县城发电厂、集中焚烧发电，或者集中填埋处理；农村的旱厕改造和牲畜圈栏改造也要加大力度推进，积极消灭寄生虫和其他虫害，防范传染病；对于养殖户的禽畜患有禽流感和动物瘟疫的情况，要及时上报，并要忍痛割爱，及时扑杀处理，对已经死亡的禽畜要进行无害化处理，选择合适的地方填埋；要大力开展爱国卫生运动，积极开展消灭老鼠、蚊子、苍蝇、蟑螂“四害”的群众运动，湖区要消灭血吸虫。要保护水源地的水质干净，让水源地不受重金属物质、生活垃圾以及化学药物的污染，保证河流下流地区水质达标。要保证空气的洁净，不随便焚烧有害物质，特别是不要焚烧塑料等化学物质。要保护土壤不被重金属和农药等化学药物污染，保障食物安全。

要加强卫生宣传教育，不断提高农民卫生习惯，使绝大多数村民能够做到不随地吐痰，不乱扔垃圾，勤洗手，住房勤通风；要使某些爱打猎的村民做到不猎杀国家明令保护的野生动物，最终放弃打猎行为；要让一些美食家放弃吃野味的陋习，防范不明病毒从动物到人的传播。对于猎杀和贩卖野生动物以及吃野味的行为要上报有关执法部门，对于严重违法者要依法惩治，对于轻微违法者进行诫勉教育。

3. 健全农村医疗保险体制机制，完善新农合制度

一是农村合作医疗制度中政府要规范农村医保服务体制。在市场经济条件下，政府对农村合作医疗制度实施规范管理，将政府干预和市场选择结合起来。可以借鉴国外医疗保险的管理体制，实行政府调控下的医疗保险部门与卫生部门合作模式。政府的主要职责之一是要规范农村医疗市场和医保服务体制，营造一个公平有序、适度竞争、兼顾各方利益的市场环境。政府还应该在法律框架内，建立医、患、保三方相互分离、相互制约的机制，即医疗保险部门负责医疗保险资金的筹集、管理和使用，卫生部门负责提供医疗服务，无论公立还是私立医疗机构都自主经营，医、保双方各自独立，互相制约、互相协商，保障患者的

利益。

二是对于农村合作医疗制度，政府既要宣传引导又要尊重村民的意愿。在规定定点医疗机构的时候，应该充分考虑其是否能提供高质量的医疗卫生服务，而不应该以所有制决定一切。另外，选择定点医院不应由某一方来决定，管理方要宣传引导，主持召开村民代表大会，根据村民的意愿来确定。在一定范围内打破常规，卫生服务机构不论全民、集体，还是个体都可以参与为村民提供卫生服务的竞争。可以由定点医院与参加合作医疗的村民签订卫生服务合同。卫生行政部门应加强对定点医疗机构的管理，以确保定点医疗机构为参与农村合作医疗的农民提供高质量、低价格的卫生服务。

三是通过农村合作医疗制度，政府可实现医保和养老保障一体化建设。在经济社会条件成熟的地区，可以把农民基本医疗保险制度作为切入点和突破口，配合农民养老保险，全面推动农村社会保险、福利、救助和优抚等社会保障体系各个方面统一起来的工作。农村社会保障体系一体化建设可以减少运作成本、便于管理。随着农村经济社会发展、农村城镇化及城乡一体化进程的加快，与之相配套的农民养老、医疗、失业、工伤和生育等各种保险一体化是必然趋势。一体化后政府征管方便，运作成本降低，农民也欢迎。在某些发达农村地区，可以实行城乡统一的以养老、医疗、就业为主要内容的社会保障体系，提高农民养老和医保的给付金，使其达到与城镇居民齐平的水平，真正消除城乡社会保障的差距，广大农民也将享有现代工业文明和城市文明的成果。

（五）要改造农村老旧住房，改善农民居住条件

住有所居是民生的重要内容，农村居民住有所居是其生活富

裕的显著标志。改造农村老旧房屋，改善农村居民的居住条件，是我们党坚持以人民为中心的充分体现，是缩小城乡差别的主要举措。城市已经进行了棚户区改造，现在又开始了老旧小区的改造。农村也必须依例进行老旧住房改造。应该看到农村老旧房屋改造难度比城市老旧小区改造的难度还要大。一是农村老旧房屋分布范围广，需要改造的数量多，改造成本高；一时还难以完全由政府统一推进，至今只能是对特困户的危房实施政府全额出资帮助翻建；对成片危房的贫困村实施整体搬迁；对有一定经济条件农民的危房，以补贴的方式，让其重建或者翻修；对其他农民的老旧房屋的翻建还没有出台合适的优惠政策。这里所指老旧房屋主要是指湘南地区常见的有一定年代的土坯瓦房和湘西地区有很长年限的木屋瓦房。二是村民老旧房屋所处位置属于灾害常发区域，容易受损。一些农村老旧房屋位于河水流域附近，容易受淹；一些位于河湖边地势低洼处，洪水来临易发生内涝；一些老旧房屋位于土质疏松的山坡边，容易被泥石流淹没；一些老旧房屋位于地震多发地区，容易被震塌；一些湖区平坦地区处，老旧房屋容易遭受风灾肆虐。很显然，位于灾害多发区、地基不牢固、建造简陋的老旧房屋很有改造的必要。

1. **制定改造计划，统筹规划安排**

很多农村已经采取了土地确权，下一步是地方政府如何进一步进行村庄整治规划。一是要把房屋建在远离自然灾害多发地区，要将河湖区低洼处易发水涝、风患灾害以及山谷、山坡处易发地震、泥石流的老旧房屋实施搬迁，由乡镇统一安排到集中成片村等安全地带或者乡镇政府所在地，在保证基本耕地红线基础上与小城镇建设规划相衔接，土地补偿可以与产业发展安排就业相融合。二是有步骤、有计划地推进“空心村”的整合，通过市场化运作和土地置换，实行一定经济补偿，将原来耕地上的宅基地还原成耕地。三是要科学安排休闲农庄和度假村的建设，不能由村民自行在可耕地上建设旅游度假休闲设施，只能建在不宜耕作的地上面，保证基本农田不受侵害，以保证粮食安全。

2. 加强政府监管，完善功能，建设农村社区

要保证老旧房屋改造后的新房屋建设质量，可以是政府统一规划，由政府聘请住房设计机构帮助村民进行房屋设计，由村民自由选择建筑公司或者建筑队进行建造。新房的建筑要能够抵抗一定的自然灾害。要搞好基础设施和公共服务配套设施建设，村庄道路得到硬化，电力设施、自来水给水、光纤铺设到位，有条件的地方可以解决天然气管道的铺陈；要有排水和污水处理措施及垃圾处理设施。太阳能、沼气能得到有效利用。村庄的绿化、美化、亮化工作也要提上日程。要有一定程度的树木花草的装饰绿化，道路夜间要有太阳能路灯照明。因地制宜建设农村社区，要加强幼儿园、卫生所、餐饮商业网点、文化娱乐、体育健身、养老机构、社区服务等设施建设。

3. 既要充分发挥市场作用，又要保障农户房产权益

农村老旧房屋改造可以实行市场化运作，政府可以引导村庄成立房屋建设投融资机构，具备条件的村镇可以成立农村房地产开发公司，由乡镇政府规范运作和有序发展，保证质量，公平竞争。同时，也要保障农户房产权益，乡镇可以成立房产纠纷仲裁机构，设立民事纠纷法庭，遇到房屋建设纠纷问题，要公正仲裁和判决，特别要保障作为弱势群体的农户的房产权益不受损害。农民的老旧房屋改造以后，也要进行登记，确定房屋权属，依法颁发给农村居民不动产登记证。

只有广大农民都有了坚实亮堂的新房子居住，房子的设施齐备又有现代气息，加上其他方面的发展和进步，农民的生活距离富裕与幸福就不远了。

（六）要完善农村养老机制

我国目前有将近3亿六十岁以上的老年人口，据2019年10月中国老龄协会编印的《奋进中的中国老龄事业》提出，中国老年人口占总人口的比例，到2035年时将达到四分之一，到2050年时将达到三分之一。这表明我国已经逐渐进入老龄社会，老年人的养老问题越来越成为全社会需要重点关注的问题。这些老年人在我国改革开放和社会主义现代化建设事业中作出了巨大贡献，关爱老龄人的养老生活和他们的身体健康就是对他们曾经的付出给予的最大肯定。由于历史的以及各种客观的原因，农村的养老相对城市养老问题更多，解决起来难度更大。

1. 要提高对农村养老重要性的认识

为什么原来农民有重男轻女和多子多福的思想呢？不完全是受封建思想的影响，这里也有“养儿防老”的客观现实问题，也说明了农村社会养老机制的不健全。生女儿到大了是要出嫁的，成为别人家的媳妇，养父母的责任更多的是落在儿子身上。但随着城镇化的推进，有的人的儿子也进城打工或者做生意了，“空巢老人”越来越多，所以要加大儿女对赡养年迈父母的责任宣传教育力度。同时，也越来越要求农村社会建立一套系统的完整的养老机制，各级政府要加大对农村养老事业的资金投入力度，社会机构也要加入农村养老事业中来，金融部门要发挥投融资的便利作用，把更多的资金用于农村养老。

2. 要加强农村养老设施建设

对于乡镇和集中连片的村庄要建设公办养老院、幸福院，尽量动员和说服无家庭成员照顾的老年人集中起来养老，要有专门负责老人饮食起居的管理员和服务员，由政府发月薪；要完善养老配套设施，除了生活设施外，要有必要的健身房、娱乐室、图书室等老年人活动场所，让老人开心生活；要学习城里养老机构的一些好做法，定期为老人组织一些集体活动，为老年人庆生，举行节假日宴会，到风景区旅游，定期安排远处工作的儿女来养老院看望，等等。

3. 要解决农村居家养老的种种难题

农村居家养老可能是多数老年人更愿意选择的养老方式，这就要求做好以下几个方面的工作：一是老人有自己的亲生儿女，又在老人居所附近居住和工作，可以随时近身照顾，那就是解决怎样使儿女能够坚持孝道、尽心竭力的问题，政府主要解决老人的养老金问题；二是老人虽然有自己的亲生儿女，但都在外地上班、打工，无法经常回家照顾，老人也不愿意随儿女到外地养老，这就需要其儿女动员老人的亲戚帮助照顾老人，其儿女们付出一定的报酬，这既需要儿女们承担一部分经济负担，还可能需要老人自己给付一定的养老金；三是老人没有生育儿女，或者是失独老人，只能完全依赖老人自己请保姆照顾，显然，农村老人的养老金是微薄的，不足以支付保姆的工资，这就需要老人以房养老，因而要发挥农村以房养老的功能和价值，需要政府采取市场经济措施。

4. 要合理处理农民缴纳养老金和支付比例

一是既要调动农民六十岁之前缴纳养老金的积极性，又要考虑农民的收入实际，考虑其承受能力，不能征缴很多。二是增加政府分摊比例。各级政府要以发放福利性质方式，使农村养老机构有充足的运转资金。三是养老机构在农民六十岁以后发放的养老金要在一定程度上真正起到养老的作用，具备等到七八十岁时有必要在一定时期请保姆照顾的经济实力。四是要发挥村集体经济与合作社的养老作用，利用集体福利补偿老人养老资金不足的问题。

（七）充分促进农村各种社会保障体制机制建设

社会保障是民生之本，是基本的人权，是实现社会长期稳定有序和谐的基石。社会保障要注重公平、平等原则，其基本的社会保障权利要求是：每个人不论劳动多少、贡献如何，都应该平等享有基本社会保障权利，按照基本生存和物质生活需要，由国家和地方政府共同承担和提供。但是由于现在我国依然是处于社会主义初级阶段，只能实行按劳分配，没有到达共产主义阶段实行按需分配的程度。所以，个人和工作单位要按收入基数和一定比例缴纳社会保障金，并由国家再提供一定数额的社保金，组成社会保障系统，分别为：基本医疗保险、养老保险、大病互助保险、工伤保险、失业保险、生育保险以及住房公积金、最低生活保障金等。可是，农村不同于城市，虽然他们有责任田、自由地和自由山，但这些都是集体性质的，不构成他们的私有资产，只是可以维持基本的生存需要，他们没有能力像城市居民一样缴纳同样的社会保险金；加上很多农村几乎没有集体资产，得不到村集体的相应金额的补充，所以他们因故需要领取的社会保险金就比城镇居民少很多。所以必须在以下几方面下功夫：

1. 进一步深化农村改革，运用市场经济手段，增加农民自有资产，同时盘活村集体资产

一是进城农民和失地农民要按城市居民进行社会保障的制度安排，不能让他们游离于农村和城市之间，失去社会保障。目前社会上依然有一部分人没有缴纳过社保金，失业、工伤和退休领不到失业救助金、工伤补助金和养老金，这将成为影响社会不稳定的因素。为了做到社会保障金全覆盖，可以设立基础保障金，让那些曾经没有参保的人员也能得到一定生活保障。二是撬动农民自有资产。可以在保证农民的基本农田与基本自由的前提下，将多余的以及抛荒的责任田、自由地和自由山以农民的资产形式进行市场化交易，其交易不以资金形式进行，且仅限于农民家庭成员购买社会保障基本金，不能用于其他方面开支；如不能实现市场化交易，则由村集体收回，以村集体名义补偿农户的社会保障基本金。三是村集体要盘活集体资产，可以将农户不能耕作的田地以及荒弃的山林湖泊收归集体，组建农村社会保障合作社；或者通过市场，与相关企业、公司进行资产交易，其资金中的一部分可以作为集体福利保留，也可以作为产业发展的积累金，其余部分就可以作为农户社会保障金的补助。

2. **增加国家对农民的社会保障金补助额度**

现在城乡居民社会保障金的发放差别巨大，以 2018 年湖南养老金发放为例，湖南城市灵活就业人员的退休养老金发放最低金额是每月 1800 元，而农村居民退休养老金发放的最高金额是每月 103 元，两者相差达十倍以上。这是城乡居民除了收入差别大以外又一个大的差别。从中华人民共和国成立以来，农民就一直为国家送公粮、上交农业税以及其他税收，为城市的发展提供粮食、食用油、棉花以及其他生活资料，为工业的发展提供原始积累资金，这应该当作等同于缴纳社会保障金。所以，可以把农民曾经的贡献视为基本社会保障金，存入农民社会保险账户。这样，农民退休时的发放金额就应该有更大幅度的提高。

3. **完善农村社会保障机制**

一是社会保障要做到农村全覆盖，实施全体农村居民参保，尽最大能力做到不漏一人。二是乡镇要多方筹措农村社会保险资金，不但政府要增加投入，还要发动社会力量投身农村社会保障事业，设立农村社会保障基金库，更多接受爱心人士和各方面的捐助，除了特别的捐助指向外，所有捐助都要进入农村社会保障基金库。三是完善基本保险体制机制，使农村居民欠缺的一些社会保险都能实现，如特种职业保险、失业保险、大病保险、工伤保险等保险制度。四是完善农村社会救助、社会福利、慈善事业、优抚安置等制度。五是大幅度提高农民六十岁退休养老支付金比例。

总之，只有全社会达成共识，形成合力，农村的社会保障事业才会得到公平、合理、健康的发展。农村的社会保障事业的发展必将大大改善农村的民生状况，促使农民的生活走向富裕的康庄大道，促进农村的社会建设，并将推动农村的经济建设、政治建设、文化建设和生态建设，使农村越来越美丽、农业越来越强盛、农民越来越富裕。

附录一　湖南小农生产方式存在的现状与原因调查

影响农业发展的原因很多，而小农生产方式的大量存在是最突出的原因，我国有很多的丘陵和山地，特别是南方地区，很多农村不便于大面积耕作，这是小农生产方式存在的客观原因，但也有体制机制的因素存在，所以变革生产方式日益凸显其重要性。

一、目前小农生产方式的存在状况

农业水利、交通等基础设施、农村社区的建设、农业生产的规模经营、现代化农业生产工具和农业科技的运用、农业的社会化与组织化程度等因地区差异而参差不齐。

（一）很多村民的农业生产经营处于小规模经营阶段，传统的粗放型生产模式没有改变，缺乏精耕细作

一是人平可耕土地面积少，但是土地抛荒现象严重。由于很多乡村山多地少，加上责任田承包到每家每户，客观上制约了规模经营。二是由于土地的投入大产出少，又受各种自然灾害和气候等诸多条件的影响，村民觉得在土地上过多投入不划算，即使国家取消了农业税，又有少量的农业补贴，也不如出外打工挣钱好，因此，部分村民的农业生产积极性不高，种田成了附带的活儿，留守的老弱者成了种田的主力军。特别是土地荒芜已成为严峻的事实，有的农户是小部分荒芜，有的农户是大部分甚至是全部荒芜。农业的短期行为也是突出的问题，在水稻产区，相当一

部分农民种田带有明显的随意性，没有精耕细作的打算，有的一年只种一季，够自家吃就行了。三是农业的产业化、集约化、商品化程度低。村民主要从事种植业，且以水稻为主，没有形成区域农业特色或明显的产业带，一些村民附带从事养殖业，主要养一些猪、鸡、鸭等家畜与家禽，从事专业种植或专业养殖业的农户数量并不多，而且规模不大。一些村民的农产品商品化率低，因为种的粮食不多，养的家畜家禽少，没有多少农产品要出卖，其农业生产活动带有自给自足的自然经济意味。从商业性的特色农业看，已经开发出旅游资源的村很少，大部分村组的集体经济已荡然无存。

（二）村民的农业生产工具落后，农业科技运用程度不高，满足于低水平发展，严重影响了现代农业的发展进程

有相当一部分山区与丘陵地区的农户依然在使用耕牛、锄头犁耙等原始的生产工具，有的地方的农户甚至连耕牛、犁耙都没有，有的只用锄头及其他手工工具进行耕耘。在平原地区，农户的农机使用率也不高。多数农民缺乏现代耕作技术，不会采取新科技施肥、除草、防治病虫害等，不会使用地膜、大棚等物质条件以使农作物适应气候条件的变化。上级有关部门对农业的科技扶持也是相当有限的。上级部门派科技人员扶农、赠送科技书籍、提供科技信息、提供科技设施与设备等情形也不多。

（三）村庄的农业基础设施相当落后，农业水利设施、农村道路交通及农村生活设施等不适应现代化农业发展的要求

一是原有的农业水利设施老化荒废。很多村在毛泽东时代所兴修的渡槽断毁、渠道废弃、水库失修，各家只管自家的责任田，遇水就水灾，无水就旱灾。而现在正在建设水利设施的村庄也不多。二是在一些平原辽阔的耕作区，毛泽东时代还建设过机耕道路，适合于当时人民公社大型拖拉机犁地、插秧、收割用的，现在也已经基本没有派上用场。近年来也有种粮大户出资修建机耕路，但此种情况并不多见。三是农村的道路交通也不容乐观。一些村庄仍是通泥巴公路，通柏油公路和通水泥公路的不多。由于道路不畅，信息闭塞，外面的惠农物资进不来，村里面的新鲜农产品出不去，农村经济自然活跃不起来。四是农村生活设施相当落后，担水、洗衣、做饭占去了农民大部分时间，相对地缩短了农民生产劳作的时间。有的村民的饮水条件很差，使用简陋的不洁净的露天井水；农民烧火煮饭也还相当原始，烧木柴和烧稻草、麦秆的情况依然存在，使用沼气的与使用液化气的很少。说明部分农民仍过着小农生活。

（四）农村社会化、农业组织化程度低，政府对农业的物资和财政支持力度小，农业抗风险能力差

一是农村社会合作组织发育不全。很少有农机合作组织，良种配送与农药、化肥等生产资料质量和价格保障合作组织，农产品加工合作组织，农产品运输与销售合作组织等社会化组织化程度很高的经济实体，也很少有适应土地适度流转的中介组织。二是政府有关部门对农村的实物和资金援助的力度不够。上级直接对村里的水泥、钢材等物资、农业耕作与灌溉等机械设备、农产品种收及加工运输等机器设备和化肥、良种等援助得很少。上级有关部门对村里有资金与项目援助的也不多。三是农村的金融信贷组织体系非常落后，农业发展得不到政府有力的金融支撑，农民贷款数额相当有限，只得年复一年重复简单再生产。有的人家从来没有从银行贷过款，有的人家虽然贷过款但也不是为了农业生产。

二、小农生产方式的原因分析

农业发展滞后的最根本的原因是小农生产方式的束缚与困扰，而小农生产方式的形成和发展，又有复杂的社会历史原因和深刻的政治、经济、文化等原因。具体说来，有以下几个方面：

（一）社会历史及体制上的原因

我国经历了两千多年的封建社会，小农生产方式根深蒂固。中国共产党领导的新民主主义革命的成功，彻底推翻了极不合理的封建地主阶级的土地所有制，消灭了不平等的封建剥削关系，实现了耕者有其田的土地制度，发展了农民的个体经济，解放了农村生产力，农业在一个时期有过相当大的发展，但受小农经济的局限，农业的进一步发展以适应工业化的要求，却很困难。为了避免在农村重新出现两极分化，也为了帮助个体农民战胜各种难以克服的自然灾害，党和国家提出了社会主义改造的任务，要求通过互助组、初级社、高级社的形式，完成土地制度新的变革。但是后来由于受“大跃进”、人民公社化运动和“文化大革命”的影响，我国农业生产遭受很大挫折，逐渐形成了城乡二元经济结构，实行了一整套的城乡分割的体制，以牺牲农业、农村为代价，换取工业、城市的发展。主要有三个弊端：一是户籍制度，把户口人为地分为农业户口和城市户口。在城市，工人的衣食住行、生老病死，政府全都包揽，顶职、公费医疗、退休养老等社会福利一应俱全；而在农村，农民却享受不到这些社会福利。二是农村人民公社制度。这一制度就像是一个准军事组织，广大农民被固定在这一组织里，附着在土地上，不能流动。在农村公社里，几乎没有什么工业、没有什么商品交换、没有什么市场。三是工农产品价格剪刀差。等量劳动时间与劳动强度的工业品价格远远高于农产品价格，以此换来工业发展所需的资金积累。此外，国家还用统购统销政策征收各种农副产品，强制性地拉大城乡收入差距，造成了农村日益贫穷落后。改革开放以后，我国农业生产发生了翻天覆地的变化，联产承包责任制促进了农民增收，但“小农”状态日益严重，集体经济脆弱，承包集体责任田的单家独户，难以齐心完成农田基本建设，也无力抵御大的自然灾害。

（二）政策法规上的原因

一是现在农村的土地所有权界定模糊。按照宪法的规定，农村的土地属于集体所有，宅基地和自留地、自留山也属于集体所有。农民承包土地只有经营权，没有所有权，所有权属于集体，但属于哪个集体，就不是很清楚，土地所有权究竟是属于乡镇，还是属于行政村，抑或是属于村民小组？《民法通则》和《土地管理法》的规定也不一致，前者将土地所有权归于行政村，后者将之归于合作经济组织，也就是归于村民小组，这种自相矛盾的规定就不免让取得土地经营权的农民难以享受到完全的土地使用权和争取最大收益的权利，农民就不会在土地上花很多的时间和精力去精耕细作，而只会是短期行为。二是土地承包经营权流转机制没有建立起来。虽然我国《农村土地承包法》规定了承包经营权可以依法采取转包、出租、互换、转让、入股等方式流转，但并未形成合理有效的土地流转机制。其主要困难有三：第一，转让土地承包经营权需经发包人同意，而发包人主体的模糊，导致流转的困难。第二，土地流转收益机制不健全，当前农村土地价值缺乏科学的评估依据，且土地流转的收益又存在多头争利问题，往往农户的利益得不到保证。第三，农村土地流转的中介机构缺失，如农地评估机构、土地融资服务机构、土地保险服务机构等中介组织非常缺乏。当然，我们应该看到土地大规模的流转肯定是不现实的，它会影响农村的稳定。但是，土地不适度流转，农业就难以形成规模经营效应和效率，农业的小生产方式就难以根本改变。

（三）市场经济在农村发育不健全的原因

自1992年在我国开始建立社会主义市场经济体制以来，在城市发展很好，但在农村，市场经济的脚步有点缓慢。农业是高投入、低产出的部门，而且对农业的投入收益预期长、风险大，没有特殊的优惠政策，包括投资奖励政策、信贷鼓励政策、税收减免政策等措施，没有企业或公司愿意投资进入这个低利润的领域。按照经济学的原理，如果是在发达的市场经济体制的环境中，不管是在生产、分配、交换、消费的任何一个环节、任何一个领域，投资者所赚取的利润，最终都将接近社会平均利润，达到一种动态的平衡。如果某个环节或某个领域利润严重偏低，那么，社会的资金、技术、物质与人才等资源，就会由利润严重偏低的这个环节或这个领域流到利润严重偏高的环节与领域。其结果就是，原来利润严重偏低的环节或领域利润逐渐升高了，社会的资金、技术、物质与人才等资源又重新流入；而原来利润严重偏高的环节或领域慢慢地利润降低了，社会的资金、技术、物质与人才等资源又重新流出，形成一种良性循环。所以说，如果不是人为的原因，工业利润、商业利润、农业利润等都将接近一个平均值，在平均值上下波动。但是，在我国，农村的市场经济体制没有培育好，部分领域成了盲区，农业的市场化率、商品化率非常低，该市场化、商品化的没有市场化、商品化，计划经济时代留下的产物比比皆是，指令性的生产、定价与销售依然存在。例如，有乡镇今年要农户种某种产品，说如何如何赚钱，但后来承诺的价格与销售途径却兑不了现，乡镇干部原来的心愿是好的，但农户亏了本却没人负责，只能是哑巴吃黄连——有苦说不出；明年又要农户改种另一种产品，可能农户又亏了本，又无人负责。只因他们是弱势群体，根本无法抗拒和摆脱这些指令性的意见。所以，农村不完善市场经济体制，小农生产方式就难以改变。

（四）政府经济手段有很大偏差

政府对城乡的财政投入和公共产品的提供显失公允。过去形成的城乡二元经济结构在改革开放初期有一定的缓解，但后来，改革开放的大部分成果向城市倾斜，各级地方政府都把财政的投入和公共产品的提供的重点放在城市，省政府把大部分钱放到省会，地区与市政府把本地区与本市的钱大部分放到市级城市，县政府也如法炮制把大部分钱放到县城，到了乡镇一级就没钱了。现在情况有了好转，但观念与机制并没有根本改变过来，政府在财政投入上和公共物品的提供上即使在农村与在城市一样多，也还不算公允，为什么呢？因为农村人口占大多数，过去我们一直亏欠农民，因为农业是低产出高风险的产业。更何况至今没有哪一个市、哪一个县的财政预算在所辖农村的投入大大超过了本级城市的投入。在大部分农村，如我们调查的一样，水利灌溉设施、道路、饮水、生活卫生等基础设施非常落后，资金缺乏问题严峻，社会保障与养老保险才刚刚起步，文化设施一片空白，新农村建设的任务还相当艰巨和繁重，从人均社会保障费用来看，政府花在城市居民身上的费用是花在农民身上的费用的 20 倍以上。严格地讲，今后各级政府对城乡的财政投入和公共产品的提供应重点转向农村，因为城市已经够漂亮了，无须锦上添花，而农村却相当落后，需要雪中送炭。我国的“村村通”工程是一项民心工程，但有些地方搞得还不全面、还不彻底；国家实行了免农业税与对农业进行补贴的政策，这是万古流芳的盛事，但对农业的补贴，有些地方政府变相克扣了，有的被生资部门的贩子把好处捞走了。

（五）农民心态上的原因

农民中多数存在稍富即安的心态，积淀了很深的小农意识，发展现代农业还遇有他们思想观念上的阻碍，需要进一步解放思想。他们这种心态的形成是与其长期跟土地打交道分不开的，土地是生养他们的根本，有了土地就有一种安全感。所以，要是他们离乡打工，即使无人愿意租种他们的土地，他们宁愿土地荒芜，也不愿交给集体接管，因为万一城里无工可打时，耕种自己那份土地是最可靠的。在经营观念上，虽然开始了“以农为本”向亦农亦工亦商的转变，但瞻前顾后、循规蹈矩的心理普遍存在，不像广东、江浙等沿海地区的农民那样敢于完全脱离土地去外面冒险、敢于闯市场，他们头脑中始终保持着农民的色彩，安分守己、保守主义、平均主义的思想意识还比较浓。农村的干部素质与领导能力也有待进一步加强。而村民的自身素质不高与农村文化设施建设落后是密切相连的，很多农村长期缺乏电影、戏剧等文化生活，所以，一些农民没事时就是打麻将、纸牌或者买“六合彩”。而群众认为村干部不能够胜任村务工作，不能带领群众致富。所以，要改变农民的小农意识和传统观念，既要借助市场经济的春风，又要加强宣传与教育。

三、变革小农生产方式的途径

变革小农生产方式，发展现代农业，必须要有好的对策。2008 年 10 月 12 日召开的党的十七届三中全会如春风般吹拂着农村大地。各级地方政府应该坚决贯彻和落实《中共中央关于推进农村改革发展若干重大问题的决定》的精神。要解放思想，大力推进改革创新，加强农村制度建设，政府要在稳定家庭联产承包责任制的基础上，加快农业生产方式转变，允许农民以多种形式流转土地承包经营权，发展适度规模经营；要健全农业投入保障机制，增加农村的基础设施建设和社会事业的投入；要加大对农村金融政策支持力度。要提高农业综合生产能力，推进农业结构调整，科学规划产业布局；要加快农业科技创新，加强农业生产工具的提升，提高农业的机械化、自动化水平；要建立新型农业社会化服务体系，提高农村的社会化组织化程度，健全农村各种社会合作组织；要加快发展农村公共事业，加强农村的文化设施建设，提高农民的思想、文化与科技素质。具体来说，可以在以下几个方面下功夫：

（一）要改变农业产业结构，大力推进农村产业结构的战略性调整，培育主导产业，促进农业规模化发展

首先，选准结构调整的突破口，对农业和农村产业结构进行全面优化升级，改变小农单一的生产模式。按照市场经济规律的要求，遵循广开思路、广辟渠道、多种经营、突出特色、搞活特色、搞活经济、提高效益的原则，按照调高、调优、调出质量和效益的方向，充分利用国际、国内两种资源和两个市场，通过区域布局调整，优化资源配置，发挥资源优势，尽快形成优势产区和产业带；通过产品结构调整，加快实现农产品由产量型向质量型、专用型、高附加值型、高回报率型发展；通过农村产业结构调整，加快发展产品加工业和服务业，加速农村剩余劳动力向非农产业和城镇、城市转移，广泛合理地利用农业资源，促进农业内部结构的合理化和产业化的良性循环。

其次，积极发展农村二三产业，尤其是乡镇企业中的农产品加工业。在经济发达国家，农产品的深加工品已经占到原产品的70%以上，增值部分一般都是原值的3—5倍，而我国只有0.5—0.8倍，差距明显。因此，加快农产品加工业的发展，努力提高农产品的附加值，是调整农村产业结构的一个重大战略问题，也是农业发展的一大优势和潜力所在。今后，我们应该以发展工业的理念发展农业。积极发展民营企业和非公有制经济，按照多层次、多样化的原则，适应市场的不同需求，提高产品质量和档次。既要面向城市市场，又要注意满足农民要求；既要发展大规模的加工业，又要发展具有地方风味和特色产品的小企业，使农产品加工业真正成为推进建设社会主义新农村的主导产业之一。

最后，充分发挥区域比较优势，促进优势农产品的区域化、规模化发展。要制定区域发展规划，并按照区域发展规划要求大力发展特色农业、生态农业，把优势农产品做大做强，尽快形成区域性主导产业和支柱产业。集中力量培植农业的名优品牌，以增强农业生产的市场竞争能力，提高主产区农民收入水平，促进农业和农村经济的跨越式发展。

（二）把小农改造与积极推进城镇化建设结合起来，加快农村剩余劳动力多渠道转移，扩大农民就业和增收空间

发达国家的实践证明，如果继续把大量的小农拴在土地上，农民根本无法富裕。因此，必须尽快打破城乡分割的二元格局，加快农民向城镇和城市转移的步伐，逐步减少小农数量，实现工业与农业、城市与乡村发展的良性互动。一要加快推进城镇化进程，以县城和具有发展潜力的中心建制镇为重点，健全小城镇的居住服务、公共服务和社区服务功能，增强小城镇吸纳劳动力就业的能力，正确引导乡镇企业向城镇聚集、农村劳动力向城镇有序流动和就业，注重发挥小城镇带动经济发展的功能；二是以农产品加工、储藏、运输等农村服务业为重点，大力发展二三产业，实现农民就地转移；三要组织农民进城务工经商，建立健全保障农民利益的法律法规制度体系，如建立健全防止拖欠工资、改善劳动环境、保障农民工的身体健康和生命安全等法规制度，取消所有歧视和限制政策。在长期内，要竭尽全力搞好农村教育事业，一则要大力加强农村基础教育，使更多的农民子弟尽快通过高考升学实现高层次的转移；二则通过职业教育培养更多社会急需的合格的技工型人才，为实现农村劳动力第二层次转移创造良好的条件。

（三）实现由“剥夺农业”向“扶持农业”宏观经济政策的转变，最大限度地支持和保护我国农业生产

长期以来，我国实行的是农业支持工业发展的产业政策，二十世纪八十年代每年从农业部门净转出资金平均达 1400 亿元，比同期政府对农业财政支出多 10 倍。面对市场经济发展的新形势，应尽快由“剥夺农业”向“扶持农业”宏观经济政策转变，采取必要的经济、法律、行政手段，调动和引导社会资源流向农业及其相关产业部门，加强农业基础设施建设，建立社会化农业利益补偿机制，提高农业比较利益，充分调动农民的生产积极性，实现对农业资源的高效利用，稳定农业生产。同时，必须按照国际规则对我国农业进行适度保护，大力实施增加农民收入的扶持政策，包括政府的公共性服务、作物保护与收入安全计划、环境保护、贫困地区援助、农业基础设施建设等，加大农田水利设施、大江大河治理、防护林建设投入力度，改善农业生产条件；加快农村社会化服务体系建设，加强农技推广、检疫防疫、质量检测、市场信息提供等产前中后服务；健全完善农产品市场流通体系，增加农业科研投资，加速农业科技进步。国家投资逐渐集中于农业基础研究和公益性项目，尤其是动植物品种资源和转基因工程研究，以保证充足的农业技术储备。

（四）利用信息化改造小农，加快农村通信设施建设，实现全国农产品信息联网

目前，许多地区的农民和地方政府都已认识到：调整农业结构，种植或养殖市场上畅销的农畜产品，是提高农业经济效益的根本途径。但具体到某个地区、某个农户，到底应该种什么、养什么，群众往往束手无策。其根本原因是人们缺乏对现代农业科学技术及农畜产品市场供求、价格、消费心理等信息的发展变化方面的了解，缺乏有关方面的数据和资料及其分析和判断。因此，今后一个时期，必须加快农村通信设施建设，特别是互联网的建设，通过互联网搜集现代农业科技和国内外农产品市场信息，建立相应的预测预报系统，定期向农民发布相关的信息，真正使农民的小农业生产与国内外市场紧密联系起来，使农产品的生产更好地适应国内外市场的需要。

（五）保护环境，落实全面、协调、可持续发展战略

小农生产方式容易忽视对环境和资源的保护。要切实搞好退耕还林工作，加大林业综合开发力度，促进生态建设产业化，产业发展生态化。落实全面、协调、可持续发展战略，正确处理经济发展同人口、资源、环境的关系，促进人与自然的协调与和谐。加强对资源的规划、管理、保护和合理利用，坚持资源合理开发与节约并重，增加资源对经济、社会可持续发展的保障能力。加快生态示范县建设，积极推广沼气、节能灶、太阳能技术，加强农村能源建设。坚持生态保护与污染防治并重，狠抓污染源治理，严格控制排污总量，加强执法监督，巩固达标成果，为广大农村长远的发展提供更广阔的空间和条件。

（六）要建立新型农业社会化服务体系，加强农村社会保障体制建设

一是尽快建立农村医疗保险、农村养老保险、农村最低生活保障等基本法规。这是建立农村社会保障制度的关键，其功能就是稳定农村社会和经济、促进农村经济增长、缓和农村的各种社会矛盾，使农村社会保障工作能依法有序地进行，为农村人口提供医疗保险、养老保险和最低生活保障。二是多渠道筹措农村统筹基金及养老基金。采取国家出大头、地方拨一点、农民自己出一点的方式，将农民社会保障问题带入实质性运行轨道，切实改善农村居民生存状况，使城乡更加协调发展。三是对农村统筹基金及养老基金进行有效的监督、管理及使用。

（七）加大基层民主，推进农村民主法制建设

一是加强党的领导，推进农村基层民主法制建设。二是狠抓农村普法教育，不断提高农民法律素质，培育农民的民主法制意识。充分利用骨干培训、新闻媒体、法律工作者以案说法等多种形式和途径广泛宣传法律知识，提高农民的法律素质，增强依法办事和参与村务管理和监督的能力。三是实行村民自治，规范建章立制。按照“依法建制，以制治村，民主管理，民主监督”的原则，让群众自我教育，干部自我约束。以村务大事民主决策制度为突破口，解决农村热点、难点问题，从而提高农民参与村务管理的积极性，全面行使法律法规赋予的民主权利，制定出切合实际、操作性强的工作规范。四是加强综合治理，维护农村社

会、经济稳定。要加大对农村违法违纪案件的查处、打击力度。要齐抓共管，共创共建，动员全社会力量积极参与，搞好农村综合治理，发挥村民自我管理、自我服务的功能。

附录二　湖南乡村振兴面临的困境调查

党中央坚定实施乡村振兴战略以后，这些年实施情况和效果如何呢？毋庸置疑，这个战略所带来的革命性效应，给农村带来的巨大变化，是前所未有的，去农村看看就知道，农村的公路宽敞了，基础设施变好了，农民的住房改善了，生活水平大大提高了，农业生产发展了，产业变得多样了。当然，有些地方仍有些老问题没有解决，有些地方又产生了新矛盾。带着对新矛盾的探究，我们申报了相关课题，选择湖南部分农村地区，作了一些调查，根据乡村气候、水文、地理等自然条件，包括地势地貌、土壤植被、历史沿革、经济发展水平、农业基础状况以及民族特点等情况，通过乡村走访、村民座谈、发放调查问卷、查阅乡镇资料等方式，调查了数量可观的乡村。设计的问卷题目包括：村民住房条件、村容村貌、乡村公路建设、水利设施建设、土地耕作情况、农民使用农机具情况、种养殖状况、农村第二三产业发展、政治文化建设、农村养老情况等内容，共发放调查问卷 394 份，收回问卷 394 份，收回率为 100%；走访村民 54 家，与村民座谈 23 次，查阅 12 个乡镇资料。课题组认为湖南省实施乡村振兴战略还有很长的路要走。

一、湖南省实施乡村振兴战略面临的一些困境

通过多地多处多家调查走访，了解乡村振兴的主要困境所在。课题组了解到，当前我省实施振兴乡村战略面临的困境主

要有：

（一）农村基础设施虽有改善，但部分乡村旧貌未改

这些年，虽然大部分的农村地区，特别是湘北、湘中的平原、平地的农村，交通、水利设施等基础设施与五年前或者十年前比有了很大改观。如在湘北的汉寿县三和镇白露寺村，华容县三封寺镇五湖村，临湘县羊楼司镇金鸡村、龙窖山村等，大约有71.4%的村民都住上了二三层水泥砖混结构的住房，外面用瓷砖贴墙，屋顶盖琉璃瓦，最差的也是红砖瓦房，基本消灭了土坯房。但是在湘南和湘西的一些偏远的山区、丘陵地区，农村生活环境依然没有大的变化。在湘南的祁阳七里桥镇元塘村，双牌县尚仁里乡胡家村等村庄还有少许农户居住着土坯房，湘南农村大约还有5.7%的村民住的是土坯房。在湘西一些山区农村，由于自然条件、民族风俗习惯以及经济原因，有29.2%的村民仍然住木屋，如湘西的凤凰县三拱桥乡拉务村、花垣县双龙镇洞冲村和十八洞村，保靖县长潭河乡白岩村、隆回县虎形山瑶族乡崇木凼村等都有很多土家族苗族村寨是连片的木屋，有些村民居住的房子依然还是几十年前的甚至是一百多年前的木房（包括板装房和吊脚楼）。虽然有些古韵，但总觉得寒碜。有些板装房就一层，它的两侧是用泥巴和着竹竿做就的，太简陋了，简陋的房子里当然放不了什么贵重的家具与电器了。有些行政村得到帮扶富起来了，但一些村民的居住条件还没有改善，没有真正脱离寒酸、贫困的境地。湘中也有少部分村民住木屋。总的看来，湘西、湘中平均有8%的村民住的是木屋（吊脚楼）。如图1所示。

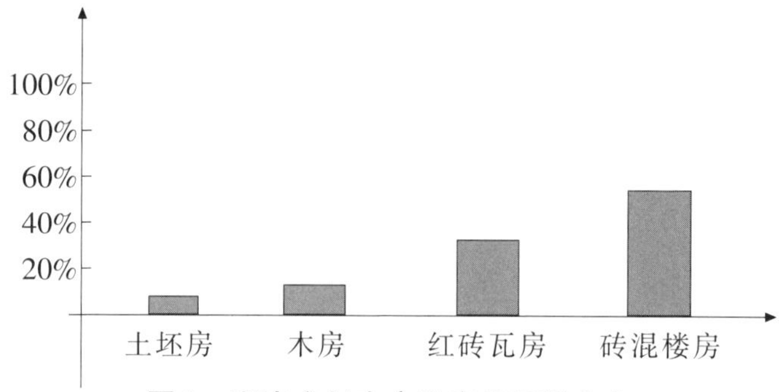

图 1　湖南乡村农户住房状况调查表

除了住房，一些自然村的其他基础设施也很差。例如，在平江县翁江镇杨梅村、邵阳县诸甲亭乡匡贤村、新化县金凤乡滑板村、双牌县尚仁里乡胡家村等还有些自然村没有通公路，占比约 2.5%。在一些村里，一些通组的公路还是泥巴路，没有进行水泥硬化，占比约 8.8%，如图 2 所示。有些自然村虽然通了水泥公路，但 34% 的公路太窄。在其他行政村的公路中有 19.6% 的太窄，不可以错车（会车）。没有水泥砌就的沟渠，没有好的机耕道路，村前是禾坪的没有硬化，在这些行政村，18% 的自然村至今仍是泥巴禾坪。除了湘西的凤凰县阿拉乡白果村、舒家塘村和三拱桥乡拉务村，花垣县双龙镇十八洞村等为数不多的行政村建设有自来水工程，其他有 56.2% 的行政村用不上公共自来水，我们看到有七八十岁的老人要到较远的水井处去挑水。有些村因为地质结构或者地势的原因缺水相当严重，如永顺县两岔乡车禾村等，如果没有政府的力量，很难解决吃水用水的问题。

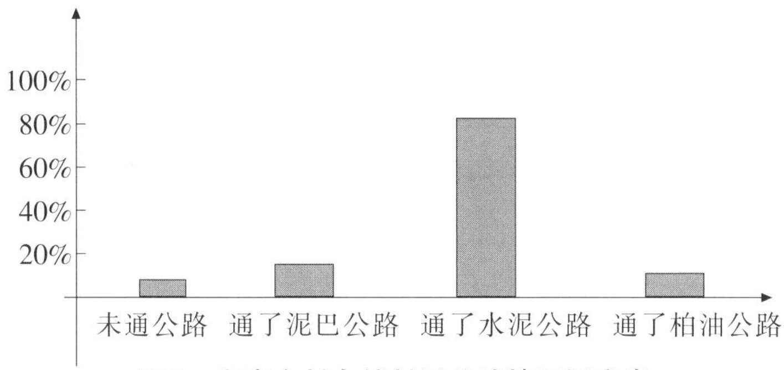

图 2　湖南乡村自然村通公路情况调查表

（二）农田荒芜严重，土地流转不畅

在很多山区农村出现“空心村”现象，有些小乡村已经没有年轻人居住了，只剩寥寥无几的老人和妇女，带着一些稚嫩的小孩，有的老人七八十岁了还要下水田种水稻，只是他们只种靠近村口的农田，一般只种一季，够吃就行了，远处种不了的田，就只能让其荒芜了。调查显示，在被调查的村里几乎都有土地抛荒的现象，即使在湘北农村都有。荒芜土地相对较少、占比在 10%以下的，如华容县三封寺镇五湖村、保靖县比耳乡糯里村、宜章县迎春镇金朝山村。但总的土地荒芜占比还是较高，达 14.4%。也有些农户将责任田转包给他人耕种，避免抛荒。还有个好的方面，在少数土地集中连片的地方出现了一定程度的土地流转，即农户把全部或者部分责任田流转给种田大户，依靠股份分红或者收取租金，如华容县三封寺镇五湖村、邵阳县白仓镇井阳村等少数村就出现流转给种田大户的好现象。有土地流转的占比 20.1%，如表 1 所示。

表 1　农户承包集体土地耕作情况统计表（%）

土地荒芜	自己耕种	无偿转包	有偿流转
14.7	56.2	16	23.1

农户的劳动强度取决于使用何种农具进行耕作。调查发现，少数地方农户依然是原始的手工工具种地，用镢头、锄头挖地、挖田、锄地，用镰刀割稻、割麦，如新化县琅塘乡后寨村、邵阳县诸甲亭乡匡贤村等少数农户基本不使用农机具，少部分地方农户用耕牛、犁耙犁地。在插秧方面，人工插秧占比 80.9%，农机插秧占比 9.3%，抛秧占比为 10.5%。多数农户在稻谷脱粒过程中使用汽油机带动脱粒机，有些农户自己购买了小型犁田机、小型收割机，有些农户则是租犁田机犁地，租收割机收割。在汉寿县三和镇白露寺村、临湘县羊楼司镇金鸡村、麻阳苗族自治县尧市乡黄坳村、溆浦县葛竹坪镇山背村等多数农户耕作过程都能够使用农机具。统计显示，总体上有 11.9% 的农户不使用农机具，仅犁田使用犁田机占 13.4%，仅收割时使用收割机 28.6%，整个生产过程都使用农机具的只占 21.7%，如表 2 所示。

表 2　农户使用农机具进行耕作情况统计表（%）

无使用	仅犁田使用	仅收割使用	犁田和收割都使用	全部使用
11.9	13.4	28.6	34.4%	21.7

（三）种养收入低下，农产品销售困难

在农村，种植业受制于天气，风调雨顺就收益好，遇到雨灾、旱灾、风灾或者虫灾就会白白辛苦。有时候即使丰收了，也不一定收入好，农产品不能及时卖出去，也会令他们很苦恼。一

些种植户辛苦种植的果蔬等农产品，往往不会对其进行粗加工，直接贱卖给了中间商，如果不想接受中间商的盘剥，那只能让这些农作物烂在田间地头，所以种植户越来越少了。一些村会挖掘潜力，进行特色种植和规模种植，如溆浦县葛竹坪镇山背村多数农户种植金银花，麻阳苗族自治县有很多乡村大面积种植杨桃、冰糖柑或者猕猴桃，产生规模效应，都有好的收益。在养殖方面，一些养殖户既担心饲养的牲畜生病死掉，弄得血本无归，又担心卖不起价钱，所以远离城市的养殖户也少了，出现城市肉食返销农村的怪现象。但在有些村能够发展特色养殖或者规模养殖，如麻阳苗族自治县尧市乡黄坳村有养殖大户创办的大型养鸡场。调查发现，在有的行政村，既没有种植专业大户，又没有养殖专业大户，如会同县金子岩侗族乡陈家村、邵阳县霞塘云乡孟家塘村；有的有种植专业大户，没有养殖专业大户，如耒阳市三都镇洪塘村；有的有养殖专业大户，没有种植专业大户，如汉寿县三和镇白露寺村、道县富塘乡富塘村等。总的看来，有 11.9% 的村没有种植专业大户，有 19.6% 的村没有养殖专业大户。如道县白芝铺乡湾田村、新田县龙泉镇蛟龙塘村等村，有 1—5 户的种植户占比 37.6%，养殖户占比 52.1%。如麻阳苗族自治县尧市乡黄坳村等，有 5—10 户的种植户占比为 32.5%，养殖户 20.1%。如凤凰县阿拉乡白果村、舒家塘村，10—15 户的种植户占比为 18%，养殖户 12.9%。抽样问卷通过对受访对象的答卷描绘出农村种植户和养殖户的发展规模如图 3 所示。

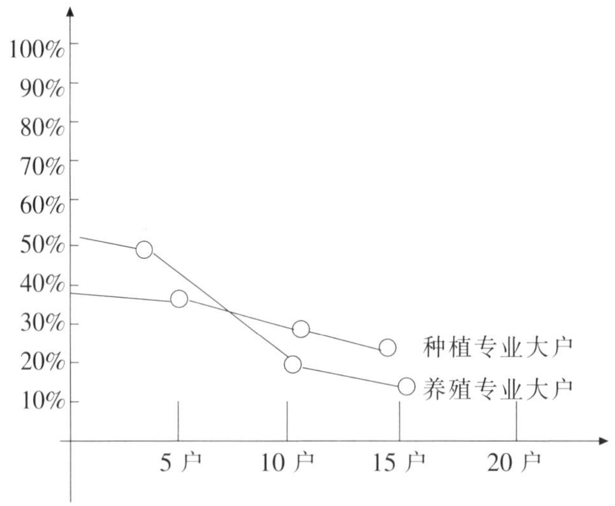

图 3　农村种植专业大数和养殖专业户数比较

（四）农村二三产业发展迟缓，集体合作模式短缺

由于城镇化的加快，在行政村创办第二产业是困难的，但如果有种植大户或者有养殖大户，或者有特别的自然资源，有政府的大力支持与推动，发展农产品加工企业或其他工业企业等应该是可行的。调查发现，在保靖县比耳乡糯里村、汉寿县三和镇白露寺村、宜章县果源镇颜家村等大多数行政村，没有农产品加工企业及任何工业企业的占比为 53.6%。在永顺县塔卧乡龙潭村、邵阳县白仓镇井阳村等行政村有 1—2 户农产品加工企业的占比为 29.4%。在凤凰县阿拉乡白果村、舒家塘村，新邵县坪上镇大原村，有 3—5 户农产品加工企业的占比为 14.4%。在龙山县华塘镇华塘村、新化县上梅镇北渡村等乡镇治所近郊的行政村，有 6 户以上农产品加工企业的占比为 6.7%。

至于第三产业，包括农副产品运输、供销合作社、旅馆餐饮业等，发展形势也不容乐观。由于农村人口的萎缩，在距离中心城镇远的行政村里建设农家乐、休闲度假村，创办私人旅馆、餐馆、商店等服务业，形成一定经营规模、达到产业的要求，也有一定难度。在龙山县三元乡元堡村、邵阳县霞塘云乡孟家塘村等行政村，基本上没有第三产业，占比为59.8%。在永顺县塔卧乡龙洞村、会同县金子岩侗族乡陈家村等行政村有1—2家第三产业的，占比为32%。在临湘县羊楼司镇龙窖山村、新化县上梅镇北渡村等行政村有3—5家第三产业的，占比为20.1%。在新邵县坪上镇大原村、邵阳县白仓镇井阳村等行政村有6家以上第三产业的，占比为9.8%。在溆浦县葛竹坪镇山背村有些农户抱团创办旅游别墅，在花垣县双龙镇十八洞村，村里开办观光汽车公司，创办农产品销售合作社，这些富裕起来的行政村第三产业发展得相当好。单独考察农业合作社，没有的就更多，约占63.4%。根据抽样问卷调查答卷描绘出农村第二产业与第三产业的发展规模如图4所示。

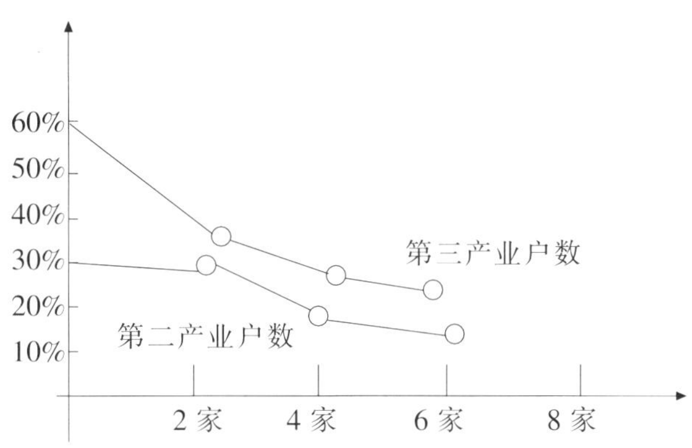

图4　农村第二产业户数与第三产业户数比较

（五）文化设施缺乏，风俗习惯落后

在一些乡镇里，几乎没有什么文化设施，但曾经修建的庙宇、佛寺却很多，一些村民没有文化娱乐活动，沉迷于烧香拜佛，对于修建寺庙、搞佛事活动及其他迷信活动兴趣浓厚。一些村里的村干部不得力，村干部的选举存在问题，一些村里没有上级派驻的驻点干部或者联络员、没有大学生村官或者选调生，村里缺少好的带头人。一些富起来了的村民，他们在婚丧嫁娶活动中，奢侈浪费，讲排场，攀比之风盛行。一些并不富裕的乡村受其影响，产生跟风意识，导致经济不堪重负，生活更加贫穷。一些无所事事的村民沉迷于打牌、打麻将，赌博成风。调查表明，在双牌县尚仁里乡胡家村、宜章县果源镇颜家村等行政村，村民不清楚或者认为没有驻点干部的，占比为12.9%。在凤凰县三拱桥乡拉务村等行政村，村民认为村里选举受少数人操控的，占比为25.3%。在汉寿县三和镇白露寺村、道县富塘乡富塘村等行政村，村民认为村里没有什么文化设施与文化活动的，占比为45.4%。有46.4%的受访对象感到家乡没有什么文艺活动。在平江县冬塔乡得胜村，新邵县坪上镇大原村等行政村里，村民在婚丧嫁娶有大操大办行为的，占比为65.5%。在新化县金凤乡滑板村、上梅镇北渡村等行政村里，村民有赌博行为，占比为33.5%。

（六）老农依然辛劳，养老问题难解

因为农村青壮年大都外出打工，留下来的是少数老年人和老年妇女，他们六七十岁还要种田或者养牲口，七八十岁还要自己种庄稼、谋生活。农村乡镇养老院越来越萎缩了，慢慢地形同虚设，很多农村老人到了八九十岁，宁愿老死在家中，也不愿去养老院，这既有老人观念的问题，也有养老院自身的问题。老人们的儿女不管是有工作的还是外出打工的，一般都只在过年的时候回家一次，没有儿女在身边照顾，只能靠顽强的毅力支撑着自己活下去，要是遇上生病，那更是要独自忍受病痛的折磨。湖南农村六十岁以上的老人有八十元钱一个月的养老金，但这点钱对八

十岁以上的老人养老来说，只是杯水车薪。调查得知，在保靖县长潭河乡白岩村、比耳乡糯里村，会同县金子岩侗族乡陈家村等行政村都没有养老院，占比为64.4%，有16.5%的70岁以上的老人无子女照顾。

二、湖南省实施乡村振兴战略面临困境的原因分析

（一）认识存在偏差，振兴缺乏信心

有些人认为，农村振兴与走城镇化道路是矛盾的，既然提出农村走新型城镇化发展方向，乡村振兴就没有必要；有的认为，要么城镇化，意味着“消灭农村”，要么乡村振兴，城镇化放缓；一些人甚至是领导干部，认为农村人口老年化、有些村子出现空心村问题，农村振兴困难重重，缺少多数年轻人参与，就失去了真正的动力。殊不知，农村振兴与国家战略是紧密相连的，农村基础设施的改善，不仅利于城乡同步发展，创造新型农民，也有利于国防，有利于后代，有利于美丽中国建设的战略目标。农村经济的发展有利于工农互促、城乡互补，有利于国计民生和整个国家经济的综合实力的提升。

（二）发展缺少资金人才

乡村能否振兴关键在乡镇，乡镇是最低一级政府，很多农村乡镇没有产业，因而缺少可自主支配的资金，几乎所有开支都靠县财政拨款。很多关系农民困难补助、公路交通和农田水利设施的改造等，其资金的来源都靠县级财政，审批也在县级政府部门。县级政府部门又担心乡镇乱列开支，所以把关严格，有些事情只能一拖再拖。基层政府对乡村振兴的部署谋划与责任担当非常重要，乡镇上联城市，下接农村，加强乡镇发展，强化乡镇功

能具有重要意义和作用。乡镇资金捉襟见肘，就办不成大事，导致“最后一公里”的问题都难以解决，这包括最后一公里的路、最后一公里的通信以及农村的自来水等。例如永顺县两岔乡车禾村缺水问题，需要梯级提水解决，可是缺少资金，难以解决。有些乡镇往往把上面下拨的钱，如修路的钱、农田灌溉设施的钱，集中用在交通要道上，解决面子工程，以便上级部门核实查验，例如，耒阳市三都镇某些村，就存在此种情况。

乡村由于交通、医疗、教育、购物、金融等基础设施与公共设施落后，缺乏留住人才的良好条件，所以，人才匮乏是普遍现象。而没有一定数量的人才，乡村振兴也是一句空话。当前，部分村级组织里，有驻村干部、大学生村官，他们是管理人才，有办法，能干事，但都不能长期留在乡村里，农民群众也认为他们是来镀金的，干群融洽得并不是很好。调查发现，有很多行政村的村民不清楚本村有驻村干部。另外如宜章县果源乡颜家村等，有12.9%的行政村没有驻村干部。而且乡村更缺乏能够发展种养殖业的能人和创办二三产业的经济人才。这些情况都影响了乡村振兴。

（三）干部责任意识不强

农村哪些地方要花钱修路、架线、打井；哪些地方可以发展优势产业，哪些村里的贫困户需要补助脱贫，都需要数量可靠的干部，而且乡镇干部要能认识到乡村振兴对乡镇干部的新要求，提高自身素质。但是，现在一些乡镇干部数量不足，且存在自身素质不高的问题。乡村农户分散居住，一些地方的农户住处非常偏远，一些干部不愿远足，农户就难以得到政策的惠顾。一些职能部门的干部也不了解和关注农民生产工具的使用情况，不想方设法发展适合山地耕作的农具；一些干部不关心农民农产品的销售，工作敷衍塞责，闭门造车，玩弄文字游戏，空喊口号；一些乡镇干部和驻村干部不思进取，作风不踏实，一心往县城跑；一些乡村干部怕吃苦、慵政懒政，不深入田间地头，不串门走户，不了解实际问题，以至于很多农村的家底并没有摸清楚；有些主要乡镇干部没有潜心谋划乡村农业发展的方向与模式，没有因地制宜制定乡村发展路子，不研究乡村产业发展的特点和规律，不助催二三产业的发展，不探索新的农业发展模式，不制定鼓励农民创业的政策措施和激励机制，等等。正如麻阳县县委和县政府在分析和批评少数驻村干部存在的问题时所指出的那样：少数干部开展工作不够扎实，走访群众不深入细致，帮助群众解决实际困难力度不够等。

（四）集体经济脆弱

集体经济是提高农民组织化程度的重要载体，壮大村级集体经济，能够有力支撑基层各项工作的顺利开展，促进农村公益事业的发展，推进农业产业化、规模化，增加农民收益。如果没有集体经济，也很难抵御自然灾害，很难依靠自身力量兴修交通、水利和卫生等设施。农村自实行联产承包责任制以后，很多行政村里的集体资产不断缩减，以致消亡。变卖了集体拥有的办公用房、仓库、供销社、医疗站点、校舍、养老院等资产，没有了集体经营的田块、林场、种植园、畜牧场、店面等场所，导致公益事业要么摊派，加重农户负担，引起农民的很多意见，要么只得放弃。在城镇化进程中，随着农村人口的减少，在新的集体经济形式没有得到很好地培育和壮大的情况下，乡村振兴战略就有很大障碍。合作社是当前最容易培育的新的集体经济组织形式，它可以成为稳定农民收入的保障机制，防范一些农民因灾返贫、因病返贫、因祸返贫；此外，合作社还可以保障农户以合理的价格购入农作物种子、农药、化肥，并实现农产品顺利销售，以增加收入，但这个好的集体组织形式没有得到很好培育。

（五）缺乏产业支撑

农业产业化是打破小农生产方式的必由之路。农业产业化经营的主要形式是“龙头”企业带动，农户参与，一体化或者机械化经营，实现“风险共担，利益共享”。其经营方式可以促使农业产供销三个环节有机结合，提升农产品的附加值，增加农民收入，提高农业生产率，解决农村剩余劳动力转移问题。没有产业支撑，农业就难以实现协作生产、技术应用和规模效应，就容易受自然因素制约。没有产业的支撑，一些应该由自己行政村承担的基础设施，也只能望洋兴叹。湖南地处亚热带，农村常常出现久旱或久雨等极端天气，农作物易受旱涝灾害，影响作物收成；湘中、湘南、湘西地区多山地、丘陵，乡村多山冲，可耕土地不多，土壤肥力低下，影响作物产量。如果有产业支撑，这些问题就可以迎刃而解。

（六）乡风治理乏力

有些乡镇经济抓不上，又不抓文化建设，导致乡风落后。在乡民聚居区，没有文化娱乐设施和文化娱乐活动。在村民管理上，不是在广泛发扬民主的基础上选贤用能，而是选用有宗族势力背景的村霸来管理，使文明风尚越来越差。

三、湖南省实施乡村振兴战略的相关对策

按照习近平总书记“产业兴旺、生态宜居、乡风文明、治理有效、生活富裕”的乡村振兴总要求以及全面建成小康社会的目标，课题组认为要在以下几个方面求出路、找对策：

（一）转变思想观念，改变投资取向

省市县各级政府要把实施乡村振兴战略作为兴湘强湘的首要战略提到议事日程上来。要加强乡村治理体系建设，完善乡村治理的各项制度，建立乡村治理的体制机制。政府各部门要协调联动，把投资、公共服务、转移支付的重点转向农村。要不断提高农业开支占整个财政开支的比重。各级政府投资要逆马太效应，改变以城市为中心的取向，转变以往省里投资重省会、市里投资重市区、县里投资重县城的做法，多多往乡镇、行政村投资。要把农业农村作为财政支出的优先保障领域，公共财政更大力度向“三农”倾斜。要建立好的投资机制，要建立各种社会资金向农村流动的长效机制。真正做到消除不合理的城乡二元经济结构，实现城市“反哺”乡村，这些都是实施乡村振兴战略的必由之路。要把乡村放在与城市平等地位上，建立城乡融合发展、共同繁荣的新型工农城乡关系。要消除城镇化、工业化与乡村振兴是相互矛盾的认识误区，改变集体化、产业化与老龄化、空心化相冲突的偏见，要让农业成为有奔头的产业、农民成为有吸引力的职业、农村成为安居乐业的美丽家园。

（二）改善乡村交通，加强基础设施建设

各级政府要把改善乡村交通、加强基础设施建设与公共服务设施建设作为工作的重中之重。对于乡村公路的改善，需要省市县政府部门下大力气去做。现在农村还有一些自然村没有修通公路，还有少数自然村修了泥土公路但没有硬化，多数通乡镇的水泥公路需要加宽以方便错车。公共服务体系建设是乡村振兴的有力保障，政府应该增加农村公共产品的有效供给，创新农村基本公共服务供给模式；要加强水利设施建设，修筑必需的饮水工

程、水渠水沟和机耕道路，调拨水泥将其硬化；要规划好自来水设施，让农村居民也用上洁净的自来水。随着乡村振兴号角的吹响，农村休闲产业、物流业与电子商务就会有很大发展，便利的乡村交通和基础设施刻不容缓。

（三）推动土地流转，培育二三产业

县级政府要积极推动土地流转步伐，加强土地入股力度，实现土地所有权、承包权和经营权“三权分置”，让土地的所有权归集体，让土地的承包权归农户，让土地的经营权归能人。农民要想富，土地要入股，但不能强迫命令，不能搞一刀切，在农户自愿的前提下，推行土地适度集中。麻阳县在土地流转方面有很多亮点，探索出转让、转包、互换、租赁、委托等多种形式，2017 年又制定了新的土地流转政策措施，效果进一步提升，其经验可以推广。目前，很多农户的青壮年劳动力出去打工了，家里只剩下老人在家种地，一些人家里的土地已经荒芜了，而留在村里的极少数年轻农户愿意再承包别人的责任田或荒废的土地，创造他们的财富源，就要让种地能手再承包，在土地上创造更多的价值，让流转出土地的农民获得以股分红，两全其美，这是土地流转的必要性。要提高农户对土地流转的认识，规范好土地流转相关的保障机制；要培育农村能人，要运用政策使有能力的人依靠机械化、集约化经营大片的土地，建成农庄、农场，让农民能够依靠流转土地获得更好的收入。

要促进农村二三产业发展。科学谋划，选择适宜、容易被农民接受的产业，将农业延伸与二三产业结合。要大力发展农村休闲产业、物流业与电子商务业，兴办农村的农产品粗加工甚至深加工工业；要扶持涉农企业及相关产业，要积极鼓励适合湖南山区耕作的小农机械制造业及其他节能环保制造业，继续发展乡镇

企业，适度发展森林、矿山工业企业，就近吸纳农民就业，以转变农民角色，成为亦工亦农的新型农业工人；要制定合理制度，促使私人资本下乡，多创办涉农公司；要大力引导人才、能人来乡村创业、兴业；要大力发展农村服务业，培育面向农村的家政服务、保姆市场，解决农村老人养老问题。要鼓励农民挖掘当地各种自然资源，打造人造资源，千方百计设计、规划和开发自留地、自留山、池塘、水库，积极发展乡村生态旅游、特色观光、度假休闲、钓鱼、游乐、有氧运动等产业，以休闲产业带动养殖业和种植业的发展。这方面，溆浦县葛竹坪镇山背村发展金银花产业和生态旅游业的经验值得借鉴。还要加强城乡的资金、人员、物质的双向流动。这都要村镇发挥主观能动性，又需要县级政府制定好的激励政策和措施，如给兴办新兴涉农产业免息贷款、免征税收。

（四）壮大集体经济，发展合作组织

发展壮大村级集体经济，是实现乡村振兴战略的必然要求。要在稳定承包责任制的大前提下，对具备条件的行政村，从实际出发，探索集体经济新形式。有以下几种模式可以借鉴：一是贵州安顺市塘约村的发展道路。该村通过改革，把曾经变卖的集体资产，如以前的集体公房重新收回，将被村民抛荒的山坡、田地收归集体。对农村土地承包权、房屋所有权、集体土地所有权、集体建房用地使用权、集体财产权、林权、小型水利工程权等重新确权，实行“村社一体、合股联营”的合作社发展模式，鼓励村民以土地和资金与集体合股联营，变村庄资源为资产、村民的

资金为股金、村民变股民。① 二是广西百色新丰村发展模式。该村盘活集体资产的方式是：通过预留集体山地，再将土地出租给经济能人种植水果；通过土地流转，租用群众土地加上上级项目资金建设农业大棚，再把大棚出租给公司发展产业；将闲置的旧厂房重新修缮出租给产业公司；通过发展生态旅游，建设钓鱼场、钓鱼台、停车场，收取水面租金和钓位费，获取集体收入。② 三是湖北随州市柏树湾村发展集体经济模式。该村以赠送股金的形式，将所有贫困户纳入村办合作社，实行按股分红，村民以资金、资源入股合作社，实行“村集体+合作社+农户”的利益联结机制，办起了金银花、芍药、水产、大白桃、油茶和香菇等主导产业。③ 四是山东临邑县李佛头村“党支部+沉睡资源聚合经济”的集体经济发展模式。该村因地制宜，因村施策，选准产业与项目，以党支部为依托，整理出村内闲散土地，将其一部分作为鱼塘放养鱼苗，另一部分种植白蜡，逐步壮大了集体经济。④

要鼓励村集体大力兴办专业合作社组织。村级合作社组织是在农户自愿或者村集体组织引导下成立的互助合作组织，具有群众性、自助性和互惠性，能够最大限度地减少农业生产因自然灾害或市场因素遭受的损失，减少农资成本，为村民和种养户提供信息、技术、资金等服务，保护农户的收益和其他利益，避免农户单打独斗，低效率、无保障的小农生产方式。

---

① 彭海红：《塘约道路——乡村振兴战略的典范》，《理论建设》，2018 年第 1 期。

② 《西林县新丰村：村美民富产业兴　绘就小康新画卷》，http://www.gxxl.gov.cn/xxgk/jcxxgk/zwdt/xzkx/t7043358.shtml，2020-11-18。

③ 《“样板村”办起新产业——随县柏树湾村发展壮大集体经济探访》，http://www.suiw.cn/article-166098-1.html，2019-09-04。

④ 任青松等．临邑：树立发展榜样 推动集体经济多元化发展，《德州日报》，2019-05-29。

因此，要培育多种形式的农村合作社，如建立农产品产供销合作社，养老医疗合作社，家庭服务、家政劳务合作社，使农户在家门口就可享受到各种服务。在这方面，花垣县双龙镇十八洞村就做得相当好，其发展的供销合作社和交通旅游合作社的经验值得借鉴和学习。

（五）强化党组织建设，重视选人用人

要强化村级党组织建设，发挥其战斗堡垒和核心作用，要开展正常的组织生活，发挥党员先锋模范作用，重视村级用人选人工作，要培养有信念、敢奉献、有担当的人入党，要把能干事、会干事，有凝心聚力的人选拔出来作为乡村振兴的领头羊，要善于吸纳返乡创业人士，作为能人大胆重用。要把派驻大学生村官与选拔当地村干结合起来，对新提拔的本村干部要加强其政治素质、政策法规和责任感使命感教育培训。要完善“村支两委”的职能，增强村级党组织的凝聚力、战斗力和号召力。加强干部与村民的沟通，加强农民的自主自治意识，扫除赌博与婚丧嫁娶中大操大办的恶习，打击乡村黑恶势力，促进乡村的社会治安，促进法治建设和德治建设相结合。

总之，只要我们正确认识我们农村工作中的现实问题、农业发展中存在的薄弱环节，深入乡村，与农民真心实意交朋友，了解农民朋友的喜怒哀乐、所需所愿，急农民之所急，想农民之所想，只要干群上下一心，群策群力，花大力气解决当前农村这些最紧迫的问题，使农村的基础设施、村居环境焕然一新，使农业的各种产业以及集体经济蒸蒸日上，使农民的生活一天天富裕幸福。我们一定能够由农业大省变为农业强省，湖南的乡村振兴一定指日可待。

附录三　湖南麻阳自治县脱贫攻坚的经验调查

在一些农村地区，乡村振兴和脱贫攻坚工作出现了很多好的典型，他们的成功经验值得学习和推广，如位于湖南省西部边陲的麻阳苗族自治县，这个曾经的贫困县最近三年却走出了一条好的脱贫攻坚的新路子，得到了省委、省政府的高度重视和赞誉。这些经验对湖南在2020年整体脱贫，全面迈向小康，进一步实现湖南的乡村振兴，具有很好的借鉴意义。

（一）麻阳苗族自治县脱贫攻坚的措施可圈可点，经验历历可陈

（一）银行“小信贷”担起“大扶贫”

农村的贫困，农业的落后，农民的贫穷，最主要的就是缺少资金。麻阳县积极大胆探索扶贫小额信贷模式，走出了一条“银行主导、农户贷款、企业参与、政府支持、扶贫贴息、产业发展”的精准扶贫路子，经验在全国推广，国务院扶贫办对此进行了推介。具体做法是：（1）创新贫困农户评级授信体系，确保贫困农户“贷得到”。从以往重视“家庭资产”向信用资产倾斜，按照贫困农户的诚信度、劳动力人数、家庭收入三个指标，以7∶2∶1的评分标准评定信用等级和授信额度，被评上后实行“免担保、免抵押”贷款，贷款三年财政全额贴息。这一措施有力地激发了贫困户通过发展项目脱贫致富的动力。（2）建立风险补偿

金，确保银行部门“放心贷”。政府按照贷款余额 1∶10 的比例，建立风险补偿基金。截至目前，麻阳县的风险补偿基金规模已达 1700 万元。政府还制定基层支行信贷考核办法，根据扶贫贷款投放量的 2% 安排奖励资金。（3）创新产业发展模式，确保产业项目“有效益”。麻阳县按照“资金跟着扶贫对象走、扶贫对象跟着能人走、能人跟着产业项目走、产业项目跟着市场走”的金融产业扶贫思路，探索了自主发展模式、抱团发展模式和连村联创发展模式，实行农户产业增收，2018 年三种模式实现户均增收分别为 1.6 万元、4 万元和 0.7 万元。（4）加强风险防控领导，确保小额贷款“收得回”。成立风险防控处置工作组，完善贷款信息台账，加强分类处置强化清收责任，从而做到了到期贷款总体逾期余额控制为 0，截至 2018 年，麻阳县累计发放扶贫小额贷款 2.4 亿元，帮助了 5200 多户贫困农户发展扶贫产业。

（二）政府财政资金撑起“大攻坚”

麻阳县原有建档立卡贫困户 19005 户，贫困人口 70082 人，目前还有 4593 户 14592 人未脱贫。2019 年全县统筹整合脱贫攻坚资金 4.6 亿元。其中用于农业生产发展 1.17 亿元、农村基础设施建设 3.35 亿元、教育扶贫 800 万元（主要是雨露计划补助）。要解决 94 个产业扶贫项目、723 个农村基础设施建设，包括村级道路、农村安全饮水、基本农田建设、大型农田水利、危房改造及其他基础配套设施。10 个行政村农网改造已全面完成；25 户 100 人以上通组公路完成里程 52 公里，投资 5000 万元的 32 个安全饮水提质改造项目开工建设，新增饮用自来水人口 11688 人，221 个村（社区）农村综合服务平台已经建设完毕，27 个村卫生室已按要求全部建设达标，村医生和卫生室设备全部配备到位。全县鉴定房屋 22210 栋，实现危房排查全覆盖，1103 户危房改造和住房安全保障项目建设完成，10 个易地扶贫搬迁分散自建和集中安置扶贫项目正在建设中，在城西龙池集中安置点，成立县直管的龙升社区。农村改厕等民生项目也是全覆盖。教育扶贫精准发力，全县建档立卡贫困学生全覆盖进行资助，学前 1000 元、小学 1000 元、初中 1250 元、高中 2000 元、大学 2000 元。2019 年劝返学生 122 人，其中贫困学生 49 人。医疗扶贫力度强劲，防止“因病致贫、因病返贫”，全县实施贫困人口住院“一站式”结算服务，目前已经报销 13215 人次，基本医疗报销金额 7326 万元，报销比例达 85%。低保社保兜底脱贫，全县低保对象 3789 户 9090 人，最低生活保障标准由每月 220 元提高到每月 260 元。另外，县财政投入 1. 06 亿元，按照每村（社区）40 万—50 万元的标准用于解决群众反映的突出问题或微小工程建设。

（三）支持产业扶贫推向“大纵深”

完善利益联结机制，充分调动农民积极性，根据气候特点和土壤特性，精准发展产业、发展精准农业。在岩门镇黄双冲村有 1500 亩柑橘基地，在绿溪口乡枫木林村有 380 亩葛根示范基地。2019 年重点推进种植业有山区的黄桃、猕猴桃、柑橘（冰糖橙）等水果和平地的优质水稻，仅黄桃种植就达 3. 2 万亩，兰里镇苍冲村种植黄桃达 5000 亩；在安置社区规划了 20 亩菜园和 40 亩橘园建设，还大力发展了对特色水果和水稻的深加工产业，并形成特有的品牌。在养殖业上，重点推进蛋鸡养殖，“群益”青年鸡年出笼 200 万羽，达到全国先进水平，位居全省第一。蓝凤凰 33 万羽蛋鸡养殖基地成为湖南省最大的蛋鸡标准化示范场，30 万羽商品蛋鸡养殖场建设项目有序推进。麻阳利用各级主流传统媒体及“两微一端”等新媒体，以多种方式宣传推介农产品，还通过各大电商服务点推销这些产品。阿西苗苗、天地科技信息、购好物、果果绿等农产品销售企业对促进麻阳特色农产品的推销发挥了重要作用。目前55181名贫困人口有产业支撑，占总贫困人数的78.7%。通过引进企业、公益性岗位解决就业7200余人，依靠产业、门面、摊位租金等途径实现4000余人持续分红。今年发放小额贷款588万元，累计2.32亿元支持产业发展。建成扶贫车间25家，完成技能培训203人，完成转移就业1132人，选聘生态护林员533人，实现“人员下山、产业上山”“楼上生活、楼下生产”的产业扶贫模式。

（四）干部一线扶贫作风“大促进”

麻阳扎实开展“‘四支队伍’集村部，干群齐心攻脱贫”行动（“四支队伍”指扶贫第一书记、扶贫工作队成员、乡镇包村扶贫干部、村“两委”负责同志），创新工作机制，做好“两访两查”民情大走访工作，“两访”，即访贫困户、访非贫困户，核对核实贫困户和非贫困户的基础数据信息；“两查”即查漏评错评错退、查认可度满意度，在全面走访基础上重点排查重点对象。实行联乡县领导、乡镇、包村单位、驻村工作队和帮扶责任人“五级责任人”常态化驻村集中办公。这一做法成效显著，共排查问题5507个，整改到位5192个。同时也使扶贫领域腐败和作风问题得到了专项治理。1—8月份，在专项治理中立案65起，组织处理干部106人，党纪政纪处分干部47人，撤换工作队员35人，召回扶贫工作队长3人。由此，扶贫干部队伍得到了净化，扶贫干部的工作作风有了大的好转。下一步，麻阳县准备抓好问题整改，实现两个“确保”，即围绕问题“清零”，逐户逐人排查整改，确保“人人过关，户户过关、村村过关”；围绕群众满意，进一步压实责任，加快扶贫微建设、微服务力度，确保群众满意度达标，最后实现2020年年底全县脱贫摘帽的目标。

（五）监督扶贫实现“互联网+监督”大实践

针对扶贫资金、民生资金的人工监管局限性，麻阳县大胆实践，于2016年在全国率先探索建立“互联网+监督”平台，这一在落后地区利用高科技推动扶贫的创新措施，得到当时中央纪委书记王岐山的充分肯定，并指出：“让监督插上科技的翅膀。”原湖南省委书记杜家毫批示：“我们多年想办的事，麻阳办成了，此经验值得推广。”吉林、河南等省的市区县领导150多批来麻阳考察交流。“互联网+监督”平台由“前台”和“后台”构成：“前台”重在面向社会、方便群众、易于操作，由民生政策、民生资金、扶贫信息、村务公开、乡镇政务公开、监督机构、投诉处理、快速查询等8个模块组成，公示公开全县实施的12大类107项民生政策、民生资金发放等信息，方便群众查询、投诉或举报。后台重在建立情况明、数字准、可监控的数据库。一是关键信息精准全覆盖，收集了财政23个部门的民生资金、民生项目信息130万条，全县所有的221个村（社区）村务、财务、党务信息11万条，全县8.31万名贫困人口信息21.6万条，建立了公职人员、村干部等基础数据信息20万条。二是功能完善安全可控，后台由13个菜单键和26个快捷键组成，起到自动报警、多项组合互斥查询、互斥资金查询、个人信息调查的作用。通过互联互通、技术升级、融合兼容，确保信息生产正常、平台“全网通”“村村通”。截至目前，通过“互联网+监督”平台，取消违规领取低保1126户，清退不符合贫困条件人口5500人，挽回易地扶贫搬迁、失地少地农民养老保险等资金损失3400万元。这个利用高科技进行扶贫监督措施，既增强了政府信誉度，又提高了群众的满意度，既杜绝了不良行为，又避免了经济损失。

由此可见，麻阳苗族自治县在脱贫攻坚上，在全面建成小康社会的奋斗中，在乡村振兴的征程中，下足了功夫，做足了文章，敢于创新，敢于实践，披荆斩棘，收获了经验，取得了成效，走在了全省乃至全国的前列，这是难能可贵的。

二、麻阳苗族自治县脱贫攻坚的制约因素分析

（一）县财力不足，难以打通农村的毛细血管

麻阳苗族自治县原本就是湖南省的深度贫困县，县里的工业基础非常薄弱，商业也不发达，财政税收收入低，导致扶贫资金不足，由此造成农村基础设施建设还不够完善。例如，通村组的公路虽然大部分得到了硬化，但公路太窄，私家车会车都比较困难，别说大货车了，所以交通不畅严重影响了旅游业的发展和农产品的销售；有些自然村的道路还没有硬化，禾坪庭院没有硬化，没有完全做到村村通水泥公路，解决最后一公里问题；农田水利设施还要加大投入，要增加挖掘机的投入量，尽早完成冬瓜冲水库建设和水渠建设，要增加对农村的水泥投放量，有相当多的田边沟渠没有硬化、机耕路没有硬化；危旧房改造工作难以做到及时到位，目前危房应拆除 9518 户，还有 1285 户未拆除，拆除率为 86.5%，一些老旧的吊脚楼虽然不算危房，但与富裕标准相比（水泥楼房、瓷砖外墙、琉璃瓦盖），与“五改五化”工程（改房、改水、改厨、改厕、改圈和硬化、绿化、亮化、美化、净化）要求，还是有很大差距；安全饮水工程资金缺口很大，村村通自来水难度很大，少数村即使已经完成了饮水工程，但管护欠到位，同时，排水设施没有同步跟进，垃圾处理设施也欠缺，村容村貌的整治还要花大力气。

（二）产业扶贫方向与项目还要拓展

麻阳虽然已经重点推进了黄桃、猕猴桃、优质水稻生产加工、蛋鸡养殖四个产业项目建设，但种植业和养殖业还可以进一步从实际出发，科学设计和规划，大胆试验，形成更大范围的专门产区；也可以因地制宜，根据地形地貌、土壤特性、雨水条件，形成多种种植业产业带；对于连村连片的区域可以集中打造具有共性的经济作物产区，增加新的农作物特色产区，如茶叶产区、油茶产区、药材产区，原有的椪柑产区、黄桃产区、猕猴桃产区，可以深入挖掘潜力，进一步增加含硒等营养物质的科技含量；农产品加工相对滞后，要想办法增加农产品附加值，如保鲜、包装、榨汁、灌装等食品加工业，树立更多品牌；还有宣传广告方面有些不足，如具备民族特点，体现苗乡风格的食材、食品与手工艺品，如苗药、苗辣酱、苗绣、苗族银器、苗族藤器、苗族竹器等，有待进一步推广。招商引资要加大力度，以工带农、以工促农还有待加强。乡镇工业企业，县城工业企业要开拓与发展，让农户在家门口就可以解决就业问题，例如药材加工、食品加工、苗族服装制衣、建材、农业机械制造等切实可行的工业企业没有很好地建设起来。目前全县建成扶贫车间 25 家，转移就业 1132 人，扶贫的工业车间还是不多，转移人数还是太少。

（三）村集体经济还未壮大

土地分户承包，保证了农民最基本的生产生活需要，是其解决温饱最有效的手段。目前，麻阳的“两不愁，三保障”还是到位的，但是要真正脱贫致富，没有强大的村集体经济，也是难以做到的。当前，很多村里集体经济不足，导致扶贫只是输血，不能造血。没有很好的集体经济，仅凭农户单打独斗，解决诸如旱涝灾害、兴建大型水利设施、组织农村合作社、兴办公司企业，等等，就难以形成合力。现在的主要问题是：一是有些农户对集体经济有误解，积极性不高，担心集体经济挤占自家经济；二是选择发展集体经济的领军人物比较困难，现在农村的能人少，返乡创业的人才并不多，人们的思想还停留在各人管好自家的地、种好自家的田，奉献精神不强；三是寻找集体经济的路子和突破口比较难，有些村找不准应该发展什么样的集体经济；四是集体经济的经营性用地怎么盘活，一些农田荒芜了，也不好收归集体，因为那些地是承包地；五是对集体经济的资产和资源管理有难度，等等。

（四）土地流转要进一步强化

目前，麻阳农村土地流转基础扎实、措施过硬、成效明显。2013 年开始试点，到 2017 年又出台了新的政策措施。虽然流转土地的数量非常大，但还是存在不少问题。主要问题有：一是有些农户认识上有偏差，不愿意流转土地，小农意识浓重，满足于守土经营。二是有些人担心流转期过长，租金不够；担心流转土地后，看病、上学、养老等没有保障。三是土地流转的规范还没有到位，流转双方的权利义务和违约责任缺乏明确界定，一旦一方利益受损，容易产生矛盾。四是土地流转的机制还没有形成，有些该流转土地的情况却没有流转。所以还需要做好宣传教育引导、完善政策措施的工作。

（五）少数干部政治素质有待进一步加强

有少数干部顾虑太多，作风漂浮，害怕吃苦，思想“沉不下去”，因而开展工作不够认真扎实，帮助群众解决实际困难的力度不够；有少数干部走访群众不深入细致，流于形式，走马观花，不能放下架子，与群众深入交流，帮扶欠深入，影响群众满意度；少数驻村干部对扶贫政策不熟悉不掌握，工作措施不得力；少数干部工作积极性、主动性、创造性不够，遇到问题相互扯皮，不能相互配合协调，“一盘棋”意识不强；少数干部抓问题整改不彻底，举一反三不够。由此导致的扶贫信访压力大，少数干部对舆情问题处置不力，2019 年 1—9 月，麻阳共发生涉贫信访案件就达 54 件之多。所以，加强干部政治素质还要花大力气。

三、麻阳脱贫攻坚的后期战略再调整

（一）齐心协力，整合各种扶贫资源，筹措和用好扶贫资金

首先，麻阳县政府要开源，要继续通过各种方式和渠道争取中央、省市的扶贫资金，还可以想办法获得兄弟市县的帮扶资金，再就是获得社会各界的赞助和捐款；要加大招商引资力度，制定更优惠的投资政策，特别是要号召本县在外创业的成功人士回乡创业，吸引更多的外省外县的企业家来麻阳投资兴业；要加大旅游宣传力度，使更多外县人士来麻阳观光消费、旅游扶贫；要加大麻阳特色农产品、品牌工业品的宣传力度，让更多的产品销售到全国各地，获得扶贫资金。其次，县政府又要节流，要减少不必要的政府开支，取消重复的市政建设，减缓不急需的市政项目，将各项资金集中用于脱贫攻坚，以期打赢脱贫攻坚战，争取 2020 年脱贫摘帽。最后，各乡镇和身处扶贫一线的干部，要用好用准扶贫资金，不能乱花扶贫资金，或将其挪作他用；不能用扶贫资金弥补业务经费、发放福利；更不能动手动脚，贪污或者私吞贫困户的保命钱。扶贫干部工作很辛苦，但使命更光荣，要有吃苦耐劳、无私奉献的胸襟和全心全意为人民服务的品格，

因此，他们既要推动各项扶贫项目的实施，又要受到扶贫纪律的约束，不能从扶贫专项资金开销交通食宿费用，不能接受贫困户赠送的感谢费、土特产；他们要尽职尽责、勤勉务实，不能擅离职守、消极怠工。只要各级政府和扶贫干部齐心协力，麻阳的脱贫攻坚就一定能够取得最后胜利。

（二）深入改善农村基础设施建设

县政府要把改善乡村交通、加强基础设施建设与公共服务设施建设，作为工作的重中之重。对于乡村公路的改善，需要县政府各部门下大力气去做。现在农村还有一些自然村没有修通公路，还有少数自然村修了泥土公路但没有硬化，多数通乡镇的水泥公路需要加宽以方便错车。公共服务体系建设是乡村振兴的有力保障，政府应该增加农村公共产品的有效供给，创新农村基本公共服务供给模式；要加强水利设施建设，修筑必需的饮水工程、水渠水沟和机耕道路，调拨水泥将其硬化；要规划好自来水设施，让农村居民也用上洁净的自来水。随着乡村振兴号角的吹响，农村休闲产业、物流业与电子商务就会有很大发展，便利的乡村交通和基础设施建设刻不容缓。

（三）做好农村规划，改善村居环境，实行“五改五化”

“五改”方面。一是改房。政府应积极引导，借助已有的脱贫经验，采取既能改善贫困户的居住条件，又能借此脱贫的有力措施。例如，可以给每位贫困户申报和争取在屋顶上安装太阳能电板，并入电网，或者建造沼气池发电，以此给贫困户获得国家财政补贴来脱贫致富；对于一些贫困户集中的村庄，可以给贫困户以补贴，让其把房子改造成富有民族特色的住房，将整个村庄建成民俗文化村，成为旅游景点，以供游人参观，借此脱贫致富；对于自然条件太差又很分散的贫困户，建议继续在县城或者乡镇建居民社区加以集中安置。二是改水。有水源的地方且人口相对集中的村庄可以建山区小型水库，在高山上建水池或水塔，安装通向各个自然村的自来水管网，给每家每户通上自来水；缺水的地方，可以由政府补贴帮助贫困户打深水井，取地下水，做成压水井；如果连地下水也难取的贫困户，只能政府帮助搬迁。三是改厨改灶。农民用柴火灶烧火做饭是有缘故的，他们认为虽然厨房被烟熏得很黑、很难看，但是省钱，他们可以上山砍柴，捡树枝。要改变烧柴火的习惯，能让他们过上城里人一样的生活，使用液化气罐和液化气灶，或者使用电磁炉，就要有补贴或者有额外收入。所以实行退耕还林补贴，造风景林补贴，安排护林员领取政府工资都是好办法。四是改厕，实行“厕所革命”。农村厕所大都很臭很脏，又多苍蝇蚊子虱子，有些厕所就是粪便满地、蛆虫满地的茅厕、土厕，有些厕所与猪圈、牛圈连在一起，很不卫生，很容易感染疾病，城市人去上厕所，会被吓得身上起鸡皮疙瘩，城市小孩走乡下亲戚上厕所会被吓哭。所以废弃很脏很臭的茅厕和土厕是必然之举，建造红砖水泥砌就、瓷砖铺地、安装便池，有水冲厕的高等级厕所，是脱贫的必然要求，这需要县财政划拨改厕专项资金。五是改圈。要把关猪牛羊等牲畜的圈建得离住房远一点，把牲畜的粪便放入大池，做成沼气池，沼气也可通过管道通到厨房，用沼气做饭。麻阳气候适合养乳牛，但养殖户一定要把牛圈建成标准化的养殖场。

“五化”方面。[①] 一是硬化。政府应该出资让通村组的已有公路硬化，还要从实际出发，帮助贫困户将他们的村前道路、宅

① 朱永娣：《乡村如画人安乐——福泉“五改五化”“五引导五教育”助力乡村振兴纪实》，《贵州日报》，2019－04－11。

院、禾坪、出水沟进行一定程度的硬化；政府也可以补贴给贫困户一定数量的水泥，让其自己去硬化。二是绿化。要引导和规划贫困户住宅周边和村前屋后种些乔木、灌木或者草皮，使村庄得以绿化；要鼓励他们将自留山和公共荒山植树造林，根据他们植树造林的面积给予经济补助和奖励，激发他们将自留山或承包公共荒山建成果园和风景林区，让贫困户成为护林员。三是美化。要使贫困户脱贫，就要美化他们的村容村貌，搞好环境卫生，要因地制宜建设农村污水处理沟、垃圾处理坑、垃圾分类收集站，有些污水和处理的垃圾可以当作有机肥料返回农田菜地，但有些塑料之类的垃圾，要收集到靠近公路交通便利的垃圾收集站，通过以乡镇为单位，购买垃圾收集车，运到合理的地方填埋。有条件时，县城可以建设垃圾焚烧发电站进行双利用。农村也可以安排一定贫困户当农村环卫工，领取工资收入。四是亮化。农户可以用扶贫资金将自己的房屋外墙贴上瓷砖，这样既亮丽，又可防止渗水，以保护墙壁经久耐用；还可以通过政府出资，在主路和村口立一些太阳能路灯柱，解决农村夜晚行路难的问题，特别是人口集中成片的村庄，晚上要有照明设施。五是净化。要保持农村的水土、空气的洁净和清新，防止污染水源、土壤与空气的现象发生，也有利于河川下游地区居民的健康生活，栽种农作物要合理使用或者尽量少用农药、化肥，多用农家肥、有机杀虫剂；不要为了脱贫，获取一时的经济利益，而引进有污染环境的工业企业，要防止建筑装修过程中的建材污染，还要防止偷挖私采地下矿产而导致环境被污染破坏的违法行为。

（四）壮大第一产业，培育二三产业，形成“公司＋合作社＋农户”的产业格局

县政府要推动农户积极改变小农生产方式，大力使用机械化耕作，要留出专项补贴资金，帮助农户购买农机具，实施机械化、自动化和规模化播种、犁田和收割技术，以减轻农户的劳动强度，提高劳动生产率。要增加农业科技人员下乡扶农力度，培训农户使用科学栽培技术和种养殖技术，帮助农户实施科学的田间管理技术，使用节水灌溉技术，无害化施肥、杀虫技术。帮助农户利用机械化进行特色种植和特色养殖，广泛使用地膜、推广大棚栽培，实现规模经营，以增产增收。

麻阳的“公司+合作社+农户”的模式有一定基础，但有待进一步推进。农户靠天吃饭，又受市场经济影响，借助农户加入合作社这一有效形式，可以保障农产品价格不至于大起大落，不会使农户利益受到大的损害；借助专业公司，可以使农户改变粗放式农业经营方式，实现规模化、机械化的种植与养殖；借助农产品加工公司，农作物或者畜产品可以大幅度地提高附加值，增加农户收入。农业合作社和专业公司的发展要由县政府给出好的政策，乡镇政府谋划设计，各行政村和扶贫干部具体安排，引导农户实施。每个行政村至少要有一个专业合作社，一到两个专业公司，合作社和专业公司建立在本村自己的特色农产品品牌基础上。有了专业合作社，一方面，可以帮助贫困户采购质量可靠和价格优惠的农作物种子、果苗或者养殖户的牲畜种畜、仔畜，帮助他们获取农作物的病虫害的防治技术和养殖户的牲畜疫苗以及养殖技术，通过合作社的技术指导，可以提高农产品的营养成分；另一方面，合作社还可以帮助贫困户以很好的价格、很方便的储藏措施、很便利的运输条件、一定数量的固定客户，来销售农产品以及养殖户的畜产品。有了专业公司，可以帮助农户改变小农意识和小农生产方式，可以凭借承包的土地入股分红；有了加工公司，可以实现农产品的商品化，提高科技含量，实现价值转移，提高保鲜、储藏手段。通过政府或者扶贫干部的调研和引导，通过合作社和加工工业公司的相互合作，还可以帮助农户找准产业发展的方向，分析哪些农户适合种植什么农作物，是种粮食作物还是种经济作物，哪些农户适合养殖什么牲畜；帮助农户开发自留地、自留山、池塘、水库，发展观光、休闲、游乐、钓鱼、有氧运动等产业；对于自然景色优越的乡村、地理位置条件好的地方，或者人造优美的农业特色环境，例如，果园等种植园、牛羊养殖园，可以让农户把多余的房间改成农家乐或假日旅馆，以加强城乡的资金、人员、物质的双向流动，繁荣乡村经济。

（五）大力发展集体经济

从全国的富裕乡村发展的经验来看，几乎都具备一定规模的集体经济，有了集体经济做后盾，就可以撬动很多的社会闲散资本，投资兴业；有了集体经济作基础，就可以更好地兴办农业基础设施；有了集体经济作保证，就可以应对市场各种风险，保障农作物的产供销，保护农户的经济利益；有了集体经济作支撑，农业生产新技术的应用、农业机械化的推广就有了广阔的前景；有了强大的集体经济作支撑，脱贫致富、乡村整治乃至乡村振兴都可以实现。这就必须做到：一是统筹各级合力，加强政策导向。麻阳当前在政策层面上，县政府应该给予更多的鼓励和支持，乡镇要具体落实，村里要积极筹措集体经济资金、安排集体经济用地。二是加强对村民的思想引导，消除对集体经济不正确的认识。三是干部要转变工作思路，说服抛荒的农户将土地退回集体，将一部分流转的土地转变为集体经营。四是探索新形势下的集体经济的发展模式，扶贫干部们要科学设计本村集体经济内容，安排什么人来经营管理集体经济。

（六）进一步推进土地流转，实现土地所有权、承包权和经营权“三权分置”

农民要想富，土地要入股，要使农户承包的土地、山林、水塘成为他们的财富源，必须推行土地所有权、承包权和经营权“三权分置”，让土地的所有权归集体，让土地的承包权归农户，让土地的经营权归能人。要加快农民的土地流转的步伐，要培育农村能人，要运用政策使有能力的人依靠机械化、集约化经营大片的土地，建成农庄、农场，让农民能够依靠流转土地获得更好的收入。一些农户的主要劳动力出去打工了，家里只剩下老人在家种地的，一些人家里的土地已经荒芜了，就要让种地能手再承包，在土地上创造更多的价值，让流转出土地的农民获得分红，两全其美。对于各级政府来说，这就必须：一是要加强教育引导，鼓励农户放下思想包袱，积极主动流转土地；二是要强化土地流转的政策监管，确保农户流转土地后的利益不受损，收入有增加；三是完善社会保障措施，解决农户流转土地的后顾之忧，确保“两不愁三保障”落到实处，确保农户看病住院报销比例让农户满意，确保养老金足额按时发放；四是增加农户转移就业的机会，对于流转土地的农户，在村集体、合作社或者村办公司企业，要有政策性就业安置措施。

（七）完善社会保障措施，确保“两不愁三保障”落到实处

要帮助解决乡村的办学条件，做好多子女家庭成员的非义务阶段教育的扶持工作，解决他们的生活问题、学费问题；要帮助做好留守儿童的入学困难问题，保证不能有儿童失学现象的存在。要确保农户看病住院报销比例让农户满意，确保慢性病住院、大病治疗住院、因灾致残等的医疗报销工作。要确保养老金

足额按时发放；不断完善居家养老等保障机制，不能够由社保支付的部分，可能影响农户生产生活的，要登记查验，实施集体组织或者社会机构资金以及政府兜底解决，要年年有检查，户户有备案，村镇有监督。

（八）加强乡村文化建设，促进乡村治理

县政府要往乡村投入文化建设专项资金，同时，鼓励民间资本投入乡村文化建设，在乡镇一级，要建设科技馆、图书馆、农展馆、文化站；在行政村一级，可以建设好村部，设立科技室、图书室、农展室、文化室；创办农民文艺协会、少数民族歌舞协会、少数民族戏剧团，定期或者不定期举行讲文明树新风活动。要继续加强派驻选调生和大学生村官，吸纳其他有志之士到贫困村长期驻点，施展才华与抱负。要加强乡村政治治理，铲除黑恶势力，消除宗族势力，加强乡村社会治安，取缔赌博恶习，根除陈规陋习，杜绝婚丧嫁娶活动中的摆排场、比奢华、讲阔气的攀比风气。加强农民自主自治意识，提高民主能力，促进法治建设和德治建设，使乡村山清水秀、风清气正，真正脱贫致富，成为城市人向往的地方。

附录四　防治返贫的长效机制调查

农村实施脱贫攻坚和乡村振兴战略以后，还有一个问题我们不能忽视，那就是脱贫以后的返贫问题，这是一个带有长期性、根本性的问题，这个问题不重视，势必影响脱贫攻坚的实际效果、乡村振兴战略的实施和全面建成小康社会目标的实现。

一、问题的提出

首先，全面小康社会建成后会不会有返贫的问题？当前，脱贫村、脱贫户返贫的实际状况如何？为什么会出现脱贫以后会返贫的情况？随着扶贫工作的深入开展和精准发力，顺应 2020 年全面建成小康社会目标的实现，扶贫的重心将越来越转向巩固扶贫成果、防治返贫的任务上。返贫问题目前和今后一定时期会时有发生，虽然也会有绝对返贫问题，但更多的会是相对返贫问题。导致返贫问题既有贫困户自身的原因，也有外在的原因。

其次，什么是全面小康社会建成后精准防治相对返贫？既然扶贫、脱贫要精准，根据习近平总书记关于扶贫要从扶持对象、项目安排、资金使用、措施到户、因村派人、脱贫成效等方面要精准的要求，那么，防治返贫也要精准，精准的重点对象也就是相对脱贫户。绝对返贫问题好解决，相对返贫问题就比较难解决。

再次，为什么全面小康社会建成后要精准防治相对返贫？精准防治相对返贫是建成全面小康社会的前提条件、客观要求和重要保障。

最后，怎样构建精准防治相对返贫的长效机制？按照全面建成小康社会的目标，要从实际出发，在充分调研、走访的基础上，实施大排查、大摸底、大防治。所以构建一系列精准防治返贫、切实可行的长效机制很有必要。

二、全面小康社会建成下返贫问题现状及原因

从防治返贫的现状看，当前脱贫户返贫问题主要由原来的返回绝对贫困（绝对贫困线下）向返回相对贫困（解决不了“两不愁，三保障”问题）的转变，是各级扶贫队伍必须面对和高度重视的问题。

（一）返贫的态势分析

首先，从返贫数量看，相对返贫人口多。据统计，全国返贫户的返贫率虽然逐年下降，但返贫人口的数量还是比较多的。有文献资料统计：2016 年，全国返贫人口是 68.4 万人，2017 年返贫人口是 20.8 万人，2018 年返贫人口是 5.8 万人。而另有资料显示，截至 2017 年 8 月，河南返贫贫困户占建档立卡贫困户总数的 48%，几近过半的返贫率。这种情况主要不是返回到绝对贫困线以下，而是相对“两不愁、三保障”而言的，即使到了 2020 年全面小康社会建成了，绝对贫困消除了，但相对返贫问题依然会存在。要通过调研，进一步了解不同地区新形势下的返贫数量与规模。

其次，从返贫规律看，返与脱的边界存在不稳定性。自然条件差的地方脱贫户是处于一种最不稳定的脱贫边界，很易返贫，可以说脱贫了，也可以说返贫了。从区域范围来看，西北、西南的大山里的村子，自然环境恶劣，灾害气候频发、自然灾害频

繁，脱贫户容易返贫；从自然条件看，地处山区、丘陵地区，熔岩地质、耕地缺乏、土地肥力差、水源不足地方的脱贫户容易返贫；从地理位置看，距离县城或者中心城镇遥远、位置偏僻以及交通不便的乡村的脱贫户容易返贫；从农田基础设施看，缺少水库水渠灌溉工程、引水排水设施、机耕道路、土地平整等农村的脱贫户容易返贫。要通过调研，进一步了解不同地区新形势下的返贫范围。

最后，从返贫性质看，返贫只是脱贫的一种假象存在。脱贫户的脱贫存在一种假象，其实仍然是处于相对贫困状态。有些脱贫户因为量化和界定的原因，或者说是因为脱贫的标准过低，表面上解决了贫困的问题，即跨越了国务院扶贫办 2011 年所定农村贫困线标准（划定为家庭人均年收入低于 2300 元），但其实，因为一些原因，他们并没有解决“两不愁、三保障”的问题，脱贫其实只是一种假象存在。要通过调研，进一步了解不同地区新形势下的返贫性质。

（二）返贫户的特点分析

从脱贫户已经返贫的实际状况和第一线扶贫干部反映的情况看，相对性返贫是返贫户的共性，但不同的返贫户也有不同的个性差异。

一是基础性返贫。从家庭生活条件看，主要是建档立卡的脱贫户，因为家底薄弱、基础差，所以导致返贫。有些脱贫户不仅所处地方的自然条件差，而且家庭底子薄弱。一是住房条件差，有些脱贫户还居住着老旧的土坯房或者板装房；二是家里生活设施差，没有像样的厨房，烧柴禾灶，没有贵重的电器，没有好一点的厕所和蓄栏；三是小农生产方式，耕作工具简陋，耕作习惯原始；四是没有像样的产业，没有一定规模的种植和养殖收入来源。要通过调研，进一步了解不同地区新形势下的返贫特点。

二是意外性返贫。从生活进程看，脱贫户因为出现意外事情或者重大变故而导致返贫。有些脱贫户家庭成员突患重疾；有些是因为突发灾祸造成重大家庭变故，造成家庭成员伤残或死亡，需要支付大的款项；有些是因为经营产业失败，造成巨额债务等；有的是由于家底薄无法应对而返贫，等等。要通过调研，进一步了解不同地区新形势下的返贫趋势。

三是隐性返贫。有些脱贫户因为子女到了非义务教育阶段读书，各种花费增多而造成返贫；有些脱贫户因为生育子女多，养育开支加大而返贫；有些脱贫户因为家庭成员健康状况不佳、营养不良，长期身患慢性病而返贫等。要通过调研，进一步了解不同家庭的返贫特点。

四是边界性返贫。从家庭年收入看，刚刚脱离贫困线的边界性脱贫户再次返贫。由于有些扶贫措施仅仅是为了给贫困户摘帽，只暂时性的“输血”而不“造血”，脱贫户脱贫也只是暂时性的。个别地方仅凭算账和数字统计作为已经脱贫的依据。不引导脱贫户发展各种产业，不积极做大做强集体经济，脱贫户家庭没有收入，人员没有就业。靠政府补贴、发钱发物实现脱贫，脱贫不可持续。要通过调研，进一步了解不同地区新形势下的返贫外部原因。

（三）返贫的原因分析

精准防治返贫是扶贫工作的新任务、新要求，精准防治返贫是建成全面小康社会的必然要求。

1. 内在因素分析

一是脱贫户主的禀赋与能力依然欠缺，“造血”功能不足。

一些脱贫户生活在偏远的大山里或者高山峡谷间，脱贫户主受教育程度不高，文化素养低，这些人缺少天生的禀赋；他们的内心里只有“等、靠、要”，不思进取。如果说扶贫与“扶智”要结合起来，那么防治返贫同样如此。文献资料显示，工资和转移性收入是贫困地区脱贫户的主要经济来源，其贡献率分别为42%和39.7%。由此说明脱贫人口的“造血”功能不足，没有了扶贫资金，他们很快就返回到贫困队伍里来了。

二是脱贫户主的志气与决心依然欠缺，内生动力不足。有些脱贫户主虽然有些文化知识，但内心缺失彻底摆脱贫困的志气与志向，没有与贫困抗争的决心，缺少为富裕生活奋斗的勇气，遇到现实生活中的问题和困难，缺乏解决问题、战胜困难的意志与毅力。他们只满足于现状，如果他们出去打工，生活还可以勉勉强强维持，如果没有找到地方打工，很可能就变成了返贫人口。

三是脱贫户的物质基础依然太弱，脱贫条件不丰。一些脱贫户基本的物质条件还是很差，例如住房，有些脱贫户依然住着土坯房或者板装房。这类人就是扶贫中的“悬崖效应”，最易返贫。再如耕地面积，有些脱贫户承包的集体土地不多，南方的农户很多户均不足一亩，很难利用土地进行开发；西部有些人住在熔岩山地里，土质很浅，有的是喀斯特地形，因而种植业和养殖业等产业就很难形成。仅靠扶贫补助，很难不返贫的。

四是脱贫户所处地区的自然条件差及抗风险能力依然不强，再生本领低下。农村地区的生产生活总是受气候变化、地理条件，基础设施等因素影响很大，有些农村常常出现久旱或久雨等极端天气，农作物易受旱涝灾害，影响作物收成；有些地方土壤肥力低下，影响作物产量；还有些地方容易发生地震、泥石流、风暴、海潮等灾害。脱贫户如果不幸遭遇到了极端天气或者自然灾害，因灾返贫的可能性非常大。

2. 外在因素分析

一是干部因素。农村哪些地方要花钱修路、架线、打井；哪些地方可以发展优势产业；哪些村里的贫困户需要补助脱贫，都需要数量可靠的干部。现在一线农村扶贫干部数量不够，加上有些乡镇干部不思进取；一些乡村干部怕吃苦，没有深入田间地头，不串门走户，以至于对很多农户的家底都没有摸清楚。

二是决策因素。部分贫困村存在快速脱贫的倾向，只关注近期脱贫的任务，不关注长远脱贫的目标；只关注脱贫的数量，不关注脱贫的质量；只关注脱贫的界限，不关注脱贫的实质。一些乡镇政府没有潜心研究当地农业、农村发展规划，导致基础设施和公共设施都难以圆满解决。有些政府部门缺乏激励农民创业的政策和措施。

三是产业因素。很多行政村里存在大量小农生产方式，没有规模效应；缺少农副产品加工，种植业和养殖业大户不多，二三产业发展滞后，不能吸纳脱贫户就近就业；很多关系脱贫户经济补助、农田水利设施的改造以及农业的发展，缺乏产业支撑。

四是集体经济因素。农村自实行联产承包责任制以后，很多行政村里的集体资产不断缩减，以致消亡。变卖了集体拥有的办公用房、仓库、供销社、医疗站点、校舍、养老院等资产，没有了集体经营的田块、林场、种植园、畜牧场、店面等场所，导致公益事业无法进行。在新的集体经济形式没有得到很好的培育和壮大的情况下，脱贫户很容易返贫。

三、全面小康社会建成后精准防治相对返贫的内涵

全面建成小康社会后，根据农村扶贫工作的实际情况，扶贫必须要有新的要求。通过上述分析可知，虽然也会有绝对返贫问

题，但更多的会是相对返贫问题。绝对返贫问题好解决，相对返贫问题就比较难解决，既然扶贫要精准，防治相对返贫也要精准，精准的重点对象也就是相对脱贫户。

（一）精准防治相对返贫的含义解析

相对返贫的概念，就是指在原来的贫困地区，包括贫困村、贫困户、贫困人口等经过这些年各级政府的大力扶贫，已经摆脱了国家确定的绝对贫困标准（即2011年国务院确定的家庭人均年收入2300元的贫困线），也达到了习近平总书记确定的“两不愁，三保障”（即不愁吃、不愁穿，义务教育、基本医疗和住房安全有保障）的相对脱贫要求，但经过一定时期，由于内在的与外在的各种原因，又出现返回到相对贫困境地（即又倒退到解决不了“两不愁，三保障”的境地）的现象。

精准防治相对返贫的含义，就是指扶贫任务完成后，各地各级扶贫队伍和扶贫干部，重点针对相对脱贫户，科学地精准地发现、筛选脱贫村、脱贫户摆脱绝对贫困以后可能返回到相对贫困状态的问题，精准地分析、判断、重点防范引起相对返贫问题对象的各种因素，精准地设计出预防和治理的各种长效机制，并能够精准地采取针对性、可行性和实效性的治理措施，使脱贫村、脱贫户摆脱绝对贫困后，也能够长期、稳定、彻底地摆脱相对贫困状态，最后真正地迈向富裕之路。

（二）精准防治相对返贫的特性分析

一是宏观考量精准性。防治相对返贫不是遍地开花，有很多脱贫村与脱贫户经过一定时期的“输血”可以长久地脱离贫困，但在疆域的边远地区，如大西北的甘肃、宁夏、青海、新疆等和大西南云南、贵州、西藏等以及东北一些省的边远地区，脱贫村与脱贫户是必须重点关注的对象，由于这些地方地域位置偏远、自然条件恶劣、交通落后等因素，他们脱贫后很容易相对返贫，是精准防治相对返贫的重点目标。

二是中观识别精准性。防治相对返贫也要重点从基础设施和基本的物质条件上进行关注，那些基础条件差的脱贫村与脱贫户，那些住在中部省份的深山沟谷地区、省与省的交界的大山地区，熔岩地质居住区，基础设施落后，脱贫村与脱贫户也是防治相对返贫的对象。

三是微观筛查精准性。防治相对返贫还要考虑脱贫户的个体差异性，一些没有生产技能，停留在小农生产方式，没有打工收入，没有稳定的经济来源的脱贫户是重点防治相对返贫的对象。通过差异筛查，抓住重点脱贫人群，加以防治。

四是政府施策精准性。防治相对返贫要考虑脱贫村与脱贫户除了享受扶贫政策外，还应考虑是否具有外部力量持续的支撑或支撑的大小。一些行政村缺乏必要的集体经济、社会组织保险以及二三产业支撑，一旦脱贫村与脱贫户发生灾害事故或者其他意外，很易返贫。所以，防治相对返贫要靠政策措施得当，通过各级政府采取有力措施，发挥效应，进行精准施策。

五是制度保障精准性。防治相对返贫最终要靠制度机制来保障，要保证脱贫持久持续不返贫，不能仅仅依靠暂时的资金援助，必须有一整套机制使防治相对返贫长期化、持久化。所以构建完善的机制很有必要。

（三）精准防治相对返贫的类型分析

一是精准识别、分析、防治脱贫户因经济不振相对返贫。脱贫户经济上收入明显减少，失去了可靠的收入来源，或者丧失了家庭经济支柱，可能要低于动态的贫困线；出现家庭债务增加，入不敷出。要精准找出解决因经济不振而返贫的办法。

二是精准识别、分析、防治脱贫户因基础设施未改善相对返贫。脱贫户住房老旧，生活设施没有改善，购买力降低，无法置换新的生产、生活用具；生产方式落后，生产能力不强。要精准找出解决因基础设施未改善而返贫的办法。

三是精准识别、分析、防治脱贫户因社会保障不全相对返贫。相对脱贫户家庭成员社会保障不全，又不愿或者无力购买社会保险，家庭出现变故，当地出现自然灾害，抗风险能力差。要精准找出解决因社会保障不全而返贫的办法。

四是精准识别、分析、防治脱贫户因教育负担重相对返贫。脱贫户子女入托入校照管费用加大，非义务教育开支增多。要精准找出解决因教育负担重而返贫的办法。

五是精准识别、分析、防治脱贫户因健康卫生条件差相对返贫。脱贫户超出医保范围的医疗费用压力增大，看病治病健康保养支出增多。要精准找出解决因卫生条件差而返贫的办法。

六是精准识别、分析、防治脱贫户因文化精神贫乏相对返贫。脱贫户文化活动贫乏，没有积极向上的文化熏陶。其心态消极、悲观，没有改变贫困的毅力和意志。脱贫村文化设施废弃、老旧，文化活动开展不起来。要精准找出解决因文化精神贫乏而返贫的办法。

四、全面小康社会建成后精准防治相对返贫的必要性

精准防治相对返贫是建成全面小康社会的前提条件、客观要求和重要保障。

一是精准防治相对返贫是实现农业现代化的战略需要。不能精准有效防治相对返贫就会影响农业现代化战略目标的实现。不能精准有效防治相对返贫，即使全面建成小康社会，也会是名不

副实的，或者又会重返此前不全面、不协调的状态中。

二是精准防治相对返贫是实现农业现代化的关键环节。全面建成小康社会后，在一些农村地区，发展农业生产的根基并不牢固，一些农民是靠“输血”达到小康的，其“造血”功能并未完全形成，随时可能意外返贫。只有扶贫问题、防治相对返贫问题不断地得到解决，并构建起了长效机制，全面建成小康社会才能得以巩固，农业现代化才能得以实现。

三是精准防治相对返贫也是实现农业现代化的必由之路。全面建成小康社会后要朝着实现农业现代化的目标前进，这不仅要解决相对贫困问题，而且要迈向共同富裕。所以，防治相对返贫是解决绝对返贫的继续，贫困的生成根源没有解决，防治相对返贫也将持续进行。

五、全面小康社会建成后精准防治相对返贫的全面协同的长效机制构建

要从实际出发，在充分调研的前提下，在现有防止绝对返贫机制的基础上，构建精准防治相对返贫的全面协同的长效机制。

一是精准识别。利用互联网、大数据构建脱贫户可能相对返贫的风险预警、筛查、评估等长期监控机制。县乡两级政府要利用互联网创办各个脱困户脱贫后的经济生活、生产发展以及家庭情况变化大数据库，从而建立脱困村、脱困户返贫风险的筛查机制、预警机制、评估机制、监控机制。要随时关注脱贫户脱贫后的住房及其他居住条件变动情况，做好脱贫户家庭人均年收入的统计工作。要广开门路增加脱贫户的就业机会，可以通过设立各种公益事业岗位，保证脱贫户优先上岗，如利用退耕还林，设立有固定工资的护林员；利用改善乡村卫生，设立村镇有编制的环卫工；为了搞好农村治安，设立领取固定报酬的治安员；开办农

村生产厂家，优先照顾脱贫户就业；开设市场面店，以优惠租金让脱贫户租用经商。

二是精准发力。构建持续给予脱贫户旧房产、旧宅基地等资产与缺乏公共设施的价值补偿机制。对于因扶贫搬迁的脱贫户，其原有的房产、宅基地、牲畜圈栏等可以由政府收购，作价给予价值补偿，用于脱贫户投资产业的基础资金；对于房舍未能搬迁又未改造的脱贫户，也要给予住房、厕所、畜栏等改造专项款；对于政府未能提供公共服务设施的脱贫户，要给予价值补偿款，用于脱贫户防止返贫基金或者就地进行产业开发。

三是精准施策。构建长期给予脱贫户承包土地市场化流转的资本运作机制。对于脱贫户的自留地、自留山、草地、水塘等承包的集体土地，可以实行部分或者全部流转，流转金实行市场化运作，也可入股分红，入股后的土地可以用作壮大集体经济也可用作私人产业的发展。使脱贫户有稳定的收入。鼓励脱贫户因地制宜将承包地用作粮食生产外的特色产业发展。

四是精准助力。构建持久支持脱贫户改变小农生产方式，大力使用机械化耕作的扶助机制。政府帮助脱贫户实施机械化、自动化播种、犁田、收割技术。培训脱贫户使用科学栽培技术，增加农业科技人员帮助脱贫户田间管理技术，使用节水灌溉技术，无害化施肥、杀虫技术。帮助脱贫户承租荒芜的土地或者流转的土地，利用机械化实现规模经营。

五是精准谋划。构建村镇长期扶持脱贫户发展二三产业的激励机制。要激励返贫户发挥主观能动性和创造性，想方设法创办各种产业。加强对脱贫户生产技能的培训力度，加强种养殖业技术方法的传授。鼓励脱贫户发展涉农工业，鼓励脱贫户创办农村服务业，发展农村物流业、电子商务业以及农村旅游业，培育农村家政服务业。要鼓励脱贫户因地制宜大力发展乡村多种形式的休闲产业，开发自留地、自留山、池塘、水库，发展观光、钓鱼、游乐、有氧运动、生态旅游等产业，以休闲产业带动养殖业和种植业的发展。

六是精准帮扶。构建持久给予脱贫户农产品价格保护和销售保障机制。对于脱贫户的农产品实行长期价格保护和销售顺畅政策，要壮大村级集体经济，通过村集体或者合作社以及涉农公司，为脱贫户的农产品收购、贮藏、运输、销售、结算提供全方位服务；鼓励脱贫户对农产品进行深加工，并为其提供农产品的包装、保鲜技术，增加农产品的附加值；实行定点包销、政府推销和保价销售等机制，减少脱贫户后顾之忧，增加脱贫户的收入。

七是精准援助。构建和完善社会组织长期给予脱贫户子女非义务教育、慢性病医疗与居家养老等社会保障机制。要做好脱贫户家庭成员的非义务阶段教育、慢性病病住院、因灾致残等的医疗报销工作以及居家养老等保障机制，不能够由社保支付的部分，可能影响脱贫户生产生活的，要登记查验，实施集体组织或者社会机构资金以及政府兜底解决，要年年有检查，户户有备案，村镇有监督。

八是精准施教。构建和完善政府部门继续将扶贫与扶志、扶智相结合的机制。通过各种形式让脱贫户不断接受科学思想，从事农业生产方式、方法，掌握发展二三产业各种本领，提高发展生产、振兴产业与家业的决心与意志。继续将扶贫与扶志、扶智结合起来。

九是精准治理。构建组织部门持续优化脱贫村的驻村干部选调和人才引进机制。乡村由于交通、医疗、教育、购物、金融等基础设施与公共设施落后，缺乏留住人才的良好条件，所以，人才匮乏是普遍现象。而没有一定数量的人才，精准防治返贫就是一句空话。当前，部分村级组织里，有驻村干部、大学生村官，他们是管理人才，有办法，能干事，但要采取措施使之能长期留在乡村里。而且乡村更缺乏能够指导发展种养殖业的专业技术人才和创办二三产业的经营管理人才。这些都需要组织人事部门设立一套科学的机制加以解决。

六、乡村振兴战略下精准防治返贫的实现路径

实施大调研、大走访、大排查、大摸底。在产业扶贫、健康扶贫、教育扶贫、就业扶贫、社保扶贫、危房改造和易地搬迁扶贫、生态扶贫、兜底扶贫、社会关爱扶贫方面下大力气。

一是转变思想观念，提高认识。各级政府要把精准治理返贫作为实施乡村振兴战略的重大措施，摆到议事日程上。要加强乡村治理体系建设，完善乡村治理的各项制度，建立乡村治理的体制机制。政府各部门要协调联动，把投资、公共服务、转移支付的重点转向农村，特别是贫困和返贫农村。各级政府投资要逆马太效应，改变以城市为中心的取向。要把农业农村作为财政支出的优先保障领域，公共财政更大力度向“三农”倾斜。要消除个别人抱有少数农村、少数农户返贫不会影响乡村振兴大局的糊涂认识，改变返贫村、返贫户会随着经济社会的发展自行消失的偏见，真正替返贫的农民朋友做实事、做好事。

二是改善乡村交通。各级政府要把改善乡村交通，加强基础设施建设与公共服务设施建设，作为工作的重中之重。对于乡村公路的改善，只能由省市县政府部门去做的，返贫乡村是没有能力自己改善的。一些自然村没有修通公路，还有另一些自然村修了泥土公路但没有硬化，都需要政府兜揽。农村公共服务体系建设，农村公共产品的有效供给，都是政府的分内之事。要加强水利设施建设，修筑必需的饮水工程、水渠水沟和机耕道路，都是

返贫村、返贫户所期盼的。

三是完善村居环境。政府要继续实施返贫户安居工程，对老旧房改造给予补贴。返贫户拆除土坯房和旧的木板房，建成砖混楼房，既可拉动建材、家电、新式家具等内需，又提升了农户的生活质量，更重要的是，可以为乡村休闲产业的兴起打下基础。对于有水源的地方且人口相对集中的返贫村庄，政府可以帮助建高山水池或水塔，给每家每户通上自来水；对于缺水的地方，政府可以补贴帮助返贫户打深水井，取地下水做成压水井。

政府引导和规划村庄，建设好农村污水处理沟、垃圾处理坑、垃圾分类收集站，吸纳返贫户成为环卫工，做好村容村貌的环境卫生和美化工作。要保持农村的水土、空气的洁净和清新，防止污染水源、土壤与空气的现象发生。栽种农作物要合理使用或者尽量少用农药、化肥，多用农家肥、有机杀虫剂。做好退耕还林工作，聘请返贫户成为护林员，促使他们保护森林，植树造林，并由此脱贫致富。

四是培育二三产业。县级政府要积极推动土地流转步伐，加强土地入股力度，让土地的所有权归集体，让土地的承包权归农户，让土地的经营权归能人。土地要入股，但不能强迫命令，不能搞一刀切，在返贫户自愿的前提下，推行土地适度集中。要让能人通过流转土地集约化、机械化经营种养产业，创造他们的财富源，让流转出土地的返贫户获得以股分红，两全其美。

要促进农村二三产业发展。科学谋划，选择适宜、容易被返贫户接受的产业。要大力发展农村休闲产业、物流业与电子商务业，兴办农村的农产品粗加工甚至深加工工业；继续发展乡镇企业，就近吸纳返贫户就业，以转变农民角色，成为亦工亦农的新型农业工人。要大力发展农村服务业，培育面向农村的家政服务、保姆市场，既解决农村老人养老问题，又帮助返贫户再脱贫。村镇要帮助返贫户发挥主观能动性，制定好的优惠政策和措施，让返贫户大胆创办产业，给予免息贷款，免征税收。

五是发展集体经济。村集体经济是通过村集体经济组织所拥有的资源、资产、资金发展农业、工业、服务业等产业获得经济收入，并让集体成员共享经济成果的经济形式。发展壮大村级集体经济，是破解乡村振兴制约因素的有效措施，是走共同富裕的必由之路。要盘活集体资产，扩大集体资源，聚集集体资金。要使荒芜的土地或者部分将要流转的土地收归村集体，作为集体转包给种养大户使用或者涉农公司企业经营；村集体可以通盘考虑、因地制宜，兴办各种形式的涉农股份公司企业，使当地农民成为公司主体，增加农民增收渠道。

要鼓励村集体大力兴办专业合作社组织。村级合作社组织是在农户自愿或者村集体组织引导下成立的互助合作组织，具有群众性、自助性和互惠性，能够最大程度减少农业生产因自然灾害或市场因素而遭受的损失，减少农资成本，为村民和种养户提供信息、技术、资金等服务，保护农户的收益和其他利益，避免农户单打独斗、低效率、无保障的小农生产方式。因此，要培育多种形式的农村合作社，如建立农产品产供销合作社，养老医疗合作社，家庭服务、家政劳务合作社，使农户在家门口就可享受到各种服务。

六是完善社会保障。要不断完善脱贫户的社会保障，乡镇可以利用各种公益资金、社会救助资金或者上级财政资金为脱贫户实施大病保障，建立各种保险。可以设立政府防返贫专项保险基金，为每个脱贫户购买家庭财产、产业损失补助、人身意外伤害“三合一保险”。对原农村低保户、农村分散供养特困人员、农村贫困残疾人家庭等政策兜底的人员要保证脱贫不脱政策，对已经取消建档立卡贫困户的脱贫户要实施动态评估，纳入精准防治返贫管控对象。对有七十岁以上高龄老人家庭、有患大病与残疾的家庭、出现各种重大变故和灾害事故的家庭，要进入精准防治返贫的花名册，实施援助与应急救助。

七是加强组织建设。要增强村级党组织的凝聚力、战斗力和号召力，加强村级党建工作，提高村级党员干部的治理能力；继续加大力度派驻大学生、选调生、专职扶贫干部成为蹲点、常住的驻村干部；加大对驻村干部政治素质、政策法规和责任感使命感教育培训力度，吸纳其他有志之士到农村驻点，施展自己的才华和抱负。加强干部与村民的沟通，扫除赌博与婚丧嫁娶中大操大办的恶习，打击乡村黑恶势力，促进乡村的社会治安，使返贫的农民朋友在良好的政治氛围中，走向脱贫致富。

主要参考文献

1.《马克思恩格斯全集》第一卷至第四卷，北京：人民出版社，1956 年版。

2.《马克思恩格斯选集》第一卷至第四卷，北京：人民出版社，1996 年版。

3.《毛泽东选集》第一卷至第四卷，北京：人民出版社，1991 年版。

4.《建国以来毛泽东文稿》第 5 册至第 6 册，北京：中央文献出版社，1991 年版。

5.《建国以来重要文献选编》第 15 册，北京：中央文献出版社，1997 年版。

6.《邓小平文选》第一卷至第三卷，北京：人民出版社，1994 年版，1993 年版。

7.《邓小平思想年谱》，北京：中央文献出版社，1998 年版。

8.《陈云文选》第一卷至第三卷，北京：人民出版社，1995 年版。

9. 江泽民：《论党的建设》，北京：中央文献出版社，2001 年版。

10. 江泽民：《论“三个代表”》，北京：中央文献出版社，2001 年版。

11.《江泽民文选》，北京：人民出版社，2006 年版。

12. 胡锦涛：《在“三个代表”重要思想理论研讨会上的讲

话》，北京：人民出版社，2003 年版。

13. 《胡锦涛文选》，北京：人民出版社，2016 年版。

14. 习近平：《摆脱贫困》，福州：福建人民出版社，1992 年版。

15. 《习近平谈治国理政》（第二卷），北京：外文出版社，2017 年版。

16. 《习近平谈治国理政》（第三卷），北京：外文出版社，2020 年版。

17. 《决胜全面建成小康社会 夺取新时代中国特色社会主义伟大胜利》，新华网，http：//www. xinhuanet. com/2017 – 10/27/c_ 1121867529. htm，2017 – 10 – 27。

18. 中央党校采访实录编辑室：《习近平的七年知青岁月》，北京：中共中央党校出版社，2017 年版。

19. 中央党校采访实录编辑室：《习近平在正定》，北京：中共中央党校出版社，2019 年版。

20. 中央党校采访实录编辑室：《习近平在宁德》，北京：中共中央党校出版社，2017 年版。

21. 中共中央党史和文献研究院编：《习近平扶贫论述摘编》，北京：中央文献出版社 2018 年版。

22. 胡绳主编：《中国共产党的七十年》，北京：中共党史出版社，1991 年版。

23. 陈阵：《美国农业补贴政策》，北京：经济科学出版社，2013 年版。

24. 汤爽爽：《法国快速城市化时期的领土整治》，南京：南京大学出版社，2016 年版。

25. ［韩］朴振焕：《韩国新村运动》，北京：中国农业出版社，2005 年版。

26. 焦必方：《日本现代农村建设研究》，北京：复旦大学出版社，2009 年版。

27. 程勤：《决胜全面建成小康社会》，北京：东方出版社，2020 年版。

28. 陈锡文：《走中国特色社会主义乡村振兴道路》，北京：中国社会科学出版社，2019 年版。

29. 陆学艺：《“三农论”》，北京：社会科学文献出版社，2002 年版。

30. 张庆忠：《社会主义新农村建设研究》，北京：社会科学文献出版社，2009 年版。

31. 黄正泉：《从现实走向理想》，北京：中国农业出版社，2006 年版。

32. 周育平：《新时期共产党人政治伦理初探》，北京：研究出版社，2006 年版。

33. 周良荣、屈全福、李钢强：《聚焦卫生改革》，北京：中国社会科学出版社，2003 年版。

34. 《公民道德建设实施纲要》，北京：人民出版社，2001 年版。

35. 国家统计局农村社会经济调查总队：《中国县（市）社会经济统计年鉴（2004)》，北京：中国统计出版社，2004 年版.

36. 《中国统计年鉴》，北京：中国统计出版社，2012 年版，2015 年版，2016 年版，2019 年版。

37. 《中华人民共和国 2019 年国民经济和社会发展统计公报》，中国政府网，2020－02－28。

38. 《洞庭湖生态环境专项整治三年行动计划（2018—2020 年)》的通知（湘政办发〔2017〕83 号)，红网。

39. 《关于加强和改进乡村治理的指导意见》，中国政府网，

2019－06－23。

40.《湖南省2019年国民经济和社会发展统计公报》，红网，2020－03－18。

41.《湖南省乡村治理三年行动实施方案（2018—2020年）》，中国政府网，2018－10－22。

42.《关于进一步做好村规民约和居民公约工作的实施意见》，中国政府网，2019－06－06。

后　记

在党的十九大上，习近平总书记提出实施乡村振兴战略，并提出了“产业兴旺、生态宜居、乡风文明、治理有效、生活富裕”的总要求，为美丽乡村建设，描绘了一幅壮丽蓝图。此后，党中央坚持把打赢脱贫攻坚战和实施乡村振兴战略并举，提出了一系列方针政策和举措，三年多来，不仅脱贫攻坚战取得决定性胜利，而且实施乡村振兴战略也取得巨大成效，并向纵深发展。

作为理论工作者和高校思政课教师，我们除了认真学习文件精神，深刻领会，潜心研究之外，还深入乡村，深入实际，进行调研，经过努力，完成了这部拙著的写作，献给读者，以起到抛砖引玉的作用。

本书是2018年度湖南省哲学社会科学规划基金课题的最终成果，课题名称是“湖南省实施乡村振兴战略面临的困境与出路研究”（课题编号：1718ZDBM12）。本书是在多个相关课题的支撑下和多篇调研论文的基础上成书的，并得到团队成员的协同研究及相关工作人员的支持与帮助，在此一并致谢。

在本书的撰写过程中，参阅了大量国内外已经发表的文献和出版的著作，在此谨向原作者表示衷心的感谢，同时，向未能列入本书参考书目但其观点被引用的作者表示歉意。由于作者水平有限，书中肯定有许多不足、疏漏，观点和阐述不妥之处，恳请读者批评指教。

作者

2020年12月于湖南衡阳